新時代の中小企業経営

―GlobalizationとLocalizationのもとで―

(日本中小企業学会論集37)

同 友 館

はしがき
―日本中小企業学会論集第37号の刊行にあたって―

　日本中小企業学会第37回全国大会は、2017年10月8日・9日の2日間にわたって大阪商業大学大学（東大阪市）で開催された。本書には同大会での報告に基づく論文を18本（統一論題報告3本、自由論題報告15本）と報告要旨8本（査読希望なし4本、不採択4本）を収める。掲載論文はすべて、査読を経て掲載を受理されたものである。掲載論文が前号より大幅に増えたことは喜ばしい。

　第37回大会の統一論題は「新時代の中小企業経営―GlobalizationとLocalizationのもとで―」であった。本学会の全国大会で中小企業経営に焦点を当てる統一論題が掲げられたことはあるが、今世紀に入ってからは初めてである。日本有数の機械工業集積地として知られる東大阪市で開催された本学会の大会で、このような統一論題を掲げる意義は大きい。統一論題セッションでは、地場産業の中小企業の維持・発展と中小企業の国際化・海外生産に関する若手・中堅会員の研究成果が報告された。

　また、信金中央金庫地域・中小企業研究所（松崎英一所長）の協賛による国際交流セッションでは、「ASEAN統合下で発展する事業展開　日系中小企業の役割と生産分業」を共通演題として、ベトナムの経済経営中央研究所（CIEM）のVo Tri Thanh氏を招聘し、専修大学の池部亮氏、株式会社フセラシの嶋田守社長・株式会社中農製作所の西島大輔社長とともに、東アジアの国際分業とベトナム中小企業の発展や、地元中小企業の海外展開および外国人人材育成についてご報告・後議論いただいた。松崎英一所長には、協賛に厚くお礼申し上げる。

　第37回全国大会ではプログラム委員長の佐竹隆幸先生（関西学院大学）、大会準備委員長の前田啓一先生（大阪商業大学）、本部事務局の皆さんに大変お世話になった。また、多くの会員に、座長・討論者等、また査読者としてご協力いただいた。編集作業においては、編集委員各位、特に編集委員長の髙橋美樹先生（慶應義塾大学）と編集担当理事の長山宗広先生（駒澤大学）にご尽力いただいた。これらの皆さんに、心からお礼申し上げたい。

　日本中小企業学会論集は、この第37号から冊子体だけでなくオンライン・ジャーナルとしても刊行され、掲載論文のウェブ検索と無料ダウンロードが可能になる。それに併せて英文要旨も掲載され、海外からの検索と引用が期待される。オンライン・ジャーナル化をご承諾・ご支援くださった同友館に感謝したい。

2018年5月

　　　　　　　　　　　　　　　　　　　　　　日本中小企業学会会長　岡室博之
　　　　　　　　　　　　　　　　　　　　　　　　　　　　　　　　（一橋大学）

目　次

はしがき ………………………………… 日本中小企業学会会長（一橋大学）　岡室博之・ⅲ

【統一論題：新時代の中小企業経営―GlobalizationとLocalizationのもとで―】

中小企業の維持・発展と地域経済の活性化に向けて
　　―地場産業の中小企業を中心に―………………………… 日本大学　山本篤民・3
中小企業の海外生産と顧客開拓 ……………………………… 滋賀大学　弘中史子・17
中小企業の国際化と成長発展プロセス
　　―「ヒト」の国際化による企業組織の質的変化―……… 同志社大学　関　智宏・31

【自由論題】

タイ食品産業の成長戦略
　　―ASEAN経済共同体発足を通して―…………… 兵庫県立大学（院）　三浦佳子・47
移動販売による買物弱者支援
　　―青森県における地場小売業の持続可能性―………… 弘前大学　佐々木純一郎・60
中小企業のインバウンド事業戦略
　　―地域における観光サービス企業2つの事例から―……… 大阪経済大学　須佐淳司・74
産地の縮小過程における中小企業の内製化志向
　　―山形県ニット産地の事例から―………………………… 山形大学　吉原元子・88
事業承継の円滑化に向けた中小企業ネットワークの活用に関する研究
　　―熊本県中小企業家同友会の取り組み事例を中心に―……… 熊本学園大学　堀越昌和・101
我が国中小企業のBOPビジネス実行性向上に関する予備的考察
　　―農業機械メーカを事例として―……………………… 筑波大学（院）　大橋勇一・115
地域における創業支援策導入の要因
　　………………………… みずほ銀行　飯塚俊樹　一橋大学　岡室博之・129
自治体中小企業政策における担当職員のキャリアと専門性
　　―A県を事例に―………………………………………… 兵庫県　近藤健一・143

創業支援政策としての受給資格者創業支援助成金制度に関する一考察
　　………………………………………………嘉悦大学（院）　谷口彰一・157
「副業起業」は起業家の幅を広げるか
　　…………………………………………………日本政策金融公庫　村上義昭・167
民間の視点による中小企業診断士資格の成立過程に関する考察
　　―1950年代の資格をめぐる論争を中心に―………関西外国語大学　川村　悟・180
協力会によるサプライヤ組織化
　　―三菱自動車柏会（名古屋）の1960年代後半から70年代の事例より―
　　…………………………………………………………慶應義塾大学　植田浩史・194
中小企業研究の方法的立場
　　―中小企業概念の系譜とデザインの方法―………………山口大学　平野哲也・208
中小企業の存立条件に関する一考察
　　―「残存部門の新部門への転化」の検討から―………岐阜経済大学　大前智文・222
中小企業において順調な人材育成の実現を促す各種の要因と
　　具体的な組織的取り組み………………………日本政策金融公庫　海上泰生・236

【報告要旨】

中国自動車産業の変容と日系サプライヤーの取引構造の変化
　　―中国江蘇省蘇州市における日系サプライヤーを事例として―
　　……………………………………………………大阪市立大学（院）　的場竜一・253
ミャンマーの中規模製造業における生産性向上の課題
　　―小ロット受注工場の事例から―………………神戸大学（院）　中原寛子・257
地域小規模事業者からみたソーシャル・イノベーションに関する一考察
　　……………………………………………………………神戸山手大学　山下紗矢佳・261
中小企業の競争優位とリスクマネジメント
　　―2016年4月の熊本地震の事例から―……………慶應義塾大学　三嶋恒平・265
ものづくり都市における立地適正化と中小規模事業者の課題
　　……………………………………………………………大阪商業大学　西嶋　淳・268

イタリア中小企業の製品開発の動態把握における課題
　　　―若干のヒアリングをもとに― ………………………… 大阪成蹊大学　児山俊行・270
製造業のデジタル化が中小企業に与える今日的課題
　　　………………………………………… ぶぎん地域経済研究所　藤坂浩司・274
ファミリービジネスにおけるコーポレート・ガバナンスの試論的考察
　　　―事例研究をもとに― …………… 福岡大学　飛田　努　立命館大学　松村勝弘
　　　　　　　　　　　　　　　北海道大学　篠田朝也　滋慶医療科学大学院大学　田中　伸・277

編集後記 ……………………………… 論集編集委員長（慶應義塾大学）　髙橋美樹・281

Japan Academy of Small Business Studies: 2017 Conference Proceedings

CONTENTS

Preface: OKAMURO, Hiroyuki ·· iii

Keynote Session of the 37th JASBS Annual Conference
　A New Era of SME Management : Globalization and Localization

Development of Small and Medium-Sized Enterprises in Local Industries and Revitalization of Regional Economies ············ YAMAMOTO, Atsutami　3

Overseas Production and Customer Development: The Case of Japanese Small and Medium-Sized Enterprises ······················ HIRONAKA, Chikako　17

Internationalization and the Process of Growth / Development of SMEs: Qualitative Change of Enterprise Organizations through Internationalization of Their Human Resources ································ SEKI, Tomohiro　31

Articles

Growth Strategy of the Thai Food Industry: Coping with the ASEAN Economic Community ······································· MIURA, Yoshiko　47

Support for People Who Have a Hard Time Shopping by Mobile Sales Vehicles: Sustainability of Local Retailers in the Aomori Prefecture
　·· SASAKI, Junichiro　60

Inbound Business Strategies of SMEs: An Introductory Study of Tourism Business Management in Two Regions ························ SUSA, Junji　74

In-house Production-Oriented Behavior of SMEs Faced with Declining Local Industry: A Case Study on the Knitted Fabric Industry in Yamagata
　·· YOSHIWARA, Motoko　88

A Study on the Utilization of Small-Firm Network to Facilitate Business Succession: A Study in Kumamoto Pefectural Association of Small Business Entrepreneurs ·· HORIKOSHI, Masakazu 101

A Preliminary Study on the Promotion of BOP Business in Japanese Small and Medium-Sized Enterprises: A Case Study of SME's Farm Machinery Manufacturers ·· OHASHI, Yuichi 115

Determinants of Start-up Support Policies by Local Authorities
································ IIZUKA, Toshiki and OKAMURO, Hiroyuki 129

Carrier and Staff Specialization under SME Policies in Local Governments: A Case Study of an 'A' Prefecture ·························· KONDO, Kenichi 143

A Study on Supporting Subsidies for Eligible Recipients of Business Startup Funds ·· TANIGUCHI, Shoichi 157

Hybrid Entrepreneurship and Risk Preferences ····· MURAKAMI, Yoshiaki 167

A Historical Study on the Origin of Small and Medium Enterprise Management Consultants in the 1950s: A Private Sector Perspective
·· KAWAMURA, Satoru 180

Suppliers' Associations in the Japanese Automobile Industry: Mitsubishi Kashiwakai in the Late 1960s and the 1970s ············ UEDA, Hirofumi 194

Methodological Foundations of Small Business Concept: A Review and Integration ·· HIRANO, Tetsuya 208

A Study of the Conditions Needed for Small and Medium Enterprises to Exist: Conversion of the Remaining Sector into the New Sector
·· OHMAE, Tomofumi 222

Various Factors Encouraging Human Resource Development and Specific Organizational Initiatives among SMEs ············· UNAKAMI, Yasuo 236

【Summary of Presentations】

Transformation of the Chinese Automobile Industry and a Transaction-Structural Change for Japanese Suppliers: A Case Study of Japanese Suppliers in the City of Suzhou, Jiangsu ············ MATOBA, Ryuichi 253

Productivity Improvement Challenges in Medium-Sized Manufacturing Firms in Myanmar: Cases in Small Lot Production ····· NAKAHARA, Hiroko 257

Social Innovation of SMEs in the Region ············ YAMASHITA, Sayaka 261

Competitive Advantage and Risk Management of SMEs: The Case of the Kumamoto Earthquake in April 2016 ··················· MISHIMA, Kohei 265

Urban Renovation and SME Issues in a Manufacturing City
·· NISHIJIMA, Atsushi 268

An Analysis of Italian SMEs' Product Development
·· KOYAMA, Toshiyuki 270

The Task that Digitalization of the Manufacturing Industry Gives to Small and Medium Enterprises ·· FUJISAKA, Koji 274

An Interpretation of Corporate Governance for Family Businesses
·· TOBITA, Tsutomu
MATSUMURA, Katsuhiro
SHINODA, Tomonari,
TANAKA, Shin 277

Editor's Note: TAKAHASHI, Miki ·· 281

統 一 論 題

中小企業の維持・発展と地域経済の活性化に向けて
―地場産業の中小企業を中心に―

日本大学　山本篤民

1．研究の背景と課題

　近年，日本の国内各地で地域経済の衰退が叫ばれている。とりわけ地方における地域経済の衰退が深刻化している[注1]。その背景としては，これまで地域において主要な位置を占めてきた産業や企業が，雇用や就業の場としての役割を十分に果たせなくなっていることがあげられる。

　例えば，大企業を中心に製造業の生産拠点が海外に移転しているが，それにともない国内工場が縮小・閉鎖されるなどして，国内での雇用や就業の機会が失われている[注2]。特に大企業の誘致工場に雇用の場を依存していた地方の地域では，その影響がより深刻である。また，地方の都市では，雇用の受け皿として建設業の果たす役割が大きい。しかし，国や地方自治体の財政状況の悪化により，公共工事は減少傾向にある[注3]。そのため，公共工事への依存度が高い地方の建設業では，かつてのように雇用の受け皿としての役割を担うことが困難になっている。

　このようなことから，雇用や就業の機会を求めて地方から東京をはじめとした都市部へと人口の流出が生じている。こうした状況に歯止めをかけるための1つの方策としては，地域において雇用や就業の機会を維持もしくは創出することで，人口流出を防ぐことがあげられる。本研究では，地域で企業が事業を継続し，雇用や就業の機会を維持もしくは創出していくことを「地域経済の活性化」として捉え，その方策を明らかにしていきたい。

　その際，筆者は，地場産業の中小企業の役割に注目している。なぜなら，地場産業の中小企業は，いつ移転してしまうかわからない誘致工場とは異なり，地元の経営資源を活用して長期にわたって存立してきたからである。また，地場産業は，全国各地に広範に存在しており，各地域において雇用や就業の機会をもたら

しているからである。さらに，地場産業製品の多くは，日本を象徴する製品であることからクールジャパン戦略やインバウンド向け製品として期待も高まっている。こうした点から，地場産業の中小企業は，経営を維持・発展させたならば，地域経済の活性化の担い手になる可能性があるのではないかと考えている。

2．地場産業の定義と地場産業の産地の概況

(1) 地場産業の定義

ここでは，「地場産業」の定義について明らかにしておきたい。地場産業は，統一した定義は存在しているわけではない。そこで，地場産業の先駆的な研究者の1人である山崎（1977）の定義を参照すると，次の5点をあげている。

①特定の地域で起こった時期が古く，伝統のある産地であること。②特定の地域に同一業種の中小零細企業が地域的企業集団を形成していること。③生産，販売構造が社会的分業体制となっていること。④ほかの地域ではあまり産出しない，その地域独自の「特産品」を生産していること。⑤市場が広く全国や海外に求めて製品を販売していること。（山崎 1977, pp.6～9）

山崎（1977）は，特定の地域内での生産や販売に着目しているが，近年の地場産業研究や後述する事例などに照らすと，産地内外のデザイナーやコンサルタント，異業種の企業との連携なども重要性を増している。そこで，本研究においては，地場産業のコアの部分の定義は山崎（1977, pp.6～9）に依拠するが，産地外のデザイナーやコンサルタントなどとの関わりも視野に入れている。

(2) 地場産業の産地の動向と縮小要因

次に，地場産業の産地の動向をみていくと，表1のように「1産地平均企業数」は1970年代後半をピークに減少を辿っている。また，「1産地平均従業者数」は，1960年代半ばから一貫して減少している。さらに，「1産地平均生産額」は，1980年代はじめまで増加傾向にあり，その後，減少に転じるものの，1990年代はじめの「バブル経済」期にかけて再び増加傾向を示した。しかし，1990年以降は，減少が続いている。このように，地場産業の産地は，1990年代以降，企業数や従業者数，生産額がそろって縮小している。

さらに，「1産地平均輸出額」をみていくと，ピークは1970年代後半であり，

その後は減少に転じている。この減少の過程で、輸出型から内需型へと転換を図った地場産業の産地や産地の中小企業も少なくない。ただし、2005年から2015年にかけて、「1産地平均輸出額」が増加している点は注目に値する。事例でも取り上げるように、海外販路の開拓に成功した企業が現れているものと思われる。

表1　1産地平均企業数・従業者数・生産額・輸出額の推移

	対象産地数	1産地平均企業数	1産地平均従業者数	1産地平均生産額（億円）	1産地平均輸出額（億円）
1966年	188	261	3,333	68.3	13.6
1972年	310	266	―	124.6	26.9
1977年	326	310	2,904	259.0	48.9
1981年	436	258	2,465	313.0	36.4
1985年	551	224	1,901	275.0	29.9
1990年	543	191	1,716	297.5	18.7
1995年	537	153	1,313	225.2	11.8
2000年	553	109	1,027	203.7	8.6
2005年	573	87	924	167.2	6.5
2015年	578	52	642	123.0	11.8

出所：全国中小企業団体中央会（2005, 2006），日本総合研究所（2016）より作成
（注）各項目により回答産地数が異なる。

　続いて、『平成27年度産地概況調査結果』（日本総合研究所、2016）に基づいて、産地の縮小要因について検討していきたい[注4]。図1は、産地における「出荷水準の低下の背景」をたずねたものである。これによると、70％以上の産地が「国内需要全体の低迷」をあげている。また、単に需要の低迷にとどまらず、半数の産地は「ライフスタイルの変化による製品需要の低下」をあげている。地場産業製品のなかには、日本の伝統的な生活様式や文化・風習と密接に関わっているものがある。こうした製品は、日本人の生活様式が洋風化するなかで、使用される機会が減少している。そのため、現状のままでは、国内の日本人向けの需要が拡大する見通しは厳しいであろう。

　さらに、「競合輸入品の増加」（37.3％）や「価格競争力の低下」（22.8％）といった回答も比較的高くなっている。産地の中小企業は、競合輸入品に市場を奪われたり、価格競争力を失うなど苦戦を強いられていることがうかがえる。

　このように、日本の伝統的な生活様式等に深く結びついた製品や、安価な輸入品との価格競争に巻き込まれているような製品を製造・販売している産地の中小

企業は，今後，経営を維持していくことは，ますます困難になっていくと思われる。このような状況を打開していくためには，現在のライフスタイルに適合した製品や，安価な輸入品との競合にさらされないような製品を開発していくことが求められる。

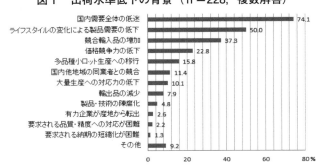

図1　出荷水準低下の背景（n＝228，複数解答）

出所：日本総合研究所（2016）より作成

3．先行研究の整理

(1) 地場産業の評価と研究視点の変化

本章では，地場産業に関する先行研究をふり返り，これまで，どのような視点で地場産業の産地や産地の中小企業の研究が行われてきたのかを整理する。そのうえで，本研究において明らかにする点を示したい。

戦後，地場産業に最も期待が集まったのは1970年代から1980年代はじめにかけてである。この時代は，いわゆる「地域主義」の主張とあいまって地場産業に期待が寄せられていった[注5]。例えば，清成（1980，p.48）は，「域外から進出してきた企業は，地域は生産要素を提供する存在としてみる傾向があり，こうした企業は地域をこわしかねない」と批判したうえで，地場産業は地域を形成する産業であり，地域の人々の生活を支える産業として展開してきたと評価している。

しかし，1980年代半ばになると地場産業の産地の縮小が顕著となり，地場産業への評価や研究の視点も変化していくことになった。上野（1987）は関東の織物産地を事例として産地の縮小や再編の過程を明らかにし，国民生活金融公庫調査

部（1987）は円高により輸出型産地が転換を迫られていることを指摘している。このように産地の構造変化を明らかにする研究が行われるようになっていった。

さらに，1990年代に入ると，「バブル経済」崩壊による内需の低迷や，中国からの安価な輸入品の増加などにより，産地の中小企業を取り巻く経営環境は一段と厳しくなっていった。産地の縮小により，産地の生産システムの効率性が失われているといった指摘もなされるようになった（黄，1997）。ただし，産地の生産システムが失われているといった観点の研究だけではなく，中小企業研究センター（2001）は，燕産地を事例として，従来の完結型産地が解体・再編される過程で産地では主役企業の交代が起こっているといったことも明らかにしている。

このように，1980年代半ば以降は，地場産業の産地の縮小のもとで産地がどのように再編されているのかといったことが研究の中心に据えられていった。

（2）産地と産地の中小企業の発展への模索

近年の地場産業の研究は，産地の縮小や再編が進むなかで，新製品開発などに成功して成長している中小企業に焦点をあて，その経営を分析するものや，地域ブランドのように産地としての取り組みに焦点をあてた研究などが展開している。

まず，新製品開発や販路開拓に関する研究に焦点をあてると，その多くは，既存の産地内の取引関係や同業種の組織には限界があることを示したうえで，産地の枠組みを超えた組織の重要性（大田，2016）や，公設試験場や研究機関などを含め産地内外のネットワーク化の重要性（初沢，2005）を指摘している。また，山田（2013）は，有田焼や信楽焼き産地を事例として，産地内でのコミュニティの結びつきの重要性を明らかにしている。このように，連携やネットワーク，地域コミュニティの概念を応用した研究が進められている。

さらに，地域ブランドに関連する研究も盛んに行われてきた。関・及川編（2006, pp.15～16）は，豊かな成熟社会にあって，「人の姿がみえる地域」が重要になっていると説き，各地の地域ブランド形成の事例を紹介している。また，山本（2011）は，今治タオル産地を取り上げて，地域ブランドだけではなく個別の企業での自社ブランド確立の取り組みへと波及していることを示した。

もう1つ，周辺的な研究について言及すると，地場産業と観光を結びつけた研究も注目されている。高向（1997）は，伝統的地場産業は地域色が強く，高い観光価値を内包していると指摘している。こうしたことから，地場産業を観光資源

化することで経済効果や社会的効果が発揮できると論じている。ただし，地場産業と観光の結びつきが強化さるという研究ばかりではなく，初沢（2003）は，鳴子のこけし業者が生産拡大の過程で地元外の問屋との取引を増加させたことで，従来の鳴子温泉郷とのつながりが希薄化したことを指摘している。

　以上のように，新製品開発や販路開拓には，産地内外のネットワークの活用が重要であることや，産地や産地の中小企業が信頼や知名度の向上，製品の差別化を図るうえでブランドの形成が有効であることが指摘されている。また，地場産業と観光との結びつきによる集客等の効果が分析されている。しかし，これらの研究では，どのような製品であれば需要が見込めるのかといったことには，必ずしも言及されていない。次節で取り上げる上野（2007）の研究は，地場産業製品の市場を分析している点で注目したい。

（3）地場産業製品の類型と市場創造

　上野（2007，p.66）は，今日の地場産業産地の衰退・縮小の原因は需要構造の変化と国際競争にともなう市場の縮小にあるとし，産地存続には新たな市場創造が最大の課題となっていると論じている。

　そのうえで，まず，図2のような地場産業製品の市場類型を行っている。地場産業製品の類型としては，①日本的生活スタイルや文化に対応したもの，②欧米的な生活スタイルに対応したもの，③日常的に使用するもの，④やや非日常的なものに分類し，それらを組み合わせて4つの象限に類型している。4つの象限について説明すると，第Ⅳ象限は，日常生活に使用される皿・茶碗（陶磁器），鉢・椀（漆器），普段着の着物（織物）等をあげている。第Ⅰ象限は，第Ⅳ象限のうち伝統的工芸品に位置づけられる茶道具や伝統的な和服や置物，和家具などの和の文化を表象するもので，希少で高価格なものが多く，「非日常化」して工芸品化・美術品化・文化財化しつつあるとしている。第Ⅲ象限は，洋服，洋食器，洋家具，雑貨等，明治期以降に日本の生活に取り込まれたもの。第Ⅱ象限は，第Ⅲ象限のなかで欧米服飾・雑貨のブランドやファッション製品，家具などをあげている。

　このなかで，第Ⅲ象限の量産品市場は，1990年代以降のグローバル化の進展のなかで国際競争の場となり，価格競争に対応できない産地は市場から撤退することを余儀なくされていると述べている（上野，2007 p.68）。また，第Ⅳ象限に属

する和装品市場は、生活スタイルの変化によって需要低下が継続し、市場は縮小傾向を強めていると指摘している（上野，2007 p.68）。

こうした状況への対応として、第Ⅲ象限から第Ⅱ象限、第Ⅳ象限から第Ⅰ象限への移行も考えられるが、第Ⅰ・第Ⅱ象限は量産的市場ではなく、限定的で非日常的・選別された市場であるため、真の伝統性や地域文化・企業文化を表現する製品でなければ企業の存続はきわめて難しいとして、第Ⅰ・第Ⅱ象限のあいだの第Ⅴの新たな市場を創造することを提案している（上野，2007 p.68）。この市場は、地場産業産地の製品価値あるいは市場価値である伝統、文化、技術に裏づけられながら、そこに新たな価値が付加された製品群によって構成されていると説明している（上野，2007 p.68）。

この類型は、国内市場を対象としたものであることや、「非日常的用品」と「日常的用品」といった概念がやや曖昧であり、そこに価格的な要素が含まれるなど留意すべき点がある。ただし、地場産業製品の位置づけを整理するうえで有用であり、どのような製品により新規の市場を開拓するかという点で一定の示唆を得ることができる。しかし、筆者が行ってきた調査からは、上野（2007）が提案した市場（第Ⅴ）とは異なる領域において、市場が創造されていることを見出すことができた。この市場については、新製品を開発するなどして生産を拡大し、雇用や就業の機会を増やした産地や産地の中小企業の事例調査を通して明らかにしていきたい。

図２　地場産業製品の市場創造

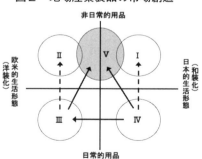

出所：上野（2007, p.70）より作成。

4．地場産業産地の中小企業の取り組み事例

(1) 今治タオル産地の中小企業の取り組み

　愛媛県今治市は，日本有数のタオル産地である。今治のタオル生産量は1990年代初期に約5万トンを記録したが，海外からのタオルの輸入増加に合わせて生産量が落ち込んでいった[注6]。また，産地の企業数は1990年の390社から，2016年には113社まで減り，同時期に従業員数も6,533人から2,573人へと減少している[注7]。ただし，従業員数については2012年の2,486人を底として増加に転じ，生産量も2009年の9,381トンから増加に転じている[注8]。

　今治タオル産地においてタオル生産が増加に転じた要因としては，「JAPANブランド育成支援事業」の取り組みがあげられる[注9]。1990年代以降，産地の縮小に危機感をいだいていた今治タオル工業組合では，様々な対応を図ってきた。そのなかで2006年に「JAPANブランド育成支援事業」に採択をされ，アートディレクターの佐藤可士和氏を招き，「imabari towel Japan」ブランドの構築に取り組んだ。その過程で肌触りや吸水性といったタオル本来の機能を前面に押し出した「白タオル」が開発された。白タオルの開発にあたっては，糸の撚りや織りなどの各工程を見直し，タオルとしての機能を高めていった。タオル自体の品質が優れているのはもちろん，各種のメディアなどに取り上げられたこともあり，今治ブランドの認知度も高まっていった。また，注目したいのは，こうした産地ぐるみのブランド構築や製品開発に触発されるように，個別の中小企業においても自社ブランド製品の開発が取り組まれていったことである。

　例えば，老舗のタオルメーカーM社から2000年に分社化・独立したO社は，タオルのみならず，タオル生地の子供服などを自社ブランド製品として展開し，売上と雇用を伸ばしていった[注10]。このように，今治タオル産地では，産地ぐるみの取り組みと，個別の中小企業の取り組みが相乗効果を発揮していった。

(2) 三条刃物・T社の取り組み[注11]

　三条鍛冶のまちとして知られる新潟県三条市では，鎌や鍬，和釘づくりにはじまり，大工道具や包丁など多様な刃物が生産されている

　1948年創業の包丁メーカーのT社は，2012年に3代目の社長が就任したころより，急成長をとげている。飛躍のきっかけになった出来事としては，1つは問屋

への販売から消費者への販売へと軸足を移したことである。消費者を意識した包丁づくり，販売方法がとられるようになっていった。

例えば，商品をシリーズ化（「基本の3本」パン切り，三徳，ペティナイフや「次の1本」牛刀，出刃，刺身など）して何を買いそろえるべきかわかりやすく商品アイテムを整理することや，外部のデザイナーと連携したデザイン開発，自社ブランドの立ち上げなどが進められた。シリーズ化された同社の包丁は，切れ味はもちろんナチュラルなデザインも評価され，料理好きの一般ユーザーの間で人気を呼んでいる。なお，問屋を通してではあるが海外4カ国に輸出もされている。

このような取り組みを行う過程で，自らも伝統工芸品を扱う企業を経営するn氏をコンサルタントとして招き，アドバイスを受けている。こうした取り組みの結果，5年間で売上が約5,000万円から約1億円へと倍増し，従業員数も12名から23名へと増加している。

(3) 九谷焼・K窯の取り組み[注12]

石川県能美市を中心として九谷焼の産地が形成されている。「九谷五彩」と呼ばれる色鮮やかな九谷焼は，国内外で高く評価されている。

九谷焼の窯元であるK窯は，1879年に創業され，現在，三世代にわたる家族と数名のパートの職人，合計6名によって事業が営まれている。六代目にあたるk氏は，芸術大学在学中から創作活動をはじめ，大学卒業後に実家のK窯に入門した。現在，k氏は，企画やデザインを担当しているが，これまでに様々な取り組みをしてきた。

例えば，スペインのデザイナーとのコラボレーション製品を製作して，海外の展示会に出展したり，国内の他の陶磁器産地のメーカーとのコラボレーション製品を製作したりしている。伝統的な九谷焼の製品にとどまらず，連携をとおして新たな製品づくりに挑戦している。また，九谷焼を広く知ってもらうために，別会社をたちあげている。そこでは，主に転写技術（印刷された模様をシールのように貼りつけて転写する）を利用した製品を製造・販売している。伝統的な九谷焼は，職人が一品ずつ筆で絵を描いているので，高価になることは避けがたく，一般の消費者にはなかなか普及しないのが現状である。そこで目につけたのが転写技術による「絵付け」である。k氏によれば，転写技術だからこそ表現できるものもあり，単なる伝統的な九谷焼の安価なコピー製品ではない，独自の製品が

作られている。

K窯は，従業者が急増しているわけではないが，六代目の後継者となるk氏が入門したという点では就業の場が維持され，事業も承継される見通しである。

(4) 事例の考察

3つの産地における取り組みを紹介してきたが，いずれも共通する点としては，外部の人材と接触してアイデアを得たり，アドバイスを受けたりしていることである。今治タオル産地においては佐藤可士和氏，T社においてはコンサルタントのn氏や外部のデザイナー，K窯においては他産地の同業者や外国人デザイナーである。それぞれ，新製品の開発やブランドの構築などに関わっていた。

地場産業では，伝統的な技術や技法を重んじる傾向があったり，古くからの定番品が作り続けられていることが少なくない。事例で取り上げた九谷焼には，長きにわたり受け継がれてきた伝統柄が存在している。従来の枠にとらわれない新たな作風や技法の製品づくりをするには，K窯のように産地外の同業者やデザイナーなどとの連携が有効であったといえよう。また，今治タオル産地では，これまで「白タオル」は安物タオルの象徴と考えられていた。しかし，佐藤可士和氏は，吸水性などの機能を強調するために，あえて色柄をつけずに「白タオル」にしたという。このように，産地内のメンバーからは得られない発想にもとづいた製品開発が行われた。T社においても，商品の企画やブランドの確立にあたってn氏からの示唆を得ている。限られた事例ではあるが，先行研究が指摘している，産地外の人材との連携の必要性を裏づけていると考えられる。

次に，上野（2007）の地場産業製品の類型にあてはめると，元々の今治タオルは第Ⅲ象限，三条打刃物は第Ⅳ象限，九谷焼は第Ⅰ象限に位置づけられる（図2）。それぞれの製品が，どこに移動したのかを考えると，上野（2007）の類型にあてはまらないのである。今治タオルでいえば，タオルとしての機能が向上し，ブランド価値も高められた。しかし，決して「非日常的用品」として第Ⅱ象限や第Ⅴの市場に位置づけられるわけではない。同様に，T社の包丁もデザインが洗練され，ブランド価値を高めたが，「非日常的用品」の分野に位置づけられるものではない。どちらの製品も「日常的用品」として使用されるものである。ただし，安価な輸入品との価格競争に巻き込まれるような製品ではない。

K窯の転写技術による焼物は，伝統的かつ「非日常用品」である第Ⅴに移行し

たわけではない。また，価格競争に巻き込まれる第Ⅳに移行したものでもない。

改めて，今治タオル，T社の包丁，K窯の転写技術の焼物の移行先を検討すると，図3に示した第Ⅵの領域で市場を創造したのではないかと考えられる。第Ⅵの領域は，「日常的用品」のなかでは品質や機能，デザインは優れているが，決して「非日常的用品」として特別な時にのみ使用される製品ではない。安価な「日常的用品」と比較すると価格帯がやや高いところに位置づけられる。

図3の左右の位置関係としては，和でも洋でも通用する製品ということである。その点では，海外の需要にも対応できる可能性があると考えられる。このような第Ⅵの領域に新規の市場創造の可能性が見出されるといえよう。上野（2007）が示した第Ⅴの領域ではなく，第Ⅵの領域に新規の市場創造がなされた背景としては，次のようなことが考えられる。

民間企業の従業員の平均給与の低下に象徴されるように，消費者の可処分所得も低迷している。そのため，使用頻度の低い「非日常的用品」の購入がおさえられ，日々の使用を前提とする「日常的用品」の購入が優先されるようになっていることがあげられる。しかし，安価な「日常的用品」であればよいかというと，それらも一部には敬遠される傾向がみられる。なぜなら，海外から安全面や健康面で問題を引き起こしかねない，安価な粗悪品や違法まがいのコピー商品が出回っている。その結果，価格は幾分高くても安全で品質の良いものや，安心して使える国産品を手に入れたいといった希望が高まっている。第Ⅵの領域は，こうした要求に応えるかたちで市場が形成されていると考えられる。

図3　地場産業製品の新たな市場創造

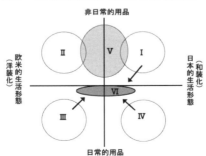

出所：上野（2007, p.70）を比較参照のうえ筆者作成

なお，産地や企業のブランドを確立することは，安全性や品質の良さ，本物であることを消費者に信頼してもらうためにも重要であり，事例で取り上げた中小企業も新製品開発とともに，ブラントの確立に取り組んでいた。

5．おわりに

これまで検討してきたように，地場産業の産地の多くは，産地を構成する中小企業が減少するなどして，縮小を余儀なくされている。しかし，事例で紹介したように，新たな市場を開拓することで，経営を維持・発展させ，雇用や就業の機会を維持もしくは創出している中小企業もみられた。その点に注目すれば，地場産業の中小企業も「地域経済の活性化」の担い手になりうる可能性があるといえよう。そのために，地場産業の中小企業に求められることは，産地内にとどまらず産地外の企業や人材との連携を通して新製品開発やブランド確立に取り組むことである。特に新製品の市場としては，図3の第Ⅵの領域に可能性を見出せるといえよう。

なお，地場産業研究における本研究の貢献としては，直接的には上野（2007）が示した地場産業製品の市場創造モデルに修正を加えたことである。また，連携や地域ブランドの重要性を問う研究においては，最終的にどのような市場にむけて製品を開発・投入すべきかが十分に言及されていないこともあり，こうした研究にも間接的に寄与することになると考えている。さらに，地場産業や伝統的工芸品産業の振興策に目をむけると，新製品開発や販路開拓の支援がなされている。こうした支援を行う際にも，市場を認識したうえで新製品開発や販路開拓に取り組むべきであり，本研究はその際の分析の枠組みを提供できるのではないかと思われる。

ただし，地場産業製品の市場創造のあり方を図3において全て描き切れているわけではない。まず，対象としているのは，国内市場に限定されていることである。地場産業製品の輸出が再び増加傾向にあることを踏まえると，海外市場を含めて検討しなければならないことは確かである。しかし，各国の市場の分析などを踏まえる必要があることから，この点は今後の研究課題としたい。また，本研究では，地場産業製品以外の異業種への展開についても言及していない。このような点から，本研究において地場産業の中小企業が地域経済の活性化に寄与する

方策として示したのは，1つの側面に過ぎないということも付言しておきたい。

〈注〉
1 　増田編（2014）は，地方の人口流出・減少と東京一極集中の進行，地方自治体の消滅予想を論じている。こうした「地方消滅論」には，岡田（2014）や中山（2016）らの批判も展開されている。
2 　経済産業省「海外事業活動基本調査」によると，製造業の海外生産比率は，1990年度には6.4％であったが，2015年度には25.3％に達している。
　　経済産業省ホームページhttp://www.meti.go.jp/statistics/tyo/kaigaizi/result-1.html（2017年9月17日閲覧）
3 　政府建設投資額は，ピーク時の1995年の約35兆円から2013年には約21兆円へと減少している。国土交通省総合政策局・建設経済統計調査室（2017）『平成29年度 政府建設投資』http://www.mlit.go.jp/common/001190162.pdf（2017年9月17日閲覧）
4 　「産地概況調査結果」における対象となる産地は，年間生産額がおおむね5億円以上のものとなっている。
5 　地域主義については，玉野井・清成・中村共編（1978, pp.3-17）を参照。
6 　今治タオル工業組合ホームページhttp://itia.or.jp/data/index.html（2017年9月17日閲覧）
7 　同上
8 　同上
9 　今治タオル産地における「JAPANブランド育成支援事業」の取り組みについては，今治タオル工業組合の当時の理事長のf氏へのインタビュー調査に基づく（調査日2009年1月31日）。
10　O社の取り組みについては，同社社長m氏へのインタビュー調査に基づく（調査日2009年8月4日）。
11　T社の取り組みについては，同社社長t氏へのインタビュー調査に基づく（調査日2016年8月1日）。
12　K窯の取り組みについては，六代目k氏へのインタビュー調査に基づく（調査日2015年8月81日）。

〈参考文献〉
1 　上野和彦（1987）『地場産業の展望』大明堂
2 　上野和彦（2007）『地場産業産地の改革』古今書院
3 　大田康博（2016）「地域産業の存続・発展メカニズムの転換—グローバル競争下で活発化する中小繊維企業の市場創造—」『日本中小企業学会論集35』同友館pp.29-41
4 　岡田知弘（2014）『「自治体消滅」論を超えて』自治体研究社
5 　清成忠男(1980)「地場産業の現代的意義」『地域開発』No.192 pp.43-50

6　国民生活金融公庫調査部（1987）『円高で揺れる地場産業』中小企業リサーチセンター
7　関満博・及川孝信（2006）『地域ブランドと産業振興』新評論
8　全国中小企業団体中央会（2005）『全国の産地平成16年度産地概況調査』全国中小企業団体中央会
9　全国中小企業団体中央会（2006）『全国の産地平成17年度産地概況調査』全国中小企業団体中央会
10　高向嘉昭（1997）「地場産業の観光資源化」『九州産業大学商経論叢』第38巻第1号 pp.1-25
11　玉野井芳郎・清成忠男・中村尚司共編（1978）『地域主義』学陽書房
12　中小企業研究センター（2001）『産地解体からの再生─地域産業集積「燕」の新たなる道─』中小企業研究センター
13　中山徹（2016）『人口減少と地域の再編』自治体研究社
14　日本総合研究所（2016）『全国の産地平成27年度産地概況調査』日本総合研究所
15　初沢敏生（2003）「宮城県鳴子町の温泉観光業と地場産業の動向」『福島大学教育学部論集』第73号pp.15-24
16　初沢敏生（2005）「地場産業産地における革新の特徴」『経済地理学年報』第51巻 pp.348-367
17　黄完晟（1997）『日本の地場産業産地分析』税務経理協会
18　増田寛也編著（2014）『地方消滅』中央公論新社
19　山崎充（1977）『日本の地場産業』ダイヤモンド社
20　山田幸三（2013）『伝統産地の経営学』有斐閣
21　山本篤民（2011）「国内タオル産地の変容と課題」『日本中小企業学会論集30』同友館pp.35-47

（査読受理）

中小企業の海外生産と顧客開拓

滋賀大学　弘中史子

1．はじめに

　日本経済の国際化が進展し，海外進出を果たす中小企業も急増しているが，海外での生産は困難も多くチャレンジの連続である。海外生産を通じて中小企業は存続・成長への道をたどることができるのだろうか。たとえば，新規顧客はどのようにしたら開拓できるのだろうか，特定の顧客への売上依存から脱却できるのだろうか，新規顧客の開拓はどのような意味をもたらすのだろうか。本論文ではこうした問いを，マレーシアに進出している中小企業の事例を通じて検討していく[注1]。対象としては，日本のリーディング産業であり電機・自動車産業を中心に大きな経済的価値をもたらしている金属・機械産業の中小企業を主としてとりあげる。

2．研究の背景

1）．関連する既存研究

　本論文に関連する既存研究として，三つの分野をとりあげたい。
　第一は，国際化の発展段階を扱ったものである。Johanson and Wiedersheim-Paul（1975）は，スウェーデンの企業を観察し次の4段階を提示した。第一が定期的な輸出をしていない段階，第二が代理店を通じて輸出をする段階，第三が販売拠点の設立，第四が生産拠点の設立であるとし，海外でどのビジネスプロセスを行うかに注目している（Johanson and Wiedersheim-Paul, 1975, pp.306-307）。
　金属・機械産業に関して言うならば，日本の中小企業は顧客を通じて間接輸出を長年行ってきており，比較的早くから第二段階に達していたと解釈できる。国際協力銀行（2013）によれば，日本の中堅・中小企業の海外生産は32.9％となっ

ている。特に電機・電子産業など早くから海外生産が進んだ業種においては，その比率は60.3％にのぼるという（国際協力銀行，2013，p.2）。つまり現在では，第四段階にいたって一定年数を経過している中小企業が日本には多く，海外生産開始後についてこそ検討が必要であろう。

　第二は，海外展開による日本企業の成長を扱った研究である。たとえば天野（2005）は，東アジアとの国際分業に焦点をあてて，定量・定性的なアプローチから日本企業の東アジアへの進出を分析している。そして東アジアへの進出は国際的な成長の機会であると同時に，国際分業を通じて本国事業の再編と事業全体の効率化を図る転機となると示唆している（天野倫文，2005，p.61）。中沢（2012）は中小企業を中心に観察し，海外展開している企業ほど国内で成長していることを豊富な事例をもとに示している（中沢孝夫，2012，pp.18-25）。田口（2013）は，金型業界において，グローバル化を積極的に位置づけることで新たな可能性を見いだした中小企業を分析している（田口直樹，2013，pp.17-20）。このように海外での活動が企業成長につながることは，既存研究で明らかにされている。本論文では販売面，特に顧客開拓という視点からそのメカニズムと意義に踏み込みたい。

　第三は，海外における新規顧客開拓を扱った研究である。本研究では海外生産開始後の顧客開拓を取り扱うが，それに関連する研究としては日本政策金融公庫（2014）がある。この研究では，海外企業の開拓に焦点をあてて欧米系企業とローカル企業に分けて論じている。

　欧米系企業の開拓については，「本国あるいは日本拠点で取引実績をつくることが有効である」としている（日本政策金融公庫，2014，p.45）。しかし筆者らの調査では，マレーシア拠点において欧米系企業からの受注に成功した企業が複数あった。欧米系企業のアジア統括拠点がマレーシアや隣接しているシンガポールにあることも有利に働いている。また同研究では，欧米系は調達のボリュームが大きい傾向にあると指摘されているが（日本政策金融公庫，2014，pp.21-22），マレーシアの調査によればボリュームが大きいとは限らず，むしろ高い利益率や長い製品ライフサイクルに魅力を感じている企業があった。

　ローカル企業の開拓についての記述では，「ローカルメーカーのニーズによっては部品の設計や仕様を変更し，製品品質を下げるスペックダウンを行うことも必要となる」とある（日本政策金融公庫，2014，p.47）。しかしマレーシアでの調査によれば，ローカル企業だからスペックが低いと考える企業はなかった。と

いうのも，マレーシアのローカル企業に納入していても，そこの最終顧客はヨーロッパ企業だったりするためである。また現地の政府系企業へ納入したことで，欧米系企業からの技術力の評価が高まるケースもあった。「ローカルメーカーとの取引には代金回収など多くの課題も存在する」という指摘もあるが（日本政策金融公庫，2014，p46），日本企業の進出の歴史が長いマレーシアでは，最近は日本の大手企業でも担当者がローカル社員になりつつあり，必ずしも代金回収が早いわけではなくなってきている。つまりローカル企業に特有の課題とは言い難い。

　マレーシアではこのように取引関係の類型化が複雑になっていることを考慮しつつ，本論文では海外の顧客開拓がもたらす可能性も含めて整理したい。

3．海外生産開始後の顧客開拓

1）．日本の中小企業とマレーシア進出

　ここでは，筆者らが2014年から継続している日本とマレーシアでの調査から，4社の事例を紹介する。この4社は，金属・機械産業で，日本の中小企業が100％出資し，進出から20年以上経過しており，複数回のインタビューで詳細を確認できている事例である。

　マレーシアをとりあげる意義は二点ある。第一に，90年代に多くの日本企業が進出したために，海外生産開始後に一定年数が経過している中小企業が多く，顧客開拓の経緯をふりかえるのに最適な地域と考えられる。第二は，進出した日本企業の多くが数々の不況や経済的困難を経験しているためである。バブル崩壊，アジア通貨危機，リーマンショックに加えて，人口が2800万人と少なく国内市場が限定されており，賃金も高騰したことから，大企業の事業の撤退や縮小が続いた。数々の苦難を乗り越えて生き残っているマレーシア進出の中小企業の歴史は，今後，中小企業の国際化を考える上で参考になる。

　マレーシアの特徴を簡単に紹介すると次のようになる。第一に，他の東南アジア・南アジア諸国へのゲートウェイとなる地理的位置にある。第二に，多民族国家であるため国民が英語を第二言語として話すことから，隣国シンガポール同様にアジアの調達・販売拠点をおいている欧米系企業が多い。

　以下では，4社について「企業概要」「顧客開拓」「マレーシア拠点の役割」に分けて示す。

2）． A社の事例[注2]
① 企業概要
　日本本社は従業員40名（資本金1800万円）である。マレーシア進出当時は，国内で金属部品の加工を手がけており，電機産業のAA社，AB社にブラウン管関係の部品を納入していた。
② 顧客開拓
　1995年にマレーシアで操業を開始し，国内で生産していたAA社向けの生産を移管した。続いて同じブラウン管分野で，新規に現地の日系企業4社を開拓する。納入地域はマレーシア国内のみならず，シンガポール・タイ・イギリス・アメリカ・中国へと拡大していった。

　その後，マレーシアに進出していた日本の化学メーカーから，パソコン関連部品の受注を獲得したことで，新たな業界の開拓にも成功する。顧客であった現地の日系企業がブラウン管から撤退した後は，同部品がA社の主力分野に成長した。さらに光学，モーター関係の企業からも受注に成功し，ベトナムやインドネシアにも部品を供給するようになった。ローカルの半導体メーカーとも取引をするなど，海外の企業も開拓しており，イギリスや中国への納入実績がある。
③ マレーシア拠点の役割
　マレーシア進出前は顧客の企業・業界は限られていたが，進出を機に取引する顧客が増え，業界の多様性が生まれることとなった。また同社の部品が使用される最終製品の分野も，ブラウン管からパソコン，デジタルカメラ，スマートフォンへと変化させることができ，製品のライフサイクルの波をうまくカバーできている。最近は車載部品分野も手がけるようになった。

3）． B社の事例[注3]
① 企業概要
　日本本社は従業員75名（資本金5000万円）である。マレーシア進出当時は，国内で精密加工を手がけており，精密機械系のBA社やBB社と取引をしていた。
② 顧客開拓
　日本の市場が縮小してきたと感じて，1994年にマレーシアに進出し，日本で取引のあったBA社，BB社への納入を開始した。その後，新規の業界として運動用具関係，自動車関係，電機関係の日系企業を開拓した。この間に電機関係の一部の顧客が現地の事業を縮小し，そこへの売上が減少するといったことも体験して

いるが，新規開拓を継続することでカバーしている。

　海外企業についても精密機械，電子部品，モーターといった分野の新規開拓に成功した。この中には世界的な企業もあり，海外のサプライヤーと競合した末に，B社の得意技術を活用して受注することができた。海外の企業からの受注は，付加価値が高いものがある一方で，部品サイズが従来経験したものより大型であったり，品質保証の期間が長かったりなどクリアしなければならない課題も多いという。

　③　マレーシア拠点の役割

　マレーシアでは，日系企業はもちろん海外の企業を開拓するという役割が大きいという。現在の売上比率は海外企業が6割近くまで高まった。日系企業の比率は減少しているが，新規顧客開拓により売上高そのものは増加している状況である。海外に進出しなかった同業者は廃業している企業も珍しくなく，思い切って進出したことが功を奏したと考えているという。

4）．C社の事例[注4)]

　①　企業概要

　現在，日本本社は従業員820名（資本金8800万円）である。マレーシア進出当時は，国内では主として自動車部品の熱処理を手がけていた。

　②　顧客開拓

　1996年に自動車部品の主要顧客がマレーシアに進出したことがきっかけで，進出した。進出後にアジア通貨危機が起き，撤退を検討したこともあったが固定費用削減と顧客の新規開拓でのりきった。

　日系企業では，自動車関係の他に，多くの電機関係の企業を開拓している。また海外企業の開拓にも積極的に取り組み，自動車関係，医療関係，文具関係の新規開拓に成功した他，マレーシア政府の業務も受注している。ヨーロッパ系の企業は取得が必要な認証も多く，要求水準，品質保証が厳しいと感じている。ローカル企業も同様に厳しい品質要求をする企業があり，その理由は最終顧客がアメリカ・ヨーロッパ企業だったりするためだという。

　③　マレーシア拠点の役割

　進出当初にメインだった自動車関係は売上の3割程度となり，顧客の業界が多様化している。また売上の3割近くを海外の企業が占めるようになっている。マレーシア進出により電機関係の顧客を開拓でき，海外企業との取引を増加させる

ことができた。

5). D社の事例[注5]

① 企業概要

日本本社は従業員85名（資本金5000万円）である。マレーシア進出当時，国内では主として電機関係や文具関係でスプリングの精密加工を手がけていた。

② 顧客開拓

1990年に顧客である電機メーカーとの取引がきっかけで，進出した。しかし当該顧客からの受注は大きく減少し，さらにアジア通貨危機をはじめとした厳しい経済状況が続いた。2011年頃から本格的な改革に着手し，その1つが新規顧客の開拓であった。

現在では電機関係で新たに日系企業をいくつも開拓している他，ローカル企業，フィリピン，シンガポール，タイなどにも納入している。新規の業界についても，日系の電子部品関連やローカル企業の医療関係などを手がけるようになった。取引関係も複雑化し，ローカル企業を経由したヨーロッパ企業への納入などで，最終顧客と直接打ち合わせを行うこともあるという。

③ マレーシア拠点の役割

マレーシア拠点は現在成長し，現在は顧客も90社以上に増加し，売上比率は日系企業が6割弱，海外企業が3割強となっている。利益面でも日本本社に貢献しているほか，国内では手がけなくなった量産のノウハウ維持・向上の役割もマレーシア拠点が担っている。

6). 小括

マレーシアに進出した中小企業は，事例企業も含め，進出時には日本で取引していた既存顧客に納入していたところが大半である。しかし進出後に数々の世界的不況にみまわれ，顧客のマレーシア拠点の縮小や撤退にも直面した。進出時に頼りにしていた顧客に依存できなくなるという厳しい状況となり，撤退を選択する中小企業もあった。しかし事例の4社は海外生産を継続し，マレーシア拠点にて独自の新規顧客開拓をすすめた。具体的には，日系企業を開拓するだけでなくローカルや他国の海外企業も開拓する。またこれまで取引していた業界だけでなく，新たな業界も開拓した。

こうした新規顧客開拓は，マレーシア国内だけで遂行されているのではないことに留意する必要がある。東アジア・東南アジアをはじめ各国にも納入しており，

相手先は日系企業の場合も，海外企業の場合もある。つまりマレーシア拠点で新規顧客開拓をする時に，マレーシア以外の近隣諸国の企業も対象となり，営業活動の地域も広がっているのである。

4．顧客開拓が与えた影響

新規の顧客開拓は，当該中小企業に，売上面以外にも以下の三つの効果をもたらした。

1）．新規顧客開拓による技術の応用可能性の拡大

第一に，新たな顧客からの依頼・要望をきっかけとして，自社が持つ技術の応用可能性を拡大できた。新規の顧客からは，これまでの受注にはなかった新たな要求が多くあり，それがきっかけで自社技術の応用可能性が拡大している。その分野は，製品技術・製造技術・生産管理の多岐にわたっていた（図1）。

図 1　顧客開拓で実現した自社技術の応用可能性の拡大

製品技術面でみるならば，これまでとは異なる業界の顧客に納入するために，新たな部品を開発することになる。D社では，ローカル企業への受注を獲得した際に，製造設備も含めて新たな部品を開発している。また同じ業界でも異なる顧客を開拓する場合には，部品の仕様変更が必要になる場合もあるだろう。B社は同じ業界の海外企業を開拓した時に，サイズや精度の大幅な仕様変更をせまられた。

製造技術面でみるならば，既存の加工技術を応用する必要がでてくる。A社では，顧客のニーズによっては従来の経験だけでは対応できないこともあるため，本社もまじえて加工方法を検討したり，新たな生産設備を導入しているという。

C社は新たな海外企業との取引で、加工レベルをさらに向上させる必要があったという。

生産管理面でみるならば、D社ではマレーシア拠点で不良削減のノウハウが蓄積されたことから、前述したように、本社ではあまりてがけなくなった量産ノウハウの維持・向上の役割を担っている。B社はヨーロッパの企業と取引する中で、トレーサビリティの厳格化を求められるようになった。

このように新規の顧客を開拓することで、受注内容も多様化し、自社技術を応用できる機会が広がったのである。こうした応用可能性の拡大はマレーシア拠点だけの力ではなく、日本本社の開発・設計の支援を受けるなど会社全体での取り組みで実現できることもある。逆に、マレーシア拠点が本社の機能を補完できるようになることもあるなど、双方が技術面でのメリットを享受できるのである。

2）．多様な顧客との関係構築と中小企業の自立

マレーシア拠点で新規顧客を開拓したことで、事例企業は特定顧客への売上依存から脱している。日本国内では中小企業同士の競争が激しく、新規の顧客を獲得することが難しい。系列やグループ内取引も以前よりは制限が少なくなったとはいえ、顧客の競合相手にあたる会社への納入が難しい場合もある。しかし海外拠点を持つことにより、同業他社への開拓が実現しやすくなる。さらに、日系企業に限らず世界的な優良企業との取引を実現している企業も出てきた。これは日本の中小企業がトップレベルの企業の技術的要求に応えられるという証左になる。また事例企業では、これまでとは異なる新規業界への納入も実現している。

顧客と限定的・受動的な関係にあっては、自社技術を活用する機会が限定され

図2　多様な顧客関係と中小企業の自立

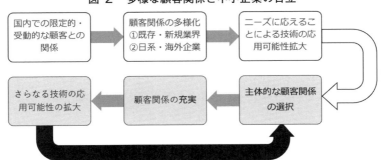

る。しかし新規顧客を開拓していくことで，様々な要望にこたえることになり，応用可能性が広がっていく。応用可能性が拡大すれば受注できる部品や加工も広がり，それが交渉力の源泉となる。つまり，中小企業自身が主体的に顧客を選ぶことができるようになり，自立に近づくという好循環が生まれる（図2）。

3）．ライフサイクルの影響からの回避

事例企業では，日本で取引していた業界だけでなく，新たな業界の顧客も開拓している。これは製品ライフサイクルの影響を軽減することにつながる。たとえば当初納入していた業界・製品分野での売上が減少しても，他の業界を開拓することでのりきることができる。海外企業の開拓も，日本の大企業の盛衰に左右されにくいという効用がある。自社の技術を活用して，日本の大企業が強い分野だけでなく海外企業が強い分野に納入することも，長期的な意味で中小企業の自立に結びつくと考えられる。

5．国際化の深化に向けて

1）．生産の国際化と販売の国際化

海外生産によって高まる可能性で注目すべきなのは，日本企業以外の顧客を獲得できることである。もちろん，日本企業のみがその業界をリードしているなどの特別な場合はいたしかたないが，自社技術を最大限に活用して売上を拡大するためには，海外の企業にも門戸を広げることでチャンスが広がる。

日本の多くの中小企業にみられる現象は，生産が国際化しても販売が国際化していないということである（表1）。つまり海外においても，日本の企業を顧客とし，国内と同様のサプライヤー構造に組み込まれてしまうのである。筆者らの企業調査の中で，「現地に進出している中小企業は，従来から取引している日系企業からの待ちの営業をしていることが多いのではないか」という意見もあった。日系企業からの受注がなくなってくると売上が確保できなくなり，日本人駐在員をおくコストが支出できなくなる。やがて，撤退という流れになってしまう。しかし事例企業は，日系企業にこだわることなく，自社の技術が活用できる顧客を海外企業も含めて開拓していた。

筆者が別のプロジェクトで調査しているベトナムでは，日本企業進出の歴史は

マレーシアに比較して浅い。進出している日本の中小企業は，現時点では低コストを目的にベトナムで生産しており，顧客もこれまでと同じというケースが多い。しかし進出先の国が経済発展していった時に同じことが継続できるとは限らない。マレーシアの事例企業から学ぶ意義は大きいと考えられる。

表 1　生産の国際化と販売の国際化

	販売先が日本企業		販売先が海外企業
生産拠点が日本	Ⅰ 国内生産		Ⅱ 輸出で対応
生産拠点が海外	Ⅲ 生産拠点の国際化	ギャップ →	Ⅳ 生産と販売の国際化（マレーシアが示した可能性）

2）．販売の国際化に向けて

　生産を国際化したⅢの段階と，販売を国際化したⅣの段階では大きなギャップがある。このギャップを埋めるためには，「マネジメント」における国際化の進展が求められる。

　マネジメントの国際化の第一ステップは，ローカル社員の登用である。日本企業は一般的にローカル社員の登用が遅れていると言われているが，特に営業については早急に強化すべきであろう。多くの中小企業は現地責任者として，生産・品質の専門家を派遣することが多い。営業の機能をローカル社員がカバーできれば，効率的な分業になる。

　海外企業開拓に成功している事例の中小企業では，ローカル社員の営業担当者が活躍している。マレーシアで育ってきた彼・彼女ならではの親類・友人・地縁といったネットワークが活用できるからである。こうしたネットワークの中に駐在する日本人社員が食い込むことはかなり困難である。また，ローカル社員が活躍するのは対ローカル企業だけではない。欧米系の企業はローカル社員の登用が進んでいることから，日本の中小企業がローカル社員を登用すれば，マレーシア人の担当者同士で商談を進めることもでき，交渉も成立しやすくなる。事例企業でも，日本人社員が思いもつかないような企業にローカル社員が積極的にアプローチして，商談を成立させたという企業が複数存在した。

　確かに，現地の日系企業の顧客は日本人の担当者を好む場合もあるだろう。しかしそれにこたえて営業の担当者を日本人中心にすると，商機を見逃すことになる。また，日本の大企業も徐々にローカル社員が調達責任者になってきたことか

ら，ローカル社員の営業職が活躍するフィールドはますます広がっているという。

第二のステップは，日本本社の「内なる国際化」である。優秀なローカル社員に長く勤務してもらうためには，マレーシア拠点の人事制度のみを整えるだけでは限界がある。ローカル社員の待遇・昇進において，派遣されてくる日本人社員と差がないように，本社と海外拠点の人事制度の共通化などを進める必要があるだろう。これによりローカル社員が「自分が企業の一員だ」という意識を強く持つことになり，コミットメントも得られやすくなる。また日本本社も，日頃から社員に外国語の修得を奨励したり，異なる文化の理解を促進したり，社員も世界の業界トレンドを認識するなどして，国際感覚を高める必要がある。

こうしたマネジメントの国際化が一定程度進展すれば，販売の国際化を実現しやすくなる。たとえば事例企業の多くは，新規の顧客開拓のきっかけとして海外で開催される展示会を活用していた。海外の展示会への出展は，「内なる国際化」と「ローカル社員の登用」をうまく組み合わせることで実現しやすくなる。

以前は，展示会は技術動向を把握したり，競合他社の動向を把握したりという役割が多かったが，最近は新規開拓に威力を発揮するという。展示会に出展する度に，成約するという企業もある。それは大企業の調達担当者がサプライヤーを探す場として，展示会を活用しているからである。つまり，日本の中小企業が自社の技術を世界に披露する場として展示会が機能しているのである。アメリカやヨーロッパだけでなく，アジア各国で開催される展示会でも十分な機会が見込めるというのだから活用しない手はない。海外の展示会出展にはそれなりの費用がかかるが，本社の国際感覚が高まっていれば，出展の意思決定がしやすい。また展示会に参加する各国の調達担当者は，これまたローカルの社員であることが多い。ローカル社員を登用することで，展示会での商談もスムーズになるのである。

3)． 中小企業こそ有利なマネジメントの国際化

日本の企業は人の現地化をはじめマネジメントの国際化が，大企業でさえ他国と比較して遅れていると指摘されてきた（吉原1992，古沢2008）。しかし本社トップが意識すれば，中小企業の規模を活かして有利に進められる可能性がある。

第一に，中小企業は海外派遣できる人員が限定されるからこそ，ローカル社員を登用し，育成する必要がある。日本人を多く派遣していては，多額の費用が発生してしまう。

第二に，中小企業は，トップの交代により現地拠点の方針が変わることが少な

いため，ローカル社員にとって企業のビジョンや経営目的が理解しやすい。大企業の場合には数年おきに日本人トップが交代するが，駐在期間のうちに実績をあげなくてはならない場合があり，どうしても目標が短期的になる。後任のトップが全く異なる方針をとることも珍しくない。帰任者は海外業務とは全く関係のない業務についてしまうことがあり，新任トップとの仲介を委ねることもできない。他方で中小企業の場合には，本社の組織が小さく，理念や経営方針も浸透していることから，駐在する日本人トップによって大きく方針が異なるということがない。また帰任しても出張ベースで再度訪問することも多いため，ローカル社員との関係を長期的に保つことができる。ローカル社員にとっては安心感があるのである。

第三に，中小企業は組織が小さいため，日本本社の「内なる国際化」も推進しやすい。海外拠点の重要性を，本社社員に浸透させやすいのである。筆者らが調査した企業の中には本社機能を事実上，海外においている場合も複数あった。

第四に，日本人トップとローカル社員の間に心理的な距離が少ない。中小企業の場合，通訳を雇用する費用を削減するために，駐在社員がローカルの言語を学ぶからである。直接会話することで，コミュニケーションが密になるため，ローカル社員登用に際しても，放任はせずに，適度な距離感をもって任せることができる。また筆者らが実施した別のプロジェクトでのアンケート調査によれば，特にマレーシアでは家族的な雰囲気を好むローカル社員が多いことがわかった。そのことも，組織が小さな日本の中小企業にとって有利にはたらくと推察される。

6．結びにかえて

厳しい状況をくぐりぬけてきたマレーシア進出の中小企業の歴史をよみとくと，日本の中小企業が海外生産を契機として，自社の技術を最大限活用して自立化を進展できる可能性が浮かび上がる。事例企業では，従来の特定顧客に売上を依存できなくなる状況の中で，積極的に新規顧客開拓につとめていた。進出時に納入していた業界だけでなく，異なる業界からも受注を獲得し，製品のライフサイクルによる影響を避けることに成功している企業が存在した。また日系企業だけでなく，ローカル企業を含めた海外の企業にも積極的に接触していた。

新規顧客においては，特に販売の国際化が，めざすべき方向性として考えられ

る。現地の日系企業に限定せずに，また従来の業種にこだわらずに，国際競争力のある企業を顧客として開拓することでより売上を安定させることができる。国内のサプライヤー構造から脱し，世界の企業に自社の技術を売り込むことが，既存技術を最大限に活用することにもつながる。マレーシアの観察事例からは，日本の中小企業がそれだけ高い技術力を保持していることが窺えた。そして販売の国際化を実現するためにはマネジメントの国際化が欠かせないことを示し，それを実現するための手法として，海外の展示会活用や，ローカル社員の視点からの顧客開拓に触れた。

　本論文では海外生産に焦点をあてたが，国内生産にとどまる企業についても，若干ではあるが示唆しておきたい。まず自社の技術が活用できる顧客を，国内企業に限定せずに広く探ることである。物流の問題がクリアできるのであれば，出張ベースで海外企業を開拓して輸出で対応してもよい。あるいは日本国内で，海外企業との取引を成立させたり，最終顧客が海外の企業となっている日本企業を多く開拓したりすることも有効であろう。また，国内にとどまっていても，「内なる国際化」を進展させることは可能である。

　最後に，本論文の限界について主だったものをあげておく。第一が，量的サンプリングによる検証がなされていないことである。第二が，取引する業種や受注形態によって，新規顧客開拓の方法が変わる可能性に言及できていないことである。第三が，マレーシアに特有の事情を丁寧に検証することである。こうした点をふまえて，今後研究を進展させたい。

〈注〉

1　本研究は，科学研究費補助金（基盤C:26380503）（基盤C:17K03873）による研究成果の一部である。ご多用のなかご協力いただいた4社のみなさまに心より御礼申し上げたい。また，調査内容は中部大学教授寺澤朝子氏との共同のインタビュー調査をベースにしている。記して感謝したい。
2　第1回インタビュー調査を2015年6月4日14時から17時までマレーシア拠点にて実施，第2回インタビュー調査を2016年2月17日13時30分から17時までマレーシア拠点にて実施した。
3　第1回インタビュー調査を2016年8月17日10時55分から12時30分まで日本本社にて実施，第2回インタビュー調査を2017年3月2日9時30分から10時30分までマレーシア拠点にて実施した。
4　第1回インタビュー調査を2015年3月13日に13時30分から16時30分までマレーシア

拠点にて実施，第 2 回インタビュー調査を2017年 2 月27日11時から12時までマレーシア拠点にて実施した．
5 　第 1 回インタビュー調査を2015年 5 月 7 日10時から12時までマレーシア拠点にて実施，第 2 回インタビュー調査を2016年 2 月15日10時から12時 5 分までマレーシア拠点にて実施，第 3 回インタビュー調査を2017年 3 月 2 日11時から11時30分までマレーシア拠点にて実施した．

〈参考文献〉
1 　天野倫文（2005）『東アジアの国際分業と日本企業―新たな企業成長への展望―』有斐閣
2 　Ambos, T. C., Ambos, B., & Schlegelmilch, B. B. (2006) Learning from foreign subsidiaries: An empirical investigation of headquarters' benefits from reverse knowledge transfers. *International Business Review*, 15 (3), pp.294-312.
3 　古沢昌之（2008）『グローバル人的資源管理論―「規範的統合」と「制度的統合」による人材マネジメント―』白桃書房
4 　Hironaka, C.,& Terazawa, A. (2015). A Literature Review and Conceptual Framework for Overseas Production: Toward a Unified View of Technology Enhancement and Organizational Strength for Japanese Manufacturers, *Working Papers, Shiga University*, 220, pp.01-14.
5 　Johanson, J., & Wiedersheim-Paul, F. (1975) The internationalization of the firm—four Swedish cases. *Journal of Management Studies*, 12(3), pp.305-322.
6 　国際協力銀行（2013）『中堅・中小企業（製造業）の海外事業展開を巡る動向と国際協力銀行（JBIC）の支援体制について』https://www.jbic.go.jp/wp-content/uploads/reference_ja/2013/03/2884/jbic_RRJ_2012090.pdf（2017年12月 1 日閲覧）
7 　中沢孝夫（2012）『グローバル化と中小企業』筑摩書房
8 　日本政策金融公庫（2012）「中小企業の海外展開と外国人人材活躍への取り組み―海外拠点での取り組み事例と外国人人材へのインタビュー調査から」『日本公庫総研レポート』2012年第 6 号，pp.1-83.
9 　日本政策金融公庫（2014）「海外メーカー開拓に取り組む中小企業の現状と課題：アジア新興国で欧米系・地場メーカーとの取引を実現した中小自動車部品サプライヤーのケーススタディ」『日本公庫総研レポート』2014年第 3 号，pp.1-113.
10　田口直樹（2013）「中小企業のグローバル化と事業領域の拡大」『商工金融』第 1 号，pp.9-20.
11　吉原英樹（1992）『日本企業の国際経営』同文館書店

（査読受理）

中小企業の国際化と成長発展プロセス
―「ヒト」の国際化による企業組織の質的変化―

同志社大学　関　智宏

1．はじめに―課題の設定―

　中小企業は何かという問題は，中小企業研究上の本質ともいうべき議論である（滝澤，1995）。最近ではこの点に関連して，中小企業は「発展性と問題性の統一物」といわれることがある（黒瀬，2000；2012）。これは，中小企業が，企業間関係上や経営資源上の不利という問題のある存在であるが，必ずしも問題だけを孕むのではなく，有効なマネジメントによっては成長や発展を実現しうる存在にもなりえることを意味する[注1]。

　中小企業の成長や発展のあり方は多様であるために（植田，2014），そもそも何をもってして成長や発展とするのかという基本的な課題だけでなく，また，問題を孕んだ中小企業が実際にいかにして成長や発展を実現していくか，さらには成長や発展の実現につながるための有効なマネジメントとは何であるか，といった一連のプロセスは，これまで十分に解明されたとはいえない。

　近年，中小企業がさらなる成長や発展を実現させていく経営展開の1つに国際化があげられる（中小企業庁，2012）。このような見解は2010年代に入ってから日本国内で強調されるようになった論点の1つである（大野編，2015）。日本の中小企業の国際化は，こんにち実践の途上であるがゆえに（額田・山本編著，2012；佐竹編著，2014；丹下，2016など），中小企業の国際化の実践が，中小企業の成長や発展のプロセスにいかなる含意をもたらすかについては，多くの検討の余地が残されている。

　本研究では，中小企業が有効なマネジメントによっていかに成長や発展を実現するかという成長発展プロセスと，成長発展に寄与すると考えられる近年の経営展開の1つである国際化という2つの視点から，日本の中小企業の1つの成長発

展プロセスを提示することを目的とする。具体的には，まず国際化のなかでも，中小企業の成長発展に貢献する経営資源たる「ヒト」の雇用に着目する。そして日本以外の他国，とくに新興諸国における外国人労働者を雇用することを「ヒト」の国際化と位置づけたうえで，中小企業の「ヒト」の国際化にともなったマネジメントが，中小企業にいかなる組織上の質的変化をもたらしうるかを考察していく。なお，ここでいう中小企業は，ものづくりであるが，断りのない限りで機械金属業種に属する日本の中小企業を念頭におく。

2．成長発展プロセス概念の提示―経営論としての経営形態，企業成長，組織変革

　中小企業の経営（マネジメントともいわれる）は，古くて新しい課題であり，これまで日本の中小企業研究において多くの議論がなされてきた。まず中小企業の経営については，一例として，経営目的や雇用する労働者のタイプなどによって類型しようとする企業経営形態の類型化の見解がある（中山，1978；1983；黒瀬，2012など）。これは，生計維持の生業かあるいは利益目的の企業か，また自身を労働力とする自己雇用か，家族雇用か，あるいは賃労働の雇用かといった諸点から中小企業を類型化するという見解である。賃労働の雇用といっても，どのような労働者のタイプかによってもさらなる類型化が可能である。

　次に，中小企業の成長については，Penroseを代表とする経営資源の活用能力の拡大を念頭においた成長論の見解がある（Penrose, 1959；1995）。日本では，末松が先駆的にPenroseの見解を踏まえ，大企業と中小企業との「断層」を突破するためには中小企業の経営能力の向上が必要であるとした（末松，1961）。また中村は，中小企業を超えて成長した諸特性を有する企業群としての「中堅企業」の存在を指摘した（中村，1969；1990）。さらに清水は，中堅・中小企業経営者の環境対応力によって業容が変化する点を（清水，1989），太田は，成長の初期段階に求められるマネジメントのあり方を（太田，2000），さらに笠原は，成長段階の諸段階ごとに成長を実現するための諸課題を（笠原，2000），それぞれ論じた。

　中小企業経営形態の視点は，存立する中小企業の諸形態をたんに明確にするだけでなく，むしろ中小企業の歴史的発展や進化プロセスを解明していくことに貢献するため，中小企業の経営目的や雇用する労働者のタイプがいかに変化するか

という点で，企業成長の視点と親和性があると考える。しかしながら，経営形態の視点では，なぜそのような形態に至るかという意思決定の視点はあまり考慮されていない。また，企業成長の視点での課題もある。Greinerに代表される「ライフサイクル」に沿ったかたちで（Greiner, 1972），諸段階ごとに規模が拡大していくことを念頭におく，リニア型ともいうべき成長モデルがよく採用される（図1）。「ライフサイクル」は，導入（誕生）→成長→成熟→衰退という生物が成す成長プロセスの段階的アプローチであるが（中小企業庁, 2017），生物の成長と企業組織のそれとは同じであるとはいえない。実際，成長モデルはGreinerの見解以降，そのモデルに修正が加えられたいくつかの見解があるように，中小企業は時間の経過のなかで，その規模を維持・縮小させることもあれば組織上の多様な質的変化を伴う場合がある（清水, 1986；Garnsey, 1998）（図2）。

中小企業の成長には，時間の経過のなかで，たんに規模の変化だけでなく，経営資源の活用能力など組織能力の向上に代表的にあらわされるような企業組織の質的変化に焦点を当てることが重要となる（髙橋, 2014）。この質的変化をみるうえで重要な示唆を得ることができうる視点の1つが，組織変革である。近年の組

図1　Greinerによる段階的成長モデル

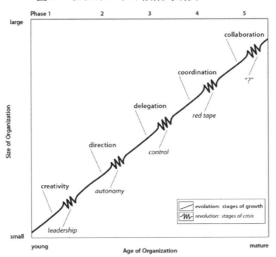

出所：Greiner（1972）

図2 Garnseyによる企業成長モデル

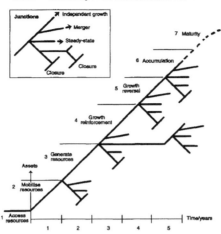

出所：Garnsey (1998)

織変革における議論のなかで，断続均衡（Punctuated Equilibrium）のモデルのように（Gersick, 1991），線形モデルでなく複雑モデルから組織変革をみる視点がある。Gersickらによれば，ここでは戦略，組織構造，組織文化，パワー，コントロール・システムの5つの要素が相互作用をすることで組織変革が生じるとしている（Gersick, 1991；Romanelli and Tushman, 1994）。このことは，古田が指摘するように，「多くの要素を含めた組織変革を線形のプロセスモデルで示すことに限界が生じると推察される」ことから，「要素がどのように変革するかというプロセスモデルの構築」が重要視されている（古田, 2013）。

組織変革の議論は，時間的経過のなかで，多様な要素がどのように相互作用しているかの視点を与えてくれる。本研究では，多様な諸要素間での組織変革にみられる企業組織の質的変化を踏まえた企業成長を成長発展と呼び，その変化の過程を成長発展プロセスと呼ぶことにしたい。

3．現代中小企業の国際化―中小企業の成長発展のための3つの視点―

中小企業の国際化も，中小企業研究においては古くて新しい課題である。企業

の国際化とは，自国とは異なる，2つ以上の国・地域にまたがって事業を展開するようになることである。グローバルな規模で事業を展開すればするほど，世界の各国・地域間での文化的・政治的・地理的・制度的な差異が顕在化することがあるため（Ghemawat, 2007）[注2]，その差異を意識した経営展開が必然となろう。

　企業の国際化にかんする見解には，伝統的には，国際化の段階的プロセスとしての輸出→直接投資→現地化の展開（Danning, 1993；Johanson and Vahlne, 1977）や，現地法人への権限移譲（Bartlett and Ghoshal, 1989）などがある。国際化は，おもに自国から他国への経路が想定されることが多いが，ボーン・グローバル企業など（Cavusgil and Knight, 2009），他国から第三国への経路もありうる。さらには，自国で事業を営みながらも，他国の安価な財や他国の労働者などが自国に移入することによる「内なる国際化」に直面することがありうる。

　現代における中小企業による国際化の実践を検討していくうえでは，国際化の3つの今日的特徴に留意することが必要である（関，2015a）。1つは，国際化を実践していくその先の対象国・地域が，現状ではその経済水準は低いが，経済発展が著しく，さらに日系をはじめとする企業が集積することで製造業が形成し，農業からの産業構造の高度化がなされつつある，新興諸国であるという点である（関，2015b）。先進国が同じ先進国に進出する場合と比べて，新興諸国に進出しようとする場合には，先進国との間で文化的・政治的・地理的・制度的な差異が大きく，とくに法律やインフラなど諸制度の違いが経営展開のうえで障壁となるという新興諸国ゆえの課題がある（Khanna and Palepu, 2010）。

　2つは，現代においては，中小企業は国際化の段階的プロセスを経ずに，はじめからいきなり直接投資によって国際化を実践する場合があるという点である（遠原，2012）。しかしながら，輸出からはじめる場合と異なり，直接投資の場合には，現地法人の設立をめぐって現地の法制度や商慣習を理解したり，また製造業の場合には現地生産の開始に至るまでに，現地労働者を必要数確保したり，労働環境の整備を図ったりしなければならないなど，より高度なレベルが求められるさまざまな意思決定の場面に中小企業が直面しうる（遠山，2017）。

　3つは，現地生産を開始していたとしても，多くの場合，成長発展の初期の段階にとどまっているという点である。これは，海外に直接投資を行う日本企業の多くが2国籍企業にとどまり，多国籍化できていないという点にあらわれている（関，2015b）[注3]。その理由は，進出先国が仮に1つ（2国籍企業）であったとし

ても，新興諸国においては，進出先国の現地の顧客企業や労働者が，当該諸国の国籍をもつものだけでなく多国籍化している場合が多くある。このような場合には，より高度なマネジメント様式を要するマルチナショナル型経営が求められるが（Bartlett and Ghoshal, 1989），中小企業の場合，国際化した当初からいきなりそのような経営を展開させることは容易ではない。このようなことは，海外に進出していないとしても，自国でも類似の事象がある。つまり世界各国から労働者となりうる外国籍の人材が自国に移入している場合には，自国でも多様な外国籍の人材を雇用する機会があるが，これも多国籍化（あるいはそこで求められるマルチナショナル経営）の一例である。

4．国際化と中小企業の成長発展―外国人労働者の雇用による「ヒト」の国際化―

　中小企業経営の観点からすると，新興諸国を対象とした国際化を実践していく際に重要となる経営資源の１つは，「ヒト」であり，とくに新興諸国における外国人労働者であろう。「ヒト」の雇用は規模の拡大につながるが，とはいえ「ヒト」を雇用したからといって，すべての企業が成長発展するわけではない。つまり，中小企業が成長発展を実現していくためには，「ヒト」を雇用した後に有効なマネジメントをいかに展開させていくかが重要となる。
　以下では，まず日本の中小企業が国内外で外国人労働者を雇用したことを「ヒト」の国際化とし，このことをきっかけとして，日本の中小企業がいかなるマネジメントを展開していかなければならないかを考察していく[注4]。そして，「ヒト」の国際化にともなって懸念されてきた諸点とその可能性を合わせて考察していく。なおここで想定する「ヒト」は生産現場の労働者である。
4－1．「ヒト」の国際化とマネジメント
　日本の企業が外国人労働者を雇用する目的の１つは，低賃金に代表される低いコストの活用であろう。日本の経済水準よりも相対的に低い新興諸国との間の経済格差を，経営を展開させていくうえで活用するという考え方である。しかしながら，日本政策金融公庫総合研究所によれば，日本の中小企業が外国人労働者を雇用する理由は[注5]，１つには人手不足への対応があげられるが，もう１つには国際化への対応があげられるとし（日本政策金融公庫総合研究所編, 2017），その

目的はたんなる低コスト利用ではなくなってきているとしている。

　中小企業が国際化に対応していくために外国人労働者を雇用するといっても，中小企業が外国人労働者を雇用した後にいかにして国際化を実現していくかは別の問題であろう。中小企業は「ヒト」を国際化して以降，事業を展開させていくうえでいかなるマネジメントを展開していくべきであろうか。日本の中小企業が国内外で外国人労働者を一定数雇用した際には，次の諸点にみられるような一連のマネジメント・プロセスを展開していかなければならないと考える。

　第1に，国内外においてさまざまな国籍の顧客企業を創造していく企業能力を向上させていかなければならない。日本企業の多くは日本企業同士の「日本村」取引を構築しがちである（関，2014）。しかし新興諸国では，日本を含めたさまざまな国籍の企業が事業を展開させていることから，日本国内での取引実績の有無に関係なく，多国籍の顧客企業を創造していかなければならない[注6]。

　第2に，国内外で外国人従業員が持続的に働き続けていくことができるような労働環境の整備などを進めたり，またその整備を可能とするために（顧客企業を創造させながら）利益をいっそう追求したりするなど，「国際」企業的な経営目的をいっそう強めていかなければならない（経営目的の「国際」企業化）。とくに新興諸国で直接投資を行う場合には，現地法人の現地従業員に即したかたちで彼ら／彼女たちの仕事に対する満足度をいかに高めていくかが，現地における事業展開のうえで重要な要素となることが指摘されているが（Nakayama et al., 2015），そうした労働環境の諸整備に取り組まなければならない。

　第3に，日本の熟練労働者が，日本国内外の外国人労働者に対して意欲的に技術を教育・指導していこうとする動機づけを高めていかなければならない。日本の生産現場でありがちな「見て覚えさせる」方式を新興諸国の外国人労働者に採用することは，日本の労働者との文化的な差異などから難しいと考えられる。日本の熟練労働者が外国人労働者に対して直接的に技術を教育・指導するような仕組を構築しなければならない。

　第4に，新興諸国に現地法人を設立している場合には，日本法人と現地法人の経営方式を相互作用させていかなければならない。たとえば新興諸国にて現地労働者を対象に導入した労働集約的な生産方式を，日本の生産現場の労働者に対する教育などに活用していくなどが考えられる。労働集約的な生産方式の導入は，たんに現地での生産を拡大させるだけではなく，資本集約化が進んだ日本の生産

方式の原点を日本の労働者が学び知る機会ともなる[注7]。

これら4つの諸点は，4つめが現地法人を設立した後の展開であるが，そのことを除けばどれが先に展開されるべきであるという時間先行的ではなく，同時並行的に取り組むことができる一連のマネジメント・プロセスといえる。

4－2．「ヒト」の国際化の懸念と可能性

新興諸国は日本など先進諸国と比べて経済水準が相対的に低いが，新興諸国における外国人労働者を日本国内で雇用した場合には，言語など文化的な差異から外国人労働者が成しえる生産物の品質水準が低く，労働生産性の向上がなしえにくいといったりしたこと[注8]，などが懸念としてあげられてきた（日本政策金融公庫総合研究所編, 2017：34-35）。

日本における機械金属業種の生産を想定すると，日本人労働者と外国人労働者との間でおもに言語など文化的な相違があったり，あるいは彼ら／彼女たちが熟練労働者ではないこともあり，日本で培われてきたマネジメント様式を国内外で日本人労働者と同じかたちで外国人労働者に理解させていくことは容易ではない。このため，とくに機械金属関連業種が形成し経済発展を遂げつつある新興諸国にて，日本の中小企業が事業展開をしていくにあたっては，言語を習熟しておらずかつ生産現場での経験が浅い労働者でも生産が可能な，技術・技能水準を低めたかたちでの労働集約的な生産方式などを導入しなければならないと考えられる。

このことは一見すると，日本国内外において中小企業が新興諸国の外国人労働者を雇用することで，直面する人材不足という経営課題を克服するが，新興諸国の外国人労働者の文化的な差異や経験の浅さなどから，外国人労働者が成しえる労働生産性が日本人労働者と比べて低いだけならず，果実としての生産物が相対的に低い技術・技能水準に適合した市場にしか供給されないようにもみえる。

しかしながら，このことはあくまで外国人労働者を雇用した当初の段階であり，短期的な視点である。時間の経過を踏まえ，中長期的な視点からすると，外国人労働者は，日本人との文化的な差異が縮小するだけでなく，ものづくりに関連した業務に対する知識や経験を習得することになり，その能力を格段に向上させることで生産を拡大させ，労働生産性を向上させることが可能となろう。そして，あるときになれば日本の労働者による生産物と比べて技術・技能水準の観点からそん色のない（もしかしたらそれ以上の）生産物を，そのニーズを満たす市場に継続的に供給することも可能となるとも考えられる。

5．結論

　本研究では，中小企業が有効なマネジメントによっていかに成長発展するかという成長発展プロセスと，近年の経営展開の1つである国際化という2つの視点から，国際化の際に実現しうる中小企業の1つの成長発展プロセスを提示することを目的としていた。この中小企業の成長発展プロセスとは，経営形態，成長，組織変革の視点を踏まえた，多様な要素間での組織変革にみられる企業の質的変化に重きをおく企業成長たる成長発展のその変化のプロセスである。この中小企業の成長発展プロセスを，国内外における外国人労働者の雇用という「ヒト」の国際化という視点から考察してきた。本研究での考察から導き出した主張は大きく次の2つである。

　1つは，日本の中小企業による外国人労働者の雇用は，たんに低賃金利用というわけではなく，中小企業に質的変化をもたらしうるという点である。中小企業は外国人労働者を雇用するという「ヒト」の国際化によって，顧客企業の多国籍化，経営目的の「国際」企業化，熟練労働者による技術の直接的な教育・指導の仕組構築，日本法人と現地法人との経営方式の相互作用といった諸点にみられるマネジメントを展開していかなければならない。これらのマネジメントを日本の中小企業が展開することによって，中小企業は，外国人労働者を雇用する以前と比べて，質的変化を遂げることになろう。これが，いわば「ヒト」の国際化とそれにともなうマネジメントの展開による中小企業の質的変化である。

　もう1つは，中小企業による外国人労働者の雇用は，中長期的な視点からするとより高い労働生産性を実現しうるという点である。外国人労働者が成しえる労働生産性は，短期的には低いとみられるが，中長期的にみると必ずしも正しくない。外国人労働者は，日本人との文化的な差異が縮小するだけでなく，ものづくりに関連した業務に対する知識や経験を習得することになり，その能力を格段に向上させることで生産を拡大させ，労働生産性を向上させることが可能となろう。

　日本の中小企業が国内外において外国人労働者を雇用し「ヒト」の国際化を実現すると，それにともなうマネジメントの展開によって質的変化が生じうる。このことは，日本の中小企業が国際化を実践していくなかで国内外にて実現しうる成長発展プロセスを示しているといえる。さらに中小企業の質的変化を生み出す持続的なマネジメント・プロセスは，短期的には成しえる労働生産性は低いが，

中長期的には労働生産性を向上させ，ひいては日本の労働者による生産物と比べて技術・技能水準の観点からそん色のない（もしかしたらそれ以上の）生産物を継続的に供給させることも可能となろう。このように，「ヒト」の国際化は，短期的な視点ではなく，中長期的なプロセスの観点からみなければならない。

　本研究での考察から導出された，日本の中小企業による「ヒト」の国際化にともなうマネジメントの展開による中小企業の質的変化と，質的変化を生み出す持続的なマネジメント・プロセスによる労働生産性の向上は，国際化という文脈における日本の中小企業の多様な成長発展プロセスの１つを描き出すものである。この意味において，本研究で導出された諸点は，中小企業の国際化研究だけでなく，成長や組織変革などの中小企業経営にかかる諸研究，さらに「中小国際」企業の表出という観点からの中小企業の質的規定などの諸研究（山中, 1939；1948）の展開に貢献するものと期待される。実践上あるいは政策上では，中小企業による外国人労働者の雇用が中小企業の成長発展に寄与しうるという見解（たとえば，日本政策金融公庫総合研究所編, 2017）に対して，成長発展はあくまでマネジメント（・プロセス）の実践の結果であるという主張を提示した。

　本研究では，経営資源の１つの要素である「ヒト」に焦点を当てて成長発展プロセスを考察してきたが，「ヒト」についての詳細な検討ができていないだけでなく，「ヒト」以外の諸要素との関連性について議論できていない。これが本研究で残された課題の１つである。中小企業の国際化という文脈から，日本法人／現地法人の双方で質的変化がどのように生じたのかというマネジメント・プロセスを明らかにし，その複雑なプロセスを描き出すことが必要であろう[注9]。このためには，たとえば，経営活動に要する人的資源や資金，あるいは技術などといった諸要素が時間の経過のなかでいかに関連し合うのか（Langley, 1999），という因果関係の明確化を踏まえた多様な成長発展プロセスの解明が必要となろう。

　もう１つの残された課題は，対象国・地域にかんしてである。本研究では，新興諸国をしながらも，具体的な国・地域を念頭において考察してきたわけではない。しかしながら，世界の各国・地域間には，文化的・政治的・地理的・制度的な差異があるために（Ghemawat, 2007），日本の中小企業が展開している，あるいは展開していく各国・地域によって実現しうる中小企業の成長発展プロセスが異なると考えられる。このため，新興諸国の個別地域におけるケース・スタディの積み重ねをいっそう進めながら，それぞれの国・地域間での比較や一般化（抽

象化）に向けたプロセス研究の深化（Langley et al., 2013）が必要であろう。

付記

　本研究は，JSPS科研費 JP15K03707の助成を受けたものである。また，本研究の査読のプロセスのなかで，少なくとも２名による査読者より有益なコメントを頂戴した。この場をお借りし感謝の意を表したい。

〈注〉
1　ただし黒瀬がいう中小企業の質的発展は，企業家活動による中小企業の存立分野の拡大を「量的発展」としたのに対する価格形成力の強化を意味することから，本稿で使用する成長発展よりも狭義で使用されていると考える。
2　Ghemawatは，文化（Culture），制度（Administration），地理（Geography），そして経済（Economics）の４つを，市場を分断する壁とし，それらの頭文字を合わせてCAGEフレームワークと名づけた（Ghemawat, 2007）。文化には，言語，伝統的生活習慣，支配的宗教の存在や国家間の歴史的関係が含まれる。また制度には，一般的な税制や規制・手続き，さまざまな優遇措置，労働法制や金融制度などが含まれる。地理には，物理的な距離だけでなく，時差や気候の違い，その他自然環境などが含まれる。最後の経済は，経済規模や成長率，平均所得や所得分布，労働賃金や諸物価，流通システムや交通インフラなどが含まれる。
3　帝国データバンクが保有するデータベースを基にして，筆者と帝国データバンクとが2013年に実施した分析によれば，日本において機械金属業種で海外に何らかの拠点があるとした企業4494社のうち，拠点数が２以上は34.4％（1500社）であった（関, 2015b：61）。
4　外国人労働者の雇用にともなうマネジメントをめぐっては，人的資源管理理論（HRM）を中心に国内外で多くの知見や議論があろう。しかしながら，本研究では日本の中小企業の国際化の焦点を当てたため，この点については踏まえることができていない。近く，本研究とHRMとの接点をめぐる考察を行う予定である。
5　一概に外国人労働者といっても多様である。日本における外国人労働者の雇用のタイプには，①就労目的で在留が認められるもの（いわゆる「専門的・技術的分野」），②身分に基づき在留するもの（「定住者（おもに日系人）」，「永住者」，「日本人の配偶者等」等），③技能実習，④特定活動（経済協力協定に基づく外国人看護師・介護福祉士候補者，ワーキングホリデー等），⑤資格外活動（留学生のアルバイト等），の５つのカテゴリーがある。2016年度では全体で100万人を超え，人数的には②身分に基づき在留するものが最も多いが，近年増加傾向にあるのが，ベトナム人による③技能実習である（関, 2017）。
6　ほかには，日本人との間で異なった労働市場が形成されることで，日本人が就きた

がらない分野を外国人に押しつけたり，また労働環境が悪化したりすると懸念が指摘されている（日本政策金融公庫総合研究所編，2017）。なお労働生産性は，労働者1人あたりの付加価値額であるが，新興諸国における現地労働者による労働をめぐっては，自国労働者と比べた場合の相対的な賃金プレミアムを考慮する必要がある。この点に関連した議論については，別稿にて行うことにしたい。
7 日本国内外で外国人労働者を雇用するなど，外国人労働者と接点をもつことによって，当該外国人の出身国・地域に対する関心が高まったり，さらには日本以外の国・地域に拠点を設立する際には，関心が高まった国・地域を選択する決定要因になったりすることがある。つまり，外国人労働者の雇用が，日本の中小企業の国際化への動機づけを高めたり，進出を実現したりすることにつながる。
8 日本では，生産現場の人材不足が深刻な状況になっているだけでなく，ものづくりの基本知識の欠如が深刻な問題となりつつある。たとえば大企業においても，社員の設計知識が乏しく，設計段階から外注側の中小企業に大きく依存しているところがあり，こうした設計（開発）の外注が日本の中小企業の成長発展を促すことがある（関，2011）。
9 筆者は，別稿にて，国内外にて外国人労働者を雇用する中小企業2社のケース・スタディを行っている（関，2017）。

〈参考文献〉

1　Bartlett, C. A. and S. Ghoshal（1989）*Managing Across Borders：The Transactional Solution*, Harvard Business School Press
2　Cavusgil, S. T. and G. Knight（2009）*Born Global Firms：A New International Enterprise*, Business Expert Press
3　中小企業庁（2012）『中小企業白書2012年度版 試練を乗り越えて前進する中小企業』日経印刷
4　中小企業庁（2017）『中小企業白書2017年度版 中小企業のライフサイクル―次世代への継承―』日経印刷
5　Dunning, J.（1993）*Multinational Enterprises and the Global Economy, Wokingham*, England: Addison-Wesley
6　古田成志（2013）「組織変革論におけるプロセスの検討―組織変革のメカニズムの観点から―」日本経営学会『経営学論集』第84集, pp.[05]-1-11
7　Garnsey, E.（1998）"A Theory of the Early Growth of the Firm," *Industrial and Corporate Change*, 3, pp.523-556
8　Gersick, C. J. G.（1991）"Revolutionary Change Theories：A Multilevel Exploration of the Punctuated Equilibrium Paradigm," *Academy of Management Review*, 16(1), pp.10-36
9　Ghemawat, P.（2007）*Redefining Global Strategy：Crossing Borders in a World Where Differences Still Matter*, Harvard Business School Press

10 Greiner, L. E.(1972)"Evolution and Revolution as Organizations Grow," *Harvard Business Review*, 50(4), pp.37-46
11 Johanson, J. and J. Vahlne(1977)"The Internationalization Process of the Firm : A Model of Knowledge Development and Increasing Foreign Market Commitments," *Journal of International Business Studies*, 8(1), pp.23-32
12 笠原英一(2000)「中小・中堅企業の成長メカニズムに関する研究―持続的成長の為の成長段階別課題―」日本中小企業学会編『新中小企業像の構築』同友館, pp.152-160
13 Khanna, T. and K. G. Palepu(2010)*Winning in Emerging Markets : A Road Map for Strategy and Execution*, Harvard Business School Press
14 黒瀬直宏(2000)「複眼的中小企業理論の試み」日本中小企業学会編『新中小企業像の構築』同友館, pp.62-80
15 黒瀬直宏(2012)『複眼的中小企業論―中小企業は発展性と問題性の統一物―』同友館
16 Langley, A.(1999)"Strategies for Theorizing from Process Data," *Academy of Management Review*, 24(4), pp.691-710
17 Langley, A.,C. Smallman, H. Tsoukas and A. H. Van de Ven(2013)"Process Studies of Change in Organization and Management : Unveiling Temporality, Activity, and Flow," *Academy of Management Journal*, 56(1), pp.1-13
18 中村秀一郎(1969)『中堅企業論』東洋経済新報社
19 中村秀一郎(1990)『新中堅企業論』東洋経済新報社
20 中山金治(1978)「中小企業経営論の問題視角」日本経営学会『経営学論集』第48巻, pp.293-297
21 中山金治(1983)『中小企業近代化の理論と政策』千倉書房
22 Nakayama, T., J. Onishi and T. Seki(2015)"A Study on Thai Employees' Job Satisfaction with regards to Japanese Companies Based in Thailand," *Proceedings of 49th The IIER International Conference*, pp.1-5
23 日本政策金融公庫総合研究所編(2017)『中小企業の成長を支える外国人労働者』同友館
24 額田春華・山本聡編著(2012)『中小企業の国際化戦略』同友館
25 大野泉編著(2015)『町工場からアジアのグローバル企業へ―中小企業の海外進出戦略と支援策―』中央経済社
26 太田一樹(2000)「現代中小企業の成長戦略―成長の初期段階におけるマネジメントを中心に―」上田達三監修／田中充・佐竹隆幸編著『中小企業論の新展開―共生社会の産業展開―』pp.189-207
27 Penrose, E.(1959)*The Theory of the Growth of the Firm*, New York, John Wiley and Sons
28 Penrose, E.(1995)*The Theory of the Growth of the Firm*, Third Edition, Oxford University Press

29 Romanelli, E. and M. L. Tushman (1994) "Organizational Transformation as Punctuated Equilibrium : An Empirical Test," *Academy of Management Journal*, 37 (5), pp.1141-1166
30 佐竹隆幸編著 (2014)『現代中小企業の海外事業展開―グローバル戦略と地域経済の活性化―』ミネルヴァ書房
31 関智宏 (2011)『現代中小企業の発展プロセス―サプライヤー関係，下請制，企業連携―』ミネルヴァ書房
32 関智宏 (2014)「タイビジネスと中小企業―タイにおける事業展開の現状と課題―」多国籍企業学会『多国籍企業研究』第 7 号, pp.63-80
33 関智宏 (2015a)「中小企業の国際化研究に関する一考察―その射程と分析課題―」同志社大学商学会『同志社商学』第67巻第 2・3 号, pp.21-36
34 関智宏 (2015b)「現代における日本企業の国際化―チャイナプラスワン時代におけるASEANビジネスと現地化を中心に―」同志社大学商学会『同志社商学』第67巻第 2・3 号, pp.53-68
35 関智宏 (2017)「ものづくり中小企業とインターナショナライゼーション―日本の中小企業における『ヒト』の国際化―」一般財団法人商工総合研究所『商工金融』2017年11月号, pp.28-42
36 清水龍瑩 (1986)『中堅・中小企業成長論―情報化時代の企業成長の条件を求めて―』千倉書房
37 末松玄六 (1961)『中小企業成長論』ダイヤモンド社
38 高橋美樹 (2014)「中小企業の量的成長と質的成長」『三田商学研究』第56巻第 6 号, pp.133-142
39 滝澤菊太郎 (1995)「『中小企業とは何か』に関する一考察」商工総合研究所『商工金融』第45巻第10号, pp.3-22
40 丹下英明 (日本政策金融公庫総合研究所編) (2016)『中小企業の国際経営―市場開拓と撤退にみる海外事業の変革―』同友館
41 遠原智文 (2012)「企業の国際化理論と中小企業の国際化戦略」額田春華・山本聡編著『中小企業の国際化戦略』同友館, pp.9-28
42 遠山恭司 (2017)「中小自動車部品サプライヤーの海外展開と進出支援プラットフォームの役割」関東学院大学『経済系』第270集, pp.63-81
43 植田浩史 (2014)「中小企業・ベンチャー企業論を学ぶ」植田浩史・桑原武志・本多哲夫・義永忠一・関智宏・田中幹大・林幸治『中小企業・ベンチャー企業論［新版］―グローバルと地域のはざまで―』有斐閣, pp.1-17
44 山中篤太郎 (1939)「日本中小工業とその質的規定」一橋大学『一橋論叢』第 4 巻第 6 号, pp.601-623
45 山中篤太郎 (1948)『中小工業の本質と展開―国民経済構造矛盾の研究―』有斐閣

（査読受理）

自 由 論 題

タイ食品産業の成長戦略
―ASEAN経済共同体発足を通して―

兵庫県立大学大学院　三浦佳子

1．本研究の背景・問題意識

　ASEAN経済共同体（ASEAN Economic Community，以下AEC）が2015年12月末に発足した。AECは1993年のASEAN自由貿易協定（ASEAN Free Trade Agreement，以下AFTA）を皮切りとした段階的な経済統合のプロセスをたどってきており，発足日を境に劇的な制度変更が行われたわけではない。しかし，この経済統合により，物・サービス・投資・資本・熟練労働力が，完全ではないが，自由に移動できるようになったことは，ASEAN域内への投資の増加，また，経済活動の活性化につながると考えられる。これらの動きは中小企業にとって有利な機会であると同時に，自由化により競争が激化することから脅威でもある。そのため，ASEAN事務局として中小企業の振興に関する方針と方向性を打ち出し，その方針に基づいて，ASEAN各国ではそれぞれの国の産業や経済発展の状況を見ながら，独自の中小企業振興政策を打ち出している。同時に，中小企業向けにAECに関する啓蒙を行い，AECへの理解を深め，経済統合は脅威としてとらえるのではなく，それを活用する方向に導こうとしている。

　このような動きの中で，ASEAN内の中小企業は実際のところAECをどのようにとらえ，経済統合をどのように経営活動に生かそうとしているのか。果たしてAECは域内の中小企業にとって発展の足掛かりになるのだろうか。

　本研究ではタイの一企業の事例を取り上げて考察する。タイはASEAN発足当初からのメンバー国であり，ASEAN10か国の中では経済発展の進んだ国の一つであり，また，1997年のアジア通貨・経済危機の発端になった国でもあることから，ASEAN内での影響力の強い国と言える。ASEAN内では陸続きの国境を有しているため，経済統合の影響を受けやすい国でもある。そのため，ASEAN10

か国の中からタイを研究対象とした。

　タイ国政府が中小企業振興の対象産業として取り上げているのが，ゴム・プラスチック製品及び食品である。中でも，豊富な原材料と安価で良質な労働力を活用することで，1980年代以降食品加工業が発展を遂げており，国内のみならず海外からも数多くの食品加工業がタイに投資，生産工場を設けている。また，経済発展に伴う所得の拡大はライフスタイルの変化につながり，それぞれの国特有の嗜好を変化させると同時に購買傾向をも変化させ，食品の消費市場の拡大となった。そのため，2010年の実質GDP付加価値額では食品加工業が製造業全体の17.6％を占め，世界第12位の食品輸出国となった。中でも，キャッサバが世界第１位，砂糖が第２位，水産物が第３位，米が第３位，鶏肉が第４位など上位を占めている品目が多く，その品質が評価され，2011年には輸出額が前年対比20％増となった。しかし，近年タイ経済の発展に伴うコストアップや東南アジアや中国といった後進国からの追い上げから厳しい競争にさらされており，より一層の高品質化・高付加価値化などによる差別化が求められている。

　2003年よりタイ国政府は食品の輸出促進として，官民一体となって「世界の台所（Kitchen of the World）」プロジェクトを進めており，上位輸出品目に次いで，これから力を入れる品目として調味料をあげている。調味料は2011年には輸出額の７％のシェアにとどまったが，成長率20％台を達成している。その中でもチリソースとオイスターソースは24％の成長率を達成した。今後輸出品目として期待されているチリソースメーカーの事例を取り上げることで，自由化に伴う市場の広がり，また競争の激しさを通じて，タイ食品産業の成長戦略について考察する。

２．先行研究

　AECの実態，ASEAN経済に及ぼす影響，域内の関税が撤廃されることで自動車や電機など日本企業にとっての生産拠点の見直しが必要となる産業などに関する研究は石川幸一・清水一史・助川成也（2009年）をはじめ日本貿易振興機構の研究員などがすでに行っている。また，ASEAN内の大手優良企業に関しては，AECという観点にとらわれず，グローバル戦略としての調査及び研究がSeung Ho Park, Gerardo Rivera Ungson, Jamil Paolo S. Francisco（2017）によってなされている。また，タイ国内の中小企業に対するAECに関する認識調査はJarut

Kunanoppadol（2014）によって，中小企業全般への影響に関する研究はTeerawat Charoenrat and Charles Harvie（2017）によってなされている。しかし，産業別，中でも食品産業に特化した研究は日本で入手可能な論文（日本語及び英語）を調査する限り，まだなされていない。

3．研究の方法

本研究はタイ中小企業の経営幹部へのインタビューを中心としたケーススタディとし，5年にわたって経営の実態を見てきたThai Roong Rueng Chilli Sauce Co., Ltd.を取り上げる。なお，タイの中小企業とは，製造業の場合，中堅企業は従業員200名以下もしくは固定資産200百万バーツ以下，小企業は従業員50名以下もしくは固定資産50百万バーツ以下とタイ国政府によって定義されており，本研究で取り上げる企業は従業員が2017年5月現在160名，固定資産が15百万バーツであることから，ASEAN及びタイの中小企業振興政策の支援対象である中堅企業に当てはまる。なお，本研究で取り上げた事例としては同社のみとなったが，AECの段階的なプロセスを鑑みて，発足日前からの経営活動を実際に追うことのできた事例研究は，今後に活かすことのできる有益な研究と考える。

4．AECとは

ASEANは1967年に共産主義の拡大を食い止めるためのゆるやかな連合体として発足した。政治的な理由から発足した連合体であったASEANが経済協力を進めることになった初期のきっかけは経済的な理由ではなく外交政策からであった。1990年代初期に，アメリカとソビエト（当時）の冷戦が終結し，カンボジア危機が勃発した。ASEANが経済発展を遂げるためにASEAN自由貿易協定（ASEAN Free Trade Agreement，以下 AFTA）が締結された。その後，1997年のタイを震源地としたアジア通貨・経済危機が起こった。その危機を乗り越えるための経済構造を構築するためには，またASEAN 各国が競争力を発揮していくためには国単位ではなく，ASEANという地域単位で立ち向かうという意識が芽生えた。AEC構想が話し合われた第一の理由である。第二には，アジア通貨・経済危機後，ASEANは他国（中国，日本，インド，オーストラリア，ニュージー

ランドなど）との自由貿易協定（Free Trade Agreement，以下FTA）締結を進めたが，交渉を優位に進めるにはASEANが一つにまとまる必要があるという現実に直面したことがあげられる。これはASEANがFTAのハブとして機能することで，優位に立つことへの戦略であった。AECは域内の取り組みにもかかわらず，ASEAN域外国・地域とのFTAも含まれていることから，ASEANとして域外との交渉を重視していることが読み取れる。第三には，カンボジア・ラオス・ミャンマー・ベトナムという経済格差のある後進国をASEAN加盟国に追加したことがあげられる。先発国（ブルネイ，インドネシア，マレーシア，フィリピン，シンガポール，タイ）が合意していた関税のインセンティブを後発国にも適用するには，後発国のキャパシティビルディングも行う必要があった。第四には，2001年に中国が世界貿易機関（World Trade Organization，以下WTO）に加盟し，市場及び製造拠点として注目をあげることになったことで，ASEANへの投資が中国に向かうのではないかという危機感がASEAN内で広まったことがあげられる。第五には，ヨーロッパやアメリカの地域主義の台頭と，WTOやアジア太平洋経済協力（Asia-Pacific Economic Cooperation，以下APEC）が遅々として進まないことへのあせりであった。このような背景から出てきたのが，ASEANとして経済的にまとまるだけでなく，600百万人規模の地域としてまとまることで，国際的生産ネットワークに参加し，WTOやFTA交渉に臨むASEANとしての地位確立ができるのではないかという考えであった。

　ASEAN10か国を一つの国とすると，世界の9％近くとなる620百万人の人口を占め，GNPが24兆USドルの世界で7番目の経済国となり，2050年には4番目にまで成長すると言われている。その利点を活かすため，経済，政治・安全保障，社会・文化の3つの共同体からなる「ASEAN共同体（ASEAN Community，以下AC）」構想が協議され，2015年12月末に創設された。中でも，AECはAFTAを中心としつつ，貿易円滑化，サービス貿易の自由化，投資の自由化・円滑化，広域的インフラ整備，基準適合，相互認証，格差是正などのための域内協力などを含んだ質の高い経済統合である。特に，単一市場・生産拠点，競争力のある経済圏，均衡のとれた経済発展，世界経済への統合を体現するものとして定義されている。

　また，AECは域外との関係強化だけではなく，域内の貿易を活性化させるという目的もある。ASEAN各国の貿易統計を見ると，域外のシェアが高く，域内

では貿易が活発ではないことが分かる。これは各国の産業構造が似通っていることから域内貿易が活発化されないことや域外との貿易がFTAなどにより自由化されていることがあげられる。

表1　各国に占める域内外のシェア

国名	輸出シェア域内（%）	輸出シェア域外（%）	輸入シェア域内（%）	輸入シェア域外（%）
ブルネイ	23.1	76.9	51.0	49.0
カンボジア	14.2	85.8	30.7	69.0
インドネシア	22.3	77.7	29.0	71.0
ラオス	47.6	52.4	75.8	24.2
マレーシア	28.0	72.0	26.7	73.3
ミャンマー	49.0	50.8	35.3	64.7
フィリピン	16.0	84.0	21.8	78.2
シンガポール	31.4	68.6	20.9	79.1
タイ	25.9	74.1	17.8	82.2
ベトナム	13.7	86.3	16.2	83.8
ASEAN	26.0	74.0	22.4	77.6

（出典：ASEAN Secretariat, (2014), *ASEAN Statistics*）

　AECはEUのように極めて多岐にわたる分野における共同体を目指していないところに特徴がある。
　具体的には，第一に関税同盟ではないことがあげられる。ヨーロッパ連合（European Union，以下EU）は1968年に単一市場を実現，域内関税が撤廃されている。また関税同盟でもあるため，域外関税も共通である。AECでも域内の物品関税は2015年には原則撤廃されたが，ASEANは関税同盟ではないため，域外関税は各国の裁量に委ねられている。
　第二にEUにおいては，商品・サービス，資本，人の移動は自由であるが，AECにおいては，人の移動は原則熟練労働者（エンジニアリング，看護師，建築，測量，調査，観光，医療，歯科，会計の9業種）に限定されている。また，経済的な格差も存在することから完全な自由化は難しいと言われている。
　第三に，AECにはEUのユーロにあたる共通通貨については計画もない。
　第四に，農業，通商，産業などの共通政策がEUには存在するが，AECにおい

ては消費者保護，税制などの共通政策が導入される予定だが，極めて初歩的なレベルにとどまる。

これらのことから，AECが目指している経済統合の実態は経済連携協定に近いものと考えられる。EUが目指した経済統合と異なっていることから，ASEANの中小企業振興政策や企業の経営戦略にも違いが出てくると考えられる。

5．タイの中小企業の現状

2012年にタイ経済に占める中小企業の割合は表2の通りである。中小企業が占めるシェアは高く，タイの経済・社会発展のためには中小企業の存在は欠かせないことから，タイ国政府が中小企業振興を進めていることが読み取れる。

表2　タイ経済における中小企業の位置づけ

2012年における割合	%
中小企業の数	99.5% （中小製造業シェア17.4%）
中小企業の従業員数	80.4% （中小製造業シェア26.3%）
中小企業のGDP	37.5% （中小製造業シェア11.4%）
輸出産業のGDP	62.3% （中小企業シェア18.0%）

(出典：Office of Small and Medium Enterprises Promotion, (2014), *The White Paper on Small and Medium Enterprises of Thailand in 2014 and Trends 2015*)

しかし，中小企業はGDPの37.5%を占めるにもかかわらず，輸出となるとわずか18.0%となる。AECによる経済統合を中小企業はどのように活かしていくべきであろうか。次項では，タイのチリソースメーカーを一事例として取り上げて，AECをどのようにとらえ，経営戦略を策定したのかを見ていく。

6．Thai Roong Rueng Chilli Sauce Co., Ltd.のケース

6－1．同社の概要
1961年にチリソースの製造・販売を行う家内工業としてPichai Teerachotmongkol

がバンコク郊外に創業した。1970年には6口自動充填機を導入し，自動化を進め，従業員数40名と家内工業から小企業へと成長した。1996年には工場を移転し，創業当初は0.08haであった面積を1.2haに拡大した。従業員数も100名となり，海外展開を視野に入れて，GMP（Good Manufacturing Practices）及びHACCP，2012年にはISO22000を取得した。2013年には従業員150名，売上高US$ 9百万となった時点で，息子のKraisakが2代目社長に就任し，ブランドの再構築を進める。なお，2017年5月現在では資本金15百万バーツ，従業員数160名，売上高US$9.5百万となっている。

6－2．創業者の思い

1961年の創業時から現在まで変わっていないのが経営理念とブランド名である。

同社の経営理念は「技術の継続的な改善と，消費者に安全な質の高い製品の提供を確約する」となっており，「mabin」というブランド名でのチリソースが同社の製品である。「mabin」はペガサスのタイ語であるが，ペガサスはギリシャ神話に出てくる翼を持った神馬で，数多くの戦いで活躍する英雄の持馬である。それは自由，機敏さ，進歩を表しており，頭文字を使って，「p」ositive thinking（積極的な考え），「e」ager to learn（学びへの探求心），「g」ood governance（優れた企業統治），「a」chievement-oriented（成果主義），「s」atisfied customer（顧客の満足），「u」nity（一体感），「s」ense of commitment（参加意識）とすることにより，同社の企業理念にもつながっている。

また，長期間にわたる企業の発展と安定には人材育成が欠かせないと，費用と時間をかけて，ワークショップ，セミナーやOJTを通しての人材育成を進めると同時に，民間のコンサルタント企業や行政機関から人材育成や技術開発の支援を積極的に受け入れた。同時に，これからはタイ国内の小さな家内工業ではなく，グローバルに活躍できる企業へと成長させていく必要があると，息子をアメリカの大学に進学させた。そこでグローバルな経営感覚を身に着けさせると同時に，海外市場を見ることでチリソースの海外展開の可能性を考えてほしいという思いからであった。

タイ特有のチリソースにもかかわらず，創業当初から，グローバル展開を見据えて，その在り方と国際社会とのかかわりが不可欠との認識を持っていた。

6－3．AECを意識した戦略

同社は1961年創業以来のブランド戦略を軸に，タイ国内市場の基盤強化とASEAN域内への進出を進めようとしている。その中で，2代目の現社長がAECを意識しながら立案した戦略がブランド戦略，ASEAN域内での販売，域内からの原料調達，域内への工場進出の四つである。

一つ目のブランド戦略であるが，市場における各ソースのシェアは，魚醬45％，醬油34％，オイスターソース16％，チリソース3％，ケチャップ2％となっており，チリソースはモラドック，メープラノムやCPグループ系列企業が知名度が高く，シェアを占めている。そこで，同社は創業時からロゴマークを使用しブランドの確立を進めていた。食品産業は自国の農林水産業を保護するための規制があるものの，投資などの面での複雑性はなく，国民の健康を守るという点をクリアにすれば参入しやすい産業といえる。そのため，AEC発足前から関税がほぼ撤廃されていたタイに，グローバル企業を始めASEAN域内からも進出し競争が激化することが予想されるため，同社のイメージを浸透させ，イメージ作りを行うという戦略を打ち出している。

そのため同社のイメージを損なうことなく，ロゴマークを現代風にアレンジし，若者にも受け入れてもらうための工夫を行っている。その上で，タイ王室で勤務していたシェフを顧問として採用し，宮廷料理に使用してもらうことで，高級かつ安心なソースであることを宣伝し，他社メーカーとの差別化を図ると同時に，シェフによるメニュー提案でチリソースの使い方の広がりを一般消費者に提案し，チリソース自体の使用量増加を狙っている。また，新メニュー考案から，新ソースの提案につなげて，商品数の充実に結び付けている。このようなブランド構築により，他メーカーよりも販売価格が高めであるが，国内の他のソースメーカー及び海外メーカーとの差別化がなされていることから知名度及び普及度は上がりつつある。

二つ目の戦略がASEAN域内での販売促進である。専門性の高いASEAN域内のローカルスタッフを採用し，ローカルのやり方を尊重しながら営業活動を開始した。ベトナムやカンボジアでは顧問シェフがそれぞれの国にあったメニュー提案を行うことで，チリソースの両国の料理への応用性を示唆し，労働力の自由化に伴う人の移動から来る食品の移動に対応すべく輸出戦略とした。また，ASEAN域内，また今後グローバルに販売していくことを念頭においた上

で，国際認証の取得を進めた。国際認証として取得したのはISO22000（消費者への安全な食品提供を可能とする国際標準化機構の食品安全マネジメントシステム）やHACCP（食品の製造・加工工程のあらゆる段階で発生するおそれのある微生物汚染等の気概をあらかじめ分析し，その結果に基づいて，製造工程のどの段階でどのような対策を講じればより安全な製品を得られることができるかという重要管理点）である。また，タイ国内の認証であるQ mark（世界的に認められる安心と高品質な商品に与えられるタイ農業組合省による認証），Good Manufacturing Practices（工場敷地や建物，設備，工具，衛生，清掃，人員などの配置・管理が行き届いていることの政府機関であるSGS（Thailand）Ltd.による認証），Thailand Trust Mark（国際的に認められる高品質な商材につけられるタイ商業省による認証）も取得した。

　三つ目として域内からの原材料調達，また四つ目としては域内への工場進出であるが，これらは経営戦略として構想段階にあり，2017年6月現在着手していない。

　同社は創業以来，社員教育に力を入れ，技能訓練や研修に積極的に参加させ，経営幹部を含め従業員には国際的な展示会に積極的に参加させることで，市場の動向を把握させるようにしている。いずれもAEC対応のため，タイ国政府が中小企業支援のために行っている補助金などの制度を利用している。

　食品産業の拡大には，人口の伸び率，耐久消費財の普及率，流通構造の近代化率，外食産業の成熟度，そして経済発展と所得水準の上昇があげられる。AECによる自動車や電機産業の再編・発展による経済発展は，他の産業への影響も大きい。所得水準の向上は中所得層のみならず富裕層も拡大させ，生きていくための必要最低限の食料確保から，嗜好品・ぜいたく品としての市場が拡大，生活スタイルの変化が食品市場に変化をもたらす。調味料はその国の伝統的なメニューだけでなく，メニューの拡大により，使用量・頻度も増加し，市場拡大が期待される分野である。AECによる経済統合は人の行き来をも自由化する。人が行き来することで，食材やメニューも他国への進出が考えられる。また，AECによりインフラ整備も進められ，今までは困難であったクロスボーダー輸送が容易となる。貿易手続きの簡素化はASEAN域内の物流をスムーズにする。

　同社はASEAN事務局やタイ国政府が発行・配布しているガイドブック，また開催されるセミナー等によってAECに関する情報を得ており，AECが促進され

ることでASEANがどのように今後変化していくのか同社なりに把握している。AECを通して自動車部品や電機産業など国際分業体制がどのようにとられていくのか，他の産業への影響やASEAN内のタイの位置づけを理解しているからこそ，AECで関税が撤廃されるといった数字や統計で現れる現象のみをとらえるのではなく，AECを通してどういった市場になっていくのかを読み取り，国内基盤強化と同時に海外展開という経営戦略を立案することができたと考えられる。

7．事例から読み取れること

　AECは産業を問わず，グローバルマーケティング戦略の構築に影響を及ぼす。経済格差のある後進国に配慮しながらの段階的な自由化は，今後具体化され取り組みがなされる。また，ASEAN域外とのFTAや東アジア地域包括的経済連携（Regional Comprehensive Economic Partnership，以下RCEP），またASEAN加盟国であるベトナム，マレーシアやブルネイが交渉中である環太平洋パートナーシップ協定（Trans-Pacific Strategic Economic Partnership Agreement，以下TPP）などの連携が進むにつれて，AECも新たな制度変更や取り組みが必要と考えられる。

　その成長するASEAN市場の機会を正確にとらえて，市場に即したイノベーション力を強化する必要があり，中小企業にとって知識や技術の習得，市場の需要への適応が現実味のあるイノベーションではないかと，George Abonyi（2012）が述べていると同時に，ASEANは*ASEAN Strategic Action Plan for SME Development（ASAP）2016-2025*で，中小企業の発展の課題として，生産性・技術・イノベーションの促進，市場へのアクセス及び国際化を課題としてあげている。また，タイ国政府もASEANの戦略に基づき，世界的に競争力のある革新的な中小・零細企業を創出することをビジョンにかかげている。AECを直接影響を受ける産業のみのものとしてとらえるのではなく，ASEAN全体，また産業全体の動きとしてとらえ，自社が属している市場への影響をも見ることのできる企業のみがグローバルに活躍できる企業へとなる。そのためには，生産活動上の直接的な支援にとどまらず，情報が偏りがちで不足がちな中小企業に対してASEAN各国政府がいかに支援していくのかが各国中小企業の発展，ひいては各国経済の発展につながっていく。

本研究の事例を通して，AECが直接影響力の少ないと考えられる食品産業にも影響を及ぼしていること，正確に状況を把握することで成長戦略へとむすびつけることの重要性を考察した。同社の更なる経営活動の研究，またタイ国内の他社の事例，また他産業における事例研究を積み重ねることで，AECの影響について研究を更に深めていきたい。

〈参考文献〉
1　ASEAN Secretariat, (2002), *2002 Initiative for ASEAN Integration (IAI) Work Plan 2002-2008*, Association of Southeast Asian Nations
2　ASEAN Secretariat, (2003), *ASEAN Policy Blueprint for SME Development (APBSD) 2004-2014*, Association of Southeast Asian Nations
3　ASEAN Secretariat, (2008), *ASEAN Economic Community Blueprint*, Association of Southeast Asian Nations
4　ASEAN Secretariat, (2009), *2009 Initiative for ASEAN Integration (IAI) Strategic Framework and IAI Work Plan 2 (2009-2015)*, Association of Southeast Asian Nations
5　ASEAN Secretariat, (2009), *Master Plan on ASEAN Connectivity*, Association of Southeast Asian Nations
6　ASEAN Secretariat, (2009), *Roadmap for an ASEAN Community*, Association of Southeast Asian Nations
7　ASEAN Secretariat, (2009), *The ASEAN Charter*, Association of Southeast Asian Nations
8　ASEAN Secretariat, (2012), *Status Upgrade of the IAI Work Plan"*, Association of Southeast Asian Nations
9　ASEAN Secretariat, (2014), *ASEAN Statistics*, Association of Southeast Asian Nations
10　ASEAN Secretariat, (2015), *ASEAN 2025: Forging Ahead Together*, Association of Southeast Asian Nations
11　ASEAN Secretariat, (2015), *ASEAN Strategic Action Plan for SME Development 2016-2025*, Association of Southeast Asian Nations
12　ASEAN Secretariat, 各種宣言，合意書など, Association of Southeast Asian Nations
13　Denis Hew and Loi Wee Nee edited, (2004), *Entrepreneurship and SMEs in Southeast Asia*, The Institute of Southeast Asian Studies
14　ERIA SME Research Working Group, (2014), *ASEAN SME Policy Index 2014 – Towards Competitive and Innovative ASEAN SMEs*, Economic Research Institute for ASEAN and East Asia

15 深沢淳一，助川成也 著（2014）『ASEAN 大市場統合と日本―TPP 時代を日本企業が生き抜くには―』文眞堂
16 Ganeshan Wignaraja, (2015), *ASEAN and Its SMEs—A New Opportunity?*, Asia Pacific Bulletin
17 George Abonyi, (2012), *The Emerging ASEAN Community（AEC）, 2015, in the wider region and global economy-A Micro View*, Syracuse University
18 石原伸志，魚住和宏，大泉啓一郎 編著（2016）『ASEANの流通と貿易―AEC 発足後のGMS産業地図と企業戦略』成山堂書店
19 石川幸一・清水一史・助川成也 編（2009）『ASEAN 経済共同体―東アジア統合の核となりうるか』日本貿易振興会
20 伊藤隆敏・財務省財務総合政策研究所 編（2004）『ASEANの経済発展と日本』日本評論社
21 Jarut Kunanoppadol, (2014), *Are SMEs ready for ASEAN Economic Community（AEC）in the coming year 2015?*, Silpakorn University Journal of Social Sciences, Humanities and Arts
22 木村福成，丸屋豊二郎，石川幸一 編（2002）『東アジア国際分業と中国』日本貿易振興会
23 国際復興開発銀行 著（1994）『東アジアの奇跡―経済成長と政府の役割』東洋経済新報社
24 トラン・ヴァン・トウ（2007）『中国―ASEANのFTAと東アジア経済』文眞堂
25 McClanahan, Alexander Chandra, Ruben Hattari and Damon Vis-Dunbar, (2014), *Taking Advantage of ASEAN's Free Trade Agreements*, The International Institute for Sustainable Development
26 National Food Institute, (2015), *Thailand Food Market*, National Food Institute
27 日本貿易振興機構 著（2012）『タイにおける食のマーケット調査』日本貿易振興機構
28 西口清勝，西澤信善 編著（2014）『メコン地域開発とASEAN 共同体―域内格差の是正を目指して―』晃洋書房
29 西村英俊・小林英夫 編著（2016）『ASEANの自動車産業』勁草書房
30 Office of Small and Medium Enterprises Promotion, (2014), *The White Paper on Small and Medium Enterprises of Thailand in 2014 and Trends 2015*, Office of Small and Medium Enterprises Promotion
31 大泉啓一郎（2007）『老いてゆくアジア』中公新書
32 大西康雄 編（2006）『中国・ASEAN経済関係の新展開―相互投資とFTAの時代へ』アジア経済研究所
33 大辻義弘（2016）『タイ中小企業政策と日本』書籍工房早山
34 Rafaelita M. Aldaba, (2012), *SME Development: Narrowing the Development Gap in the ASEAN Economic Community*, Philippine Journal of Development

35 Rafaelita M. Aldaba, (2013), *ASEAN Economic Community 2015 SME Development: Narrowing Development Gap Measure*, Philippine Institute for Development Studies
36 Robert D. Kaplan, (2014), *Asia's Cauldron—The South China Sea and the end of a Stable Pacific*, Random House
37 Rodolfo C. Severio, (2008), *ASEAN*, ISEAS Publications
38 Sanchita Basu Das edited, (2012), *Achieving the ASEAN Economic Community 2015—Challenges for Member Countries & Business*, ISEAS Publishing
39 Sanchita Basu Das, Jayant Menon, Rodolfo Severino, Omkar Lal Shrestha, edited, (2013), *The ASEAN Economic Community—A Work in Progress "*, ISEAS Publishing
40 Sanchita Basu Das, (2016), *The ASEAN Economic Community and Beyond—Myths and Realities—*, ISEAS-Yusof Ishak Institute
41 Seung Ho Park, Gerardo Rivera Ungson, Jamil Paolo S. Francisco, (2017), *ASEAN Champions—Emerging Stalwarts in Regional Integration*, Cambridge University Press
42 谷口誠（2004）『東アジア共同体―経済統合のゆくえと日本』岩波書店
43 Teerawat Charoenrat and Charles Harvie, (2017), *Thailand's SME Participation in ASEAN and East Asian Regional Economic Integration*, Journal of Southeast Asian Economies Volume 34, Number 1 April 2017, ISEAS Yusof Ishak Institute
44 Thailand Board of Investment, (2013) (2014), *Thailand's Food Industry*, Thailand Board of Investment
45 浦田秀次郎，日本経済研究センター 編（2004）『アジアFTAの時代』日本経済新聞社
46 渡辺利夫 編（2004）『東アジア市場統合への道―FTAへの課題と挑戦』勁草書房
47 渡辺利夫 編（2004）『東アジア経済連携の時代』東洋経済新報社
48 渡辺利夫 編（2005）『日本の東アジア戦略―共同体への期待と不安』東洋経済新報社
49 World Bank. (2010), *Innovation Policy, A Guide to Developing Countries*, World Bank
50 World Bank. (2012), *World Bank Report—Putting education to work*, World Bank
51 山影進 編（2011）『新しいASEAN―地域共同体とアジアの中心性を目指して―』アジア経済研究所
52 大和総研 著（2013）『タイ・ベトナム・ミャンマーにおける食品市場環境調査報告書』大和総研
53 吉冨勝（2003）『アジア経済の真実－奇蹟，危機，制度の進化』東洋経済新報社

（査読受理）

移動販売による買物弱者支援
― 青森県における地場小売業の持続可能性 ―

弘前大学　佐々木純一郎

１．問題の所在

　本稿は買物弱者に対する支援策を青森県の移動販売を中心に分析する[注1]。買物弱者は「買物難民」とも呼ばれるが本稿では,「買物弱者」を用いる（原文が買物難民の場合「　」書きで引用）。はじめに移動販売を含む買物弱者の課題解決策について,先行文献の論点を整理したい。

　①「前期高齢地域社会」と「後期高齢地域社会」の区分：関（2015）は高齢化率40％前後を境に,高齢者の絶対数が増える「前期高齢地域社会」と高齢者の絶対数が減少する「後期高齢地域社会」に区分する。前期高齢地域社会では移動販売が事業ベースに乗る可能性があるが,後期高齢地域社会では事業の成立が難しくなるという（pp.18-19）。

　②買物弱者問題解決の主体と行政の役割：坂本（2015）は前述の関（2015）を検討し,買物弱者問題解決の主体は民間であるが,採算がとれなければ事業継続は困難なため,最後の砦は行政依存であるとする（p.48）。

　③移動販売の中期的な持続可能性：倉持他（2014）は,鳥取県の移動販売の利用者数がすでにピークに達し,中期的な持続可能性を考慮した検討を求める。例えば福祉サービス等との複合化や住民による買い支え行動を自発的に促す協働システム等の組込み等である（p.41）。なお「買い支え」は価格支持政策と誤解されるおそれがあり,以下では「支え合い」としたい。

　④買物弱者対策の配送費低減：浜崎（2016）は,「配達」手段に注目し,買物弱者対策の採算性を運輸・交通の視点から分析し,人手不足,配送費低減のためボランティアや既存の配送網活用を提言する（pp.34-36）。

　以上の先行研究に基づき,青森県の移動販売を分析する視点を次のようにした

い。①に従えば，青森県全体として「前期高齢地域社会」にあり，移動販売が事業ベースに乗る可能性がある（2017年2月時点，青森県の高齢化率＝総人口に占める65歳以上比率は30.47％）。他方，高齢化率44.62％の青森県深浦町では高齢化が進展し「後期高齢地域社会」の段階にあり，移動販売事業の成立が難しいと予想される。そこで②小売業持続のための行政の役割を産業政策を中心に検討したい。さらに③事業複合化や支え合い及び④配送費低減について言及したい。

2．移動販売事業と産業政策

移動販売事業を産業政策から検討する理由は，次の二点である。

第一に，移動販売は産業政策以外の分野でも，例えば社会政策・福祉分野の視点から必要性が議論される事も多い。様々な工夫を講じ，取組の継続・黒字化に努力している例がある。一方，中山間地や過疎地域を中心に，人口減少・高齢化の進展等により利用者数や売上が伸び悩む中，赤字を自己負担して取組を継続している例や，運営費用が確保できず取組を終了した例がある（総務省，2017）。それゆえ地域の買物弱者対策を継続させるためには，産業政策として移動販売事業の自立を支援することが必要である。

第二に，地方公共団体の買物弱者対策の主担当部局は，都道府県と市町村いずれも「商工・産業振興系部局」である。また事業者と地方公共団体ともに，国の所管する補助事業は経済産業省が多いと認識し，同省の産業政策に期待が寄せられている（総務省，2017）。このように買物弱者対策が産業政策分野に集中しているという行政側の事情を活用することが望まれる。

次に総務省（2017）の論点を整理し紹介したい。同報告書が作成された「背景」は，買物弱者対策を取りまとめる府省がなく，その全体像は必ずしも明らかになっていないためである。同報告書の主要な論点は以下の4点である。

①「買物弱者」の定義を明確にしたものはなく，関係府省や一部地方公共団体が整理，推計。統一的な基準がないことから，定義によって買物弱者数の推計値に大きな差（例，農林水産省は372万人程度（2010年）。経済産業省は700万人程度（2014年））。関係府省は，買物弱者数は今後も増加すると推計。

②買物弱者対策に資する事業者の取組継続には行政の積極的な支援が求められる。具体的な支援は基本的に地方公共団体が担うべきである。

③買物弱者の実態を把握している地方公共団体は調査対象の約半数である。国は明確な所管府省がなく，施策・事業の特段の連携態勢がない。

④移動販売の許可の取扱い，移動販売車の設置基準に見直しが必要。

以上の調査結果を踏まえ，関係府省の情報共有等の2事項を通知している。

同報告書の論点は，次のようにまとめられる。すなわち買物弱者の数が増加すると推計されるが，統一的な定義が確立されていない。また国の明確な所管府省がなく連携態勢もない一方，地方公共団体においても買物弱者の実態把握が約半数にとどまる。しかし事業者による買物弱者対策の取組みには行政支援がなければ継続が難しい事例がある。このように行政の取組みの拡充が求められており，具体的な支援は，基本的には地方公共団体が担うべきとされる。特に事業者による買物弱者支援への対策が求められている。

他方，事業者の主な意見・要望等は以下の4点である（総務省，2017）。

①補助事業等以外：「コンサルティング，地域住民や関係者間の橋渡し・調整，人材」，「取組内容の周知（広報）」，「移動販売の場所の確保等」への支援の他，「買物弱者の所在情報等」そして「買物弱者対策に資する取組の推奨事例等情報」の提供などが求められている。

②補助事業等：「事業者等が活用できる補助事業等の周知等」，「補助事業等の申請手続きの簡素化，要件等の緩和等」，「補助事業等の拡充・整備」（燃料費，人件費等の補助等。高齢者に買物券配布。複数年度補助），「その他」（仕入コストが抑えられる業務提携等の施策や補助制度の創設）が求められている。

③関連する規制の見直し：「移動販売営業の許可」，「移動販売車の設置基準」，「移動販売等による酒及びたばこの取扱い」，そして「移動販売時の道路の使用許可等」であり，移動販売に意見が集中している。

④その他：省庁横断の「一元的な情報提供」も強く要望されている。また失敗事例やその要因等，事業継続に関する情報提供が求められている。

以上のように事業者は産業政策として，「補助事業等」だけでなく「補助事業等以外」にも経営面でのコンサルティングや広報での支援等，きめ細かな要望を持つ。また規制見直しでは移動販売に関心が集まり注目されている。

3. 青森県における主な移動販売事業の調査

3．1 青森県における移動販売車の数

青森県内のミニ・スーパー型の移動販売車は，「乳類販売業」（67件），「食肉販売業」（96件），「魚介類販売業」（114件）という3事業の営業許可が必要なので，67件以上と推計できる（2017年3月末時点。表1参照）。後述するように「魚介類販売業」は件数が多く，比較的近年の新規参入もみられる。また市町村別の申請をみると，青森市（「乳類販売業」22件，「食肉販売業」22件，「魚介類販売業」19件），八戸市（同7件，8件，8件），弘前市（同3件，5件，7件）であり，県内の人口上位3市での数が多い。他方，高齢化率上位三町では，今別町（同1件，1件，2件），外ヶ浜町（同3件，4件，10件），そして深浦町（同0件，0件，5件）であり，今別町に隣接する外ヶ浜町の件数が都市部なみであり，深浦町は魚介類に特化している点が興味深い。

3．2 函館酪農公社

株式会社函館酪農公社（本社・函館市，1973年創業。以下，函館酪農）は，自社の牛乳・乳製品を販売する「直販車」（同社の呼称）の長い歴史を持つ。この長い歴史ゆえに同社を最初に取り上げる。使用車両は1.5tまたは2t車，レジは電卓である。函館地区9台，青森県14台の車両が配備され，青森県内では全域と日本海沿いの秋田県北部まで営業している。創業当時は後発・新規参入であり，販売のため直販車を導入する必要があった。現在，函館地区では認知度が高まり地元スーパーでの同社製品の取扱いも多い。対照的に青森県では依然として取り扱いスーパーが多くないという背景事情がある。同社は自社製品の低コスト仕入れができ，収益の柱に自社製品を位置づけられる（製造小売）。またこまめな停車位置やご用聞きにも対応する。東日本大震災時に，定期利用の青函フェリーを活用し，被災地と非被災地とを結ぶネットワークが機能した点も重要である（佐々木，2014）。例えば青森営業所を起点とした深浦町コースの場合，1泊2日約400Kmの行程を商品の補充なしで販売できる（約100箇所停車。顧客数270人，買上客単価1,200円）。課題としては，後述する二事業者と異なり無店舗のため，売れ残りは無償提供か廃棄せざるを得ない。また担当ドライバーの経験頼りの仕入れのため，売上にバラツキがある。全体では顧客の6割が60代以上であり，長

表1　青森県内における移動販売車の営業許可件数（2017年3月末）

		乳類販売業	食肉販売業	魚介類販売業
青森市所管　青森市保健所				
	青森市	6	8	15
	その他	11	11	1
	小　計	17	19	16
青森県所管　弘前保健所				
	弘前市	3	5	7
	黒石市			2
	平川市	2	4	3
	西目屋村		2	3
	大鰐町		1	2
	田舎館村		1	1
	板柳町	1	2	3
	その他	1	1	1
	小　計	7	16	22
（同上）　三戸地方保健所				
	五戸町	1	3	1
	田子町	2	2	2
	南部町	2	3	3
	階上町			1
	その他	7	8	8
	小　計	12	16	15
（同上）　五所川原保健所				
	五所川原市	1		4
	つがる市	1	3	5
	深浦町			5
	鶴田町		2	2
	中泊町		1	3
	その他			1
	小　計	2	6	20
（同上）　むつ保健所				
	むつ市	2	6	10
	大間町			1
	風間浦村			2
	小　計	2	6	13
（同上）　上十三保健所				
	十和田市		3	2
	三沢市	2	3	2
	六戸町	1	1	1
	その他	4	4	4
	小　計	7	11	9
（同上）　東地方保健所				
	今別町	1	1	2
	外ヶ浜町	3	4	10
	その他	16	17	7
	小　計	20	22	19
青森市所管と青森県所管総計		67	96	114

（原資料）青森県「青森県内における自動車による移動営業の営業許可件数」（2017年3月末現在）。
（注）飲食店営業、喫茶店営業及び菓子製造業を除いて筆者が作成。なお八戸市所管・八戸市保健所は該当無し。青森県所管の町村でも該当が無い場合、記載を省略した。

い付き合いのため家族構成も把握し，実質的な高齢者見守り機能を持つ。また深浦町では食堂が顧客分を代理購入する例もある。

さらに高齢者福祉施設では，足の不自由な高齢者を含め多くの利用者が，短時間で移動販売車に集まり買物するという高い人気を観察できた（2014年5月23,24日。佐々木他，2015）。このように買い物を通じたリハビリを兼ね，施設からの引き合いも多く，事業継続が社会貢献を兼ねているといえよう。

3.3 青森県民生協

青森県民生活協同組合（本部，青森市。以下，県民生協）は，店舗が経営の中心であり，共同購入や宅配は実施していないが，ネットスーパー，配食サービスや買物バスを運営している（2017年6月2日，取材）。東日本大震災の被災地における生協への支援活動を契機に，各地の移動販売車を視察し，2014年4月に移動販売事業を開始した。店舗を含む総供給高に占める移動販売のシェアは0.46％にすぎないが，剰余金シェアは7.48％であり，移動販売が相対的に利益を上げている。このような移動販売の高い利益率が県民生協を取り上げる理由である。2t車を2台用い，1台のルートは今別町と外ヶ浜町（ともに津軽半島），もう1台のルートは平内町（むつ湾に突き出た夏泊半島など）であり，各々最短にある青森市内の生協店舗を拠点とする。POSレジの採用に基づくデータ分析結果を活用し，移動販売車の運転者（契約社員）とは別の担当者（社員）によるきめ細かな商品政策が特徴的である。移動販売車は全国生協平均に比べ1.5倍の客単価（1,829円）である。商品の積込と売残品の引き受け（店頭での値引き販売等）において，店舗と連携ができるのも強みである。生協ブランドの知名度も背景にある。顧客の6,7割は，日常的に買物に出かけられない沿岸部の漁師家庭の主婦であり，客単価が高い（青森市などに買物に出かける休日は，1ヶ月に2日程度）。年代は比較的若い50-60代が多く，一部80代であるが，今後の高齢化を予想する。顧客は「来てくれると助かる」という。生協も「組合員さんとの絆」を重視する。このように信頼関係が醸成され，支え合いが認められる。例えば地域が移動販売車の駐車場を提供する他，食料品店の無い外ヶ浜町から要望され，2015年に同町平舘中学校での買い物体験を実施している。なお店舗から離れた青森県全域展開が困難である。軽トラック事業を試行したが中断した。

3.4 よこまちストア（とくし丸加盟）

青森県でとくし丸に加盟するのは，株式会社よこまちストア（八戸市，1903年創業。移動販売は2015年4月開始。以下，よこまちストア）と株式会社スーパーカケモ（七戸町，1906年創業。移動販売は2015年7月開始）である。近年急成長し注目されるとくし丸と，とくし丸に加盟するよこまちストアを取り上げる。

はじめに2012年設立の株式会社とくし丸（以下，とくし丸）を説明したい。同社の基本理念は，①「命を守る」（「買物難民」の支援＋見守り役），②「食を守る」（地域スーパーの役割），そして③「職を創る」（社会貢献型の仕事創出）である（同社資料）。このように社会貢献を重視する。事業の基本的仕組みは，「とくし丸本部」（事業推進のプロデュース），「販売パートナー」（軽トラックの個人事業主）そして「地域スーパー」（商品供給基地）の三者による役割分担である。この他に「＋10円ルール」がある。1商品につき店頭価格＋10円を消費者が負担し，販売パートナーととくし丸が折半して収入を支える仕組みである（受益者負担）。これは，消費者が受け身で判断するだけの一般的な商売ではなく，事業者と利用者が「協力して成り立たせている社会事業」であり，「社会性」が強調される（村上，2014，p.57）[注2]。なおスーパー側の最大効果は，地元貢献の企業イメージ向上もある（株式会社天満屋ストア・岡山県の事例。流通システム開発センター，2017.3，p.85）。

また「移動スーパー」の概念を越えた，新たな「インフラ」創りを自認する（とくし丸HP参照）。高齢者見守り協定など行政と協力する一方，補助金には頼らず行政からは相対的に自立した事業を重視する（村上，2014，p.37）。例えば，移動スーパーの場が井戸端会議になり「コミュニティの復興」や「コミュニティを支える綿あめの芯棒」の役割を果たすという（村上，2014，p.82とp.109）。なお加盟する地域スーパーは，年1回の総会の他，臨時の研修等で人的ネットワークを形成し，このネットワークを広域機能させるシステムを構築すれば，災害等の非常時対応が期待できよう。とくし丸本部の取材時点（2017年7月7日）で，42都道府県，76社，軽トラック230台，1台あたり顧客は150-200名である。

なお，とくし丸参加の個人事業主が，政策金融公庫の創業融資を受ける事例もあり，運営補助金以外に従来の産業政策も有効であると理解できる。

次に，よこまちストアの移動販売を紹介したい。同社への取材時点（2017年7月19日）で，八戸市5店舗と三沢市1店舗を拠点に，軽トラック6台により運営

されている（2015年5月1号車～2019年5月6号車）。1台あたりの平均売上げは，よこまちストアでは平均7万円超であり，採算ベースの6万円を上回る。中にはとくし丸全体平均の8万6,000円を上回るコースもある。移動距離は1日20-30km程度であり，基本的に昼に母店に帰り商品補充する。顧客は主に70代，80代で女性が多い。平均購入金額は約1,500円である（顧客40名で採算ラインの6万円になる）。なお6台のうち，個人事業主が2台（完全歩合制。売上げの17％そして販売品目数×5円），残り4台はスーパー従業員である（正社員3名・給与制，パート1名・時給制）。個人事業主が少ない理由は，応募者が少ないためである。よこまちストアの移動販売車の年商は7,100万円である（2017年5月決算）。八戸市，三沢市と見守り協定を締結している（補助金無）。

3.5　青森県内主要三事業者のまとめ

青森県内に拠点を置く主要三事業者による移動販売事業をみてきた。

「函館酪農」は無店舗であるが製造小売と遠隔地への配送が強みである。東日本大震災時に広域の社会インフラとしての役割を評価された（青函圏ネットワーク）。「県民生協」は東日本大震災時の教訓から移動販売車を導入し，店舗との一体運営が特徴である。POSによる商品政策と店舗よりも高い利益率であり，生協の広域ネットワーク（東北圏の事業継続計画BCPを策定）が認められる。とくし丸加盟の「よこまちストア」は，社会貢献を重視しながら企業の自立経営を志向する。全国の地域スーパーとの人的な広域ネットワークをBCPにつなげるよう期待される。とくし丸は個人事業主を必要とする建前だが，よこまちストアは自社従業員のドライバーが多く，柔軟性がある。

青森県内三事業者に共通する特徴は，青森全体が高齢者人口の増える「前期高齢地域社会」の段階にあり，製造小売や商品政策等が有効に機能することである。事業を継続できているがゆえに，結果的に社会貢献もできている。これらの移動販売は，地元顧客との長期間のコミュニケーションとそれに基づく信頼関係を構築し，支え合いを形成している。その上で，高齢者の「見守り」などの多面的役割が期待される。青森県内の自治体による高齢者等の「見守り」について，例えば県民生協やよこまちストアとの「協定」はあるが助成金は無い。顧客との支えあいも，地場小売業の事業継続があってこそ成立するのである。

他方，青森県内三事業者に共通する課題は，配送担当者の人件費対策であろう。

函館酪農では正社員が半数で，残りは契約社員である。県民生協では，契約社員制度を試行する。そしてとくし丸の配送担当は個人事業主が基本だが，今のところ，よこまちストアでは従業員が3分の2を占めている。

核となる地域スーパーがない地域では，函館酪農同様，製造小売であれば遠距離営業も可能である[注3]。3.の内容は表2のようにまとめられる。

表2　青森県内の主な三事業者の比較（高齢人口の絶対数の増加に対応）

	店舗	1日の移動販売の距離	特徴
函館酪農	無し	200km（深浦は2日で400km）	1.5-2t車。自社牛乳・乳製品の製造小売等。半数が契約社員
県民生協	有り	80km（平内）。120km（今別）	2t車。きめ細かな商品政策。契約社員制度を試行
よこまちストア	有り	20-30km（昼、帰店し商品補充）	軽トラック。個人事業主2台、従業員4台

（筆者作成）

4.　深浦町の軽トラック移動販売

4.1　深浦町の買物弱者支援の取組

青森県内で高齢化率が高い上位三町の内，今別町と外ヶ浜町は県民生協の移動販売車が日帰り営業している。深浦町の移動販売は青森から泊りがけの函館酪農の他，弘前市と秋田県八峰町の各々1事業者がある。そして町内に拠点を置く軽トラック移動販売は3事業者である。この他生協の宅配・共同購入，マックス・バリュ深浦店の買物配達（電話注文可能。買上金額2,000円以上）がある。

まず深浦町の買物弱者支援に関する近年の事業から，二点を紹介したい。

①深浦町商工会アンケート：回答によれば現在の「主な買物場所」は移動販売と宅配合計7％だが，「移動スーパーの充実」を求めるのはその2倍以上の16％あり期待が高い。また宅配の配達料は1回あたり100円以内の希望が36％あり，移動販売手数料の参考となる（深浦町商工会，2014）。

②買物環境改善事業：国の地方創生先行型交付金を財源とし，補助対象は，町民の買物環境の改善に資する日用品や食料品の販売を行うための店舗の開設事

業，同じく移動販売を行うための車輌等の整備事業等であり，補助金額は事業経費の10分の10以内，500万円が上限である（「広報ふかうら（お知らせ版）」2015年6月26日）。この助成により「魚屋　山英」（店舗開設），そして「移動販売ふかうら鮮魚」（店舗開設と移動販売。以下，ふかうら鮮魚）が2015年度に創業した。深浦町役場は，財源があればこの制度を継続したいという（2017年10月24日，取材）。例えば，深浦町の計画でも「注文宅配サービスや移動商店の検討が必要」としている（深浦町，2016，p.23）。

4.2　深浦町の軽トラック移動販売と住民との支え合い

深浦町の軽トラック移動販売について，筆者は書面アンケート調査を実施した（2017年9-10月，深浦町役場の協力により配布・回収）。町内に拠点を置く全三事業者が回答した。創業は各々1991年，2015年，2016年であり近年の創業が目立つ，一日の平均売上金額は1万円から3万円である。

ふかうら鮮魚代表・野呂克彦氏は次のように述べる。長男なので地元に残る選択をして起業を志していた。今回の町の助成はタイミングがよく助かった。町の広報紙は有料広告だが安価にしてもらえれば助かる。高齢者は徒歩で来店できなくなり，顧客減少が続く。店舗店頭での販売は開業後半年ほどで休止し，現在は移動販売と大都市の飲食店向けに魚介類を販売している。リクエストにより買物代行しているが，手数料は上乗せしていない。移動販売はボランティアの部分もある。山奥に位置する長慶平は10軒ほどの集落だが，週一回訪問すると，まとめ買いしてくれて助かる」（2017年10月24日，取材）。

例えば深浦町「山間部の同町長慶平地区に住む主婦大船イツ子さん（75）は『今まで町中心部に遠く，買物をする機会があまりなかったが，直接来てくれてとても助かっている』」という（『陸奥新報』2016年2月4日）。

このように，事業者は山間部の「まとめ買い」を評価し，住民は感謝を表明し，事業者と住民との信頼関係や支え合いが構築されているといえる。

関連して深浦町で地域づくり活動をしている山本千鶴子氏は，深浦町の長年の移動販売の実績と地元顧客からの信頼を説明する。また行政，社会教育そして民間の協力を強調する。さらに移動販売をコミュニティビジネスとしてとらえ，「ビジネスだけでは無理，地域活動だけでも無理」であり，「事業性と社会性の両立」を示唆する（2017年6月23日，取材）。

ふかうら鮮魚と取引のある深浦町中心部の元気直売所「まちなか」友の会代表の西巻陽子氏は，2017年に，徒歩での来店客が前年比1割も急減したという（2017年10月28日，取材）。野呂氏と同じ助成により創業した「魚屋　山英」も，当初の店頭での鮮魚小売りから，魚介類加工に業務をシフトした。深浦町の徒歩での買物客が急減し，店舗店頭での小売販売に影響している。またふかうら鮮魚の買物代行は手数料を上乗せしないが，前述の深浦町商工会アンケートの結果を考慮すれば，100円以内の手数料上乗せは検討の余地がある。

　以上のように深浦町の徒歩買物客が急減する中，ふかうら鮮魚は移動販売と大都市向け販売の事業複合化により対応している。

4．3　深浦町の買物弱者支援と移動販売のまとめ

　地方創生先行型交付金を財源とする深浦町の買物環境改善事業による10分の10助成が，2015年のふかうら鮮魚の創業を後押しした。ふかうら鮮魚は移動販売だけでは採算が厳しい中，事業を複合化している。創業から短期間で，山間地の住民と信頼関係を構築した。「まとめ買い」という支え合いもある。また町の広報紙への広告料減免を要望している。移動販売車によるビジネスは一般的な固定店舗の開業費用の半分にも満たない（日本政策金融公庫，2013.1）。町外では，青森市の軽トラック移動販売「カネダイキ晴海」が政策金融公庫の融資により2015年に創業している（『東奥日報』2017年8月27日）。前述した比較的広域のネットワークを持つ移動販売とともに，軽トラックの移動販売が棲み分ける可能性はあると予想される。ただし事業者自体の高齢化による事業継続の困難も予想される[注4]。4.の内容は表3のようにまとめられる。

表3　深浦町の軽トラックによる移動販売をめぐる役割分担例
（高齢人口の絶対数の減少に対応）

主　体	内　容
事業者 ：	事業複合化（移動販売と大都市向け販売）。顧客との信頼関係の構築。事業継続による社会貢献
消費者 ：	まとめ買いによる実質的支え合い。事業者への感謝
行　政 ：	10/10創業支援。補助金以外の広報による支援等期待。見守り協定の可能性

（筆者作成）

5. むすびにかえて

　継続的な買物弱者支援を考える場合，産業政策として移動販売事業を把握する視点が必要である。先行研究の論点に照らし合わせ，青森県の移動販売車を分析した。青森県全体は，高齢人口が増える「前期高齢地域社会」の段階にあり，移動販売が事業ベースに乗る可能性がある。実際に青森県の主要な三事業者は高齢者人口の増加を背景として，製造小売による移動販売が低コスト仕入れの利点を活かすことができ，また商品政策等により利益をあげている。ただしいずれもドライバーの人件費が課題であり，産業政策による支援が潜在的に必要である。なお一部に政策金融公庫等による創業支援を利用する自営業者の事例が認められる。

　他方，青森県深浦町では高齢者人口が減少する「後期高齢地域社会」の段階にある。そこで深浦町独自の10/10助成という創業支援が，町内に２つの小売事業者の新規創業を導いた。その内１つの事業者は，店舗店頭での営業を半年余りで諦め，移動販売事業と大都市飲食店向けの水産物販売という事業の複合化により経営を継続している。また結果的に事業者と地域住民との信頼関係の醸成（支え合い）も認められた。

　政策的な含意は次の三点になる（表４参照）。

　第一に，産業政策として移動販売事業の継続を考える必要性が確認された。また移動販売事業を支援する地方自治体の担当部署の多くが「商工・産業振興系部局」であることも考慮する必要がある。

　第二に，青森県全体の事例から，高齢者の絶対数が増える「前期高齢地域社会」における産業政策として，共通した経営課題であるドライバーの人件費の低減に対する支援の潜在的必要性が明らかとなった。

　第三に，青森県深浦町の10/10創業支援が産業政策として特筆できる。この政策支援により創業した小売事業者は，店頭販売が困難な中，移動販売と大都市飲食店向け販売の事業複合化により，経営の持続可能性を追い求めている。

　この他，移動販売手数料を+10円や一回100円以内とする声もあり，手数料上乗せを受容するような消費者教育も必要になるのではなかろうか。

　残された課題は，青森県以外との比較である。特に上記の第三の点は，高齢化の進んだ他県ではどのような状況か，引き続き検討したい。

表4 社会インフラとしての小売業・移動販売を支える役割分担

主 体	内 容
事業者 :	製造小売、商品政策そして事業複合化などの経営努力。顧客との信頼関係の構築 事業継続による社会貢献
消費者 :	支え合い。移動販売の手数料を受け容れる等の消費意識(受益者負担)
行 政 :	創業支援等の産業政策。経営コンサルタントや広報など補助事業以外の支援 見守り協定。消費者教育等

(筆者作成)

〈注〉
1　公益財団法人みちのく・ふるさと貢献基金より(2016年度)教育・福祉・環境助成。概要は佐々木・井上・谷口・竹ヶ原(2017)に掲載。
2　生活協同組合コープみらい(千葉県,埼玉県,東京都の334万人が加入する日本最大の生協)は,2016年8月からとくし丸と同様,1点10円の値上げをした(流通システム開発センター,2017.3, p.87)。
3　徳島県の豆腐店は県下全域で移動販売(村上, 2014, pp.116-117)。
4　例えば今別町では,県民生協と,先行する函館酪農や数台の個人商店(主に三厩地区,バス型など)が競合する。個人商店の場合,肉や野菜などの生鮮が少なく,店主の高齢化も見られるという(県民生協への取材より)。

〈参考文献〉
1　深浦町(2016)『深浦町過疎地域自立促進計画』(H28年度～H32年度)
2　深浦町商工会(2014)『平成25年度買物弱者支援アンケート調査 報告書』(2013年度重点分野雇用創出事業)
3　浜崎章洋(2016)「買い物弱者対策に関する一考察」,『龍谷大学経営学論集』56(1), pp.24-36
4　経済産業省(2015)『買物弱者・フードデザート問題等の現状及び 今後の対策のあり方に関する調査報告書』
http://www.meti.go.jp/policy/economy/distribution/150430_report.pdf (2017年7月8日閲覧)
5　倉持裕彌,谷本圭志,土屋哲(2014)「中山間地域における買い物支援に関する考察:移動販売に着目して」,『社会技術研究論文集』11, pp.33-43
6　佐々木純一郎(2014)「地域経営における地場企業の役割―東日本大震災と八戸圏域企業―」,『日本中小企業学会論集』第33巻, pp.108-120
7　佐々木純一郎他(2015)『「函館酪農公社」移動販売車に見る買物過疎地域への社会

貢献的役割の研究』，平成26年度乳の社会文化学術研究
8 　佐々木純一郎，井上隆，谷口清和，竹ヶ原公（2017）『公益財団法人ふるさと・みちのく貢献基金　平成28年度教育・福祉・環境助成金報告書　事業名：移動販売車による買物弱者支援の動向調査』NPO法人ひろだいリサーチ
9 　坂本秀夫（2016）「買物弱者問題の検討：関満博『中山間地域の「買い物弱者」を支える』（新評論，2015年）を手がかりとして」，『明星大学経済学研究紀要』48(2)，pp.37-50
10 　関満博（2015）『中山間地域の「買い物弱者」を支える』新評論
11 　総務省（2017）『買物弱者対策に関する実態調査　結果報告書』総務省行政評価局 http://www.soumu.go.jp/main_content/000496982.pdf。（2017年11月15日閲覧）
12 　村上稔（2014）『買物難民を救え！―移動スーパーとくし丸の挑戦』緑風出版
13 　日本政策金融公庫（2013年 1 月）「移動販売車を活用したビジネス」，『調査月報』No.052，pp.4-15
14 　流通経済研究所（2016）「平成27年度 農林水産省 食料品アクセス改善対策事業実施報告書」公益財団法人流通経済研究所 http://www.kaimono-shien.com/download/pdf/kaimono_WEB2015.pdf。2017年 7 月 8 日閲覧
15 　流通システム開発センター（2017年 3 月）「買い物弱者の生活を支える移動販売　とくし丸と生協に見るその事業性と社会貢献」，一般財団法人流通システム開発センター『流通とシステム』No.170，pp.81-87
16 　とくし丸HP　　http://www.tokushimaru.jp/（2017年12月 2 日閲覧）

（査読受理）

中小企業のインバウンド事業戦略
―地域における観光サービス企業2つの事例から―

大阪経済大学　須佐　淳司

1．インバウンド事業への着目

　現在の日本はインバウンド[注1]（訪日外国人）時代をむかえている。他方で地域経済社会は，人口減少，高齢化社会の進展，東京一極集中化によって閉塞感を強めている。同じく地域[注2]の中小企業の経営環境も厳しい変化に直面している。
　本稿は，地域経済と雇用を持続的に支える主体を中小企業とする立場で地域外需要のインバウンドに注目している。これまで地域にとって，地域外需要とは国内他地域からの需要を中心的に据えてきたが，本稿は予想を超えて市場拡大しているインバウンドについて注意を払う。個別中小企業のプロセスを通じて，インバウンド事業戦略にとってひとつの前進を考えるうえでの若干の知見を提供したい。つまり，地域で成功している観光サービス企業[注3]の事業戦略の実態解明によって，新たな仕掛け・しくみを明らかすることである。とりわけ，なぜ経営者はインバウンド事業に着目したのかを重点において議論を進める。2つの事例を通じて，インバウンド事業による存立基盤強化の発見事実から分析を試みたい。
　本研究の位置づけを渡辺（2008）によるこれまで日本の中小企業研究の4つの視点で確認したい。本研究は中小企業経営論を研究の立脚点としているものである。次に個別中小企業の経営行動を研究対象としている。さらに，対象とする企業の経営の内部まで踏み込み，最後に，その企業の貢献性を重要視した分析を試みるものである。研究方法は，事例研究[注4]によってインバウンド事業戦略を，詳細なプロセス分析によって明らかにする。いかなる経緯でインバウンド事業に着手するようになったのか。その過程における諸問題についてどのように対処したのか。戦略スタイルの特徴とはいかなるものか。これらが解明するべき課題である。

つづいて，インバウンド事業を営む数多くの中小企業のなかで，研究対象を選定した考え方について触れておきたい。ひとつは，インバウンドを事業の中心におく企業である。そのうえで地域において展開する独自のサービス事業に注目した。さらに事業の成長可能性に富み，優れた点を有する中小企業をとりあげた。
　採用２社を簡単に紹介したい。まず，株式会社梅守本店[注5]（以下，うめもり）のインバウンド事業である。奈良，京都でにぎり寿司体験教室（以下，うめもり寿司学校）を営む。事例の採択理由は次の通りである。「うめもり寿司学校」は，2013（平成25）年８月の開校以来，インバウンドの増加にともなって，2017年（平成29）年２月，わずか３年半でインバウンドの累計10万人を迎える急成長をしている。そして，2016（平成28）年度農林水産省「近畿の食と農インバウンド優良表彰における近畿農政局長賞」，経済産業省近畿経済産業局「はなやかKANSAI魅力アップアワード-関西インバウンド特別賞-」の２つを同時に受賞していることである。つづいて，大歩危観光株式会社[注6]（以下，WESTWEST）をとりあげる。有数の名勝地「大歩危峡」でラフティング・観光拠点施設「River Station West-West」を運営するWESTWESTは，地域資源を活用し存立維持をはかる。それは，日本初となる「ラフティング世界選手権大会2017」（以下，世界大会）の地元誘致を主導する役割を担ったことである。売上の約30パーセントをインバウンド消費が占める。
　事例の共通点は，インバウンドで地域経済に貢献する観光サービス企業ということである。他方で異なる点もある。一方は有名観光地域，もう一方は中山間地域における事業である。また，インバウンドによる業績への影響が，直接的，間接的，短期的，長期的という違いもある。詳しくは後述するが，一方はインバウンド客への直接的なサービス提供によって短期的な業績に影響している。他方は，中山間地域にインバウンドを増やす仕掛けに力点をおく。間接的，長期的な事業経営の視点である。インバウンド事業戦略が急進的か，漸進的かの違いである。

２．地域外需要としてのインバウンド

　本節では，世界における国際観光の発展と日本におけるインバウンドの進展を説明し，インバウンドを重要視する理由を明らかにする。
　国連世界観光機関（UNWTO）によれば，国際観光客到着数（ビジネス業務目

的も含む現地1泊以上の宿泊者数）は1950（昭和25）年の2,500万人から，2000（平成12）年には6億7,400万人，2015（平成27）年には11億8,600万人になった。「UNWTO2030長期予測（Tourism Toward 2030）」は，世界全体で今後も年平均3.3％増加し，2030（平成42）年には18億人に達すると予測する。国際観光収入も1950（昭和25）年の20億米ドルから，1980（昭和55）年には1,040億米ドル，2000（平成12）年には4,950億米ドル，そして2015（平成27）年には1兆2,600億米ドルと急増している。国際観光は世界貿易を上回る成長によって，2016（平成28）年時点で財・サービスにおける世界輸出の約7パーセントを占める。これは世界の輸出部門で，燃料，化学についで観光は第3位となり，食料，自動車関連を上回る[注7]。

　このように，世界的にみると観光は成長著しい経済部門の一つとなっている。この発展を背景に，早くからインバウンドに着目して国家的な取組をおこなう観光先進国は少なくない。

　たとえば，観光大国世界ナンバーワンといわれるフランスを訪れた2015（平成27）年の1年間の外国人旅行者数は8,450万人で，日本の約3倍である。国際観光収入で世界ナンバーワンのアメリカ合衆国の2015（平成27）年の総額は，2,045億米ドル，日本円に換算（1米ドル＝110円として）すると，22兆4,950億円である。じつに，日本（約250億米ドル）の7倍強である。

　日本のインバウンドについて国家的な取組は，2002（平成14）年の観光立国宣言の翌年「ビジット・ジャパン・キャンペーン」で開始された。2003（平成15）年の訪日外国人旅行者数は，521万人であった。観光白書（平成28年版）によれば，2013（平成25）年1,036万人，2014（平成26）年1,341万人，2015（平成27）年1,974万人，2016（平成28）年2,403万人，と4年連続で過去最高を記録した。「ビジット・ジャパン・キャンペーン」が開始されてから13年で，約4.6倍の増加である。

　日本政府は予想を上回る増加によって，2020（平成32）年に倍の4,000万人，インバウンド消費額8兆円と当初目標数を上方修正した。この動きは，日本が本格的に「インバウンド観光先進国」を目指したものである[注8]。インバウンドは，これから日本の成長戦略の柱のひとつの可能性を示している。観光庁「訪日外国人消費動向調査」による2016（平成28）年のインバウンド消費額は3兆7,476億円で，5年間で約3.6倍の伸びを示している。費目別構成では「爆買い」に象徴された買物代が，全支出の40％を割りこんだ。「モノ」の購買から「コト」によ

る体験型への消費の構造的な転換もすすんでいる。これは新たな需要をもたらす点で，裾野がひろい観光関連産業の活性化を図る重要な手段である。有力な地方創生の切り札になる。すなわち，インバウンドは地域経済活性化にとって重要なテーマとして，これまでにない市場変化をもたらす可能性がある[注9]。

地域中小企業が多くの外部環境変化に直面しているなかで，今後インバウンドを重要視する理由にとして次があげられよう。まず，新たな地域外需要として企業の成長に結びつくからである。インバウンド需要は，今後確実な増加が見込まれる。また，地域経済の活性化を図り，地域経済社会全体のイノベーションに繋がるきっかけとなるのである。

3．先行研究

これまで日本の中小企業経営の研究において，地域でのインバウンド事業に焦点をあてた個別中小企業に関しての研究蓄積はほとんどない。未開拓の領域を多くのこす分野である。本研究のテーマは次の2つの論点からなるプロセス分析の研究である。地域中小企業の企業家とインバウンドに関する取組の事例研究である。先に関するこれまでの先行研究の蓄積は少なくない（佐藤，1995，清成，1998，太田，2008，池田，2012，川名，2014）。後のインバウンドについては，関（2015），川上（2016）による研究がある。関は地域の個別中小企業のインバウンド市場進出のプロセス分析によって，クラスター間における関係性に焦点をあてた。川上は中小企業のマネジメントについて，多面的な経営側面から考察している。インバウンド経済を「内なる国際化[注10]」と捉えて，インバウンド消費，外国人材雇用の実態調査などの分析をしている。これは，インバウンド市場全体をマクロの視点で捉えているため個別中小企業の経営実態というミクロの視点分析ではない。他方で，既存の経営理論を踏まえると，中小企業存立における経営論がある。ここではひとつの代表的なものとして佐竹（2017）による理念型経営企業，すなわちサスティナビリティ経営実現のための経営品質と経営革新の同時実現モデルを取上げてみたい。佐竹は地域・社員・顧客・業界にとってなくてはならない企業こそが，経営品質の「よい企業」であり，地域経済の活性化に貢献することが可能であるとした。また経営革新（第二創業）によって，「強い企業」を実現するイノベーションの諸要因を唱えている。さらに，これらを実現する背

景には日本的経営による中小企業の強みを強調する。佐竹のモデルは一般的な中小企業の存立維持戦略において適合するものである。但し，この経営理論のモデルは理念型経営と経営者（企業家）との関係性には踏み込んだ言及はしていない。そこで本稿は，佐竹モデルではまだ明らかにされていない地域の中小企業経営者とインバウンド戦略スタイルの関係を中心的にみていくことにしたい。観光サービス企業と親和性の高いインバウンド事業の時系列を重要視したプロセス分析によって，佐竹の経営理論で未開拓の部分に焦点をあてるものである。

4．うめもりのケース[注11]

4．1　「うめもり」の事業の変遷

うめもり経営者梅守康之（以下，梅守）は，1957（昭和32）年8月生まれの奈良県人で妻の節子と女4人の子供の父親である。1989（平成元）年4月，回転寿司「すしボーイ」FC加盟店フランチャイジーとして門真市（大阪）で創業した。しかし，開業半年で赤字に転落，経営危機に瀕したが努力と創意工夫で乗りこえた。10年後，地元奈良に拠点を移して自社ブランドの回転寿司「あおい寿司」を開店，これが大繁盛した。梅守は店を5号店まで増やし，事業は成長軌道に乗った。ところが大手同業者が2003（平成15）年から同地域へ出店攻勢をかけてきた。2004（平成16）年，売上は最盛期7億円の年商の4分の1まで落ちた。創業時以来2度目の経営危機に陥り閉店が相次いだ。唯一残った5号店も5年後に閉店した。

4．2　経営者の使命

この間，梅守と家族にとって重大な出来事が起きていた。2007（平成19）年11月，先天性精神疾患の長女（当時23才）が発病した。家族全員の生活が長女の病気に巻き込まれた。2009（平成21）年9月，続けて4女（当時10才）が「急性リンパ性白血病」になった。梅守と節子は言葉を失うほどの衝撃をうけた。

ある時，株式会社フェリシモ（本社，神戸市）創業者と経営者対談をする機会を得た。その際に，「君には経営に対する使命はないのか」と追及された。梅守は経営者の「使命」とはなにか，真剣に考えた。「使命とは，命を使うと書きます。そんな大それたものなど，当社にはない」，その時の答えであった。

4女の入院はそのようなタイミングであった。小児がん病棟では，患者の唯一

の楽しみは「食べること」であった。子供たちは，「大阪めぐり」「京都の旨いもの特集」を愛読していた。梅守は，退院後に好きなものを食べることを楽しみに，嬉しそうに話す子供たちをみた。そして2009（平成21）年のクリスマスイブに一計を案じ，病室で「にぎり寿司体験教室」をはじめて披露した。

これが梅守にとって一生忘れることのないものとなった。「食べる」ことが子供たちにとって明日に生きる希望であり，未来への夢が一杯に詰まっていることを感じとった。その時，梅守は自ら経営する事業の「使命」を悟った。うめもりの使命を，「人が人を大切にする会社，社会を創ろう。国籍，人種，性別，障害，病気をも超えてすべての人が幸せになる社会を創ろう」と改めた。

4.3　インバウンドビジネスへの道のり

2012（平成24）年4月末，新社屋（奈良市法華寺町）で「うめもり寿司学校」をはじめた。当初，地元の老人福祉施設向けに口コミ評判を狙った。日本人向けは閑散としたものであった。

インバウンドビジネスは，東大寺の参道で観光客に土産すしを販売するうめもり従業員のある一言だった。「東大寺は連日多くの外国人観光客であふれかえっている」。これに反応した梅守は，奈良県が主催するファムトリップ（海外商談会）に参加するようになった。そうして自然と現地の旅行業者の人脈が増えていった。

翌年2013（平成25）年5月，転職入社した三女が香港ツアーに同行した。自前で作成した企画書を持参して，現地の旅行業者へ事業に対する考え方を説明した。うめもりの使命を，姉妹の病を例にあげて訴えた。それを，商談会に参加していた香港の訪日大手旅行会社EGLツアーズ（以下，EGL）の社長が聴いていた。

1か月後，1通のFAXが届いた。EGLから団体送客の申込みであった。17班編成，総勢600名をこえる大人数である。ここからうめもりのインバウンド事業がはじまった。2013（平成25）年8月22日，第1班がうめもり寿司学校に到着した。

4.4　うめもり寿司学校のエンターテイメント

奈良市にある本社駐車場は，昼時間前後は大型バスで混雑する。インバウンド客は教室に用意された和帽子，手袋，カラフルな法被を被る。気分は寿司職人になって，ハイテンションで教室がにぎわう。そこへ，うめもり寿司学校の校長の梅守がタイミングよく登場する。「Let's Enjoy！」，全員で合唱する。梅守は終

始笑顔で，明るく元気に大きな声でゆっくり話をする。時折，中国語，英語の単語も交えてスキンシップをはかる。ゼスチャーや紙芝居も使用し，すしの握り方を教える。校長が修了証を手渡す卒業証書授与式は，両手を大きく上げ，「ハイ！」のかけ声で笑い声に包まれた感動のシーンとなる。体験終了後は，梅守にサイン待ちの客で長蛇の列ができる。うめもりのインバウンド事業は，類をみないエンターテイメントのあふれるサービス事業のにぎり寿司体験である[注12]。

5．WESTWESTのケース[注13]

5．1　親会社の斜陽と「River Station West-West」誕生

2017（平成29）年10月，吉野川大歩危峡で日本初のレースラフティング[注14]世界大会が開催された。これは，ゴムボートで激流をいかに早く正確に下ることができるかをタイムで競うスポーツである。期間中，世界22か国71チーム521名の選手，観客で約25,000名が訪れた。世界大会誘致を実現した中心人物がWESTWEST代表取締役社長西村洋子（以下，洋子）である。洋子はなぜこれほどの誘致に成功することができたのか。

川の駅「River Station West-West」は2004（平成16）年4月に吉野川大歩危峡で開業した。同施設にはラフティング体験ツアー客用のシャワー室や更衣室が完備されている。また，飲食店やお土産店，コンビニエンスストア，大手アウトドアメーカー「モンベル（本社，大阪市）」の四国で唯一の直営店がある。開業後のGW期間中に，同施設のコンビニエンスストアへの1日来客者平均2000人は当時の四国全店における最高記録となった。

以前そこはドライブインがあり別の事業主が経営をしていた。業績不振で休業していたため同町の土木・建設最大手，株式会社西村建設西村裕社長（以下，裕）が2002（平成14）年3月に買収した。専業主婦で裕の妻の洋子が経営者として代表に就き，第二創業（経営革新）で事業がはじまった。

当時「小泉改革」による公共事業削減で建設業界に逆風が吹いていた。1995（平成7）年，最高益であった西村建設の売上55億円，従業員400名は，ドライブインを買収する2002（平成14）年には売上，従業員ともに半減していた。斜陽化する本業で「地域の産業を守る責任」を痛感した。

ある日，洋子は吉野川で10隻のゴムボートが勢いよく目の前を下り，船上で盛

りあがる群衆を見た。洋子もゴムボートで同じく激流に身をまかせると，不思議な感覚に魅せられた。「都会の人たちがわざわざここまでやってくる理由がわかった。これならばいける，ラフティングがあるじゃないか。地元を生かすには観光しかない」，洋子は確信した。「自然豊かな観光の拠点創出で吉野川とともに生きる」という「想い（コンセプト）」が洋子に芽生えた瞬間であった。

洋子はラフティング・観光拠点施設の建築デザイン検討にはいった。阿波銀行支店長の紹介で，地元タウン誌創業者のS氏（現，株式会社とくし丸社長）に総合プロデュース，設計は県を代表する建築デザイナーN氏を起用した。約2年間，百回を超える打合せを重ね，事業スローガンを「打倒TDL」とした。「大歩危は他がいくら投資しても何兆円をかけても同じものは作れない」，これが理由である。

つぎに洋子はモンベル四国初の直営店舗出店の誘致に成功する。S氏の紹介で，モンベルT社長（現会長）に直談判に向かった。T社長は設計図面をみて，「すぐに現地を見てみたい」と数日後に視察に訪れた。「ここに世界に出ても恥ずかしくない，こんな素晴らしい施設ができるのは良いことだ」，と感嘆の声をあげた。

5.2　人的ネットワークと市場創造形成の着想

吉野川を活動拠点とする女子ラフティングチーム「ザ・リバーフェイス」は，世界大会で総合優勝1回，準優勝3回という世界トップクラスのチームである。洋子は従業員からチームのキャプテンを紹介された。アマチュアの彼女たちは日ごろ「リバーガイド」という，観光客にラフティング体験の斡旋ガイドをしていた。しかし，冬場は生計を立てるのが難しく，洋子がチームを支援するようになった。

チーム支援が，洋子に新たな人的ネットワークをもたらした。リバーガイド仲間，日本レースラフティング協会，世界大会誘致で協力することになるステークホルダーである。専業主婦から経営者になった洋子は，じつは事業に対する自信を持つことができなかった。従業員の雇用維持ができさえすれば良いと考えていた。洋子は女性経営者として自治体委員の委嘱機会が多く，そこで出会うヒトとの交流から経営者としての見識をふかめた。なかでも徳島県観光協会理事長K氏は，経営に対する考え方に影響をあたえた。WESTWESTの経営がうまくいくには，地元にヒトをよぶ仕掛けを施すことが重要ということであった。地域経済を活性化させて，自社の業績向上に繋げるだけでなく，地域全体に新たな雇用を生

む好循環を創り出すことの大切さであった。洋子は地域外からの来訪者を増やすため，新たな市場を創造する必要を理解した。

5.3　「全日本レースラフティング選手権大会」開催と世界大会誘致への挑戦

洋子は地元にヒトをよぶ仕掛けとして「全日本レースラフティング選手権大会」（以下，全日本大会）を開催したいと考えた。当時の国内会場は，水上（群馬），天竜（岐阜），長良（愛知），御岳（東京）であった。2008（平成20）年，市内の観光関連業者や地元住民を引きこんで，「大歩危リバーフェスティバル」（以下，ORF）というイベントを企画して自ら実行委員になり，中心的に活動した。洋子は人的ネットワークを活かして，日本ラフティング協会のI理事と連携して吉野川（徳島）を5カ所目の全日本大会の協会公認指定会場としての取りつけに成功した。

洋子が創造したORFは，全日本大会と地元のイベントが一緒になった吉野川の一大イベントとなった。WESTWEST誕生から6年，毎年5月下旬のORFの期間中「River Station West-West」一帯に3000人以上が集まる新たな市場を形成した。それにより、同地域のコマーシャル・ラフティング市場[注15]が3億円まで成長した。

洋子はつぎの目標に，「世界大会」を日本初の地元開催においた。River Station West-Westを訪れる客に変化があったからである。インバウンド客がレンタカーで立ち寄ることが目立つようになってきたのだ。インバウンド観光の到来の手ごたえを感じた洋子は，世界大会の誘致に動いた。人的ネットワークを活かして，官民連携の招致委員会の委員長にモンベルT会長をむかえた。そして2014（平成26）年12月に立候補届を世界ラフティング協会（以下，IRF）に提出した。結果，翌年3月にIRFの視察が実現した。川，宿泊施設，輸送手段，ITタイム集計など，100項目にのぼる審査があった。全日本大会からの約7年間に審判技術や安全対策ノウハウを世界レベルまで蓄積していた。IRFが2015（平成27）年6月，ついに日本初の世界大会開催地として吉野川大歩危峡に決定した。

6．観光サービス企業におけるインバウンド事業戦略

本節では2つの事例から，観光サービス企業存立のためのインバウンド事業戦

略に共通する発見事実を提示したい。

　ひとつは，インバウンドに対して経営者が独創的なサービス事業のしくみを構築していることである。うめもりは，従来のサービス事業の「もてなす」を強調したホスピタリティ溢れる「コト」体験に，エンターテインメントを合わせて客にサービスを提供した。WESTWESTは中山間地域にスポーツイベントを定着させた。施設へ訪れるラフティング体験のインバウンド客へのサービス事業に成功している。この事例のキーファクターは，地域にいかにヒトの交流を創造するかである。

　つづいて，既存資源コンセプトの再定義によって新しい市場の創造をしている点に注目したい。うめもり寿司学校は，すし製造ノウハウの経営資源を再定義した。WESTWESTは，有数の名勝地である大歩危峡をラフティングの聖地に再定義して事業スローガンを「打倒TDL」とした。再定義がひとつの成功キーファクターである。

　最後は，経営者自身の変身である。地域存立の経営革新行動としてサービス事業を決断した背景に，ソーシャル・イノベーション[注16]志向がある点である。きっかけは既存事業が経営危機に陥ったことである。梅守は，娘の病によって経営者としての使命感に目覚めた。WESTWESTでは，専業主婦の洋子が，親会社の経営悪化によって地域愛に目覚めた。

　以上の事例を分析すると，経営者による戦略スタイルの特徴についてつぎのことが言える。それは，外的環境の変化によって既存の地域資源あるいは経営資源に注目して再定義することで，独創的なサービスを提供している点である。そのうえで，経営者が能動的にインバウンドの新市場を創造することによって，観光サービス企業が地域で存立維持するのである。そういった背景には，地域愛，社会的使命感をもつ経営者自身の変身があった点を見逃してはならない。

　要するに，地域で存立する観光サービス企業のインバウンド事業というものは，経営者が既存資源を再定義したうえで，独自サービスにより，新市場の創造をするという特性をもつのである。したがって，上述のようなプロセスが重要となるのである。このことが事例分析によって裏付けられる。

　本稿の意義は，持続的な地域経済活性化を実現するために観光サービス企業のインバウンド事業による存立基盤の強化につなげる戦略を明らかにしたことである。本稿の限界は，全体の事業プロセスの一部分の検証にとどまっていることで

ある。ひとつの業種を事例として検討し，佐竹の既存経営理論の範疇を超えないものの未開拓の領域におけるひとつの結論を提示したにすぎない。発見事実からの仮説を検証するためには，本稿のケーススタディとは別の大量の統計データによる定量分析が必要であることは言わずもがなである。さらに精緻なものとして日本の観光サービス中小企業の経営論仮説体系に発展させていくことが今後の研究課題としてあげられよう。そして，導出された含意が地域経済活性化にたずさわる関係者に実証的な意義をもたらす研究へつなげていくことが必要である。

(謝辞)

第37回全国大会における討論者の出家健治先生（熊本学園大学），匿名レフェリーの先生から有益なコメントを頂きました。記して感謝申し上げます。

〈注〉
1　狭義には訪日外国人旅行者をさす用語として使われている。広義では訪日外国人を対象としたビジネスや市場をも意味する用語である。こんにちでは，インバウンドはこの広義の意味で使用されることが多い。本稿においてのインバウンドとは，この広義の意味で用いることにしたい。
2　本稿の地域とは，国内の狭義の地域経済を対象としている。
3　本稿における観光サービス企業とは，事業の中核を観光サービスの提供により経営している中小企業である。
4　事例研究の調査方法として，インタビュー調査を主たる方法として採用する。インタビュー調査の相手は，その企業のトップである社長を最重点に置く。本稿では，動態的な過程追跡の分析を出来事の時間的系列からなる物語におくというアプローチをこころみる。そして，出来事の因果ネットワークを明らかにして事例を構造化する（田村正紀，2006，pp.172-174）。
5　（企業概要）
会社名：株式会社 梅守本店（本社，奈良県奈良市），代表者：梅守康之，
資本金：1000万円，従業員数：80名（パート・アルバイト含む），
売上：6億5千万円（2016年度，うちインバウンド事業関連売上3億円），
会社理念：全従業員の物心両面の幸福を追求する，
業務内容：すし学校の運営，すし製造販売，卸販売，食品通信販売，催事販売事業，
　　　　　飲食店経営，不動産賃貸事業
6　（企業概要）
会社名：大歩危観光株式会社（本社，徳島県三好市），代表者：西村洋子，
資本金：2500万円，従業員：20名，

売上：3億円（2016年度，うちインバウンド事業関連売上7,500万円）．
　　会社理念：私たちは大歩危と吉野川を心から愛し，訪れる皆様に最高級の商品，空間，サービスを提供いたします．
　　業務内容：ラフティング拠点施設運営，コンビニ，ラーメン店，祖谷そば店，土産店，ドッグラン

7　特に多くの開発途上国では，観光は輸出部門の首位を占めている．
8　これまで日本のインバウンドの急速な成長は，LCC（格安航空会社）の路線拡大，大型クルーズ客船の寄港数増加，円安基調，ビザ（滞在許可証）発給要件の緩和，消費税免税制度拡充などによるものである．それらが，強力な訪日外国人旅行者数増加の後押し材料となっている．また，インバウンドの増加は，団体旅行やパッケージツアーを利用しないFIT（Foreign Independent Tour）の伸張につながっている．昨今，訪日外国人の観光のルート・目的に変化がおこっている．大都市や有名観光地だけでなく，地方もインバウンドの対象になってきている．
9　経済的な数量側面では，「財務省貿易統計」によると，旅行収支は貿易収支の約2倍の黒字を確保しており，インバウンド経済の経済的意義として，雇用の下支え，インバウンド需要による経済・雇用誘発効果をもたらすことであるといえる．
10　国際経営論では，「内なる国際化」を提唱する吉原（2015）は，インバウンドの重要性が増すことで，これまで企業レベルでの「内なる国際化」概念に加え，国レベルでの「内なる国際化」の2つが今後の国際経営マネジメントの新展開であると指摘している．
11　本研究の実施にあたり，株式会社梅守本店梅守康之社長，梅守節子監査役，梅守志歩社員，ならびに関係者の皆様よりインタビュー協力（2017年2月21日，3月16日，6月15日，7月17日，7月21日）を得た．また一次資料・データ等の情報提供支援をいただいた．なお，本稿において筆者の視点で分析，評価をしているため内容についての責は筆者に帰することを明記する．
12　ちなみに標準的な「感動手握りコース（8貫）」では5名以上で食事付き，ひとり2,800円（税抜き）で提供している．
13　本研究の実施にあたり，大歩危観光株式会社西村洋子社長，西村太専務，株式会社西村建設西村裕社長へのインタビュー（2016年1月5日，10月27日および2017年4月3日，9月14日）に基づいている．また一次資料・データ等の情報提供支援をいただいた．なお，本稿において筆者の視点で分析，評価をしているため内容についての責は筆者に帰することを明記する．
14　国内でのレースラフティングの歴史は1970年代より大学探検部を中心に利根川，長良川，天竜川，北山川など全国各地の河川を舞台に大会が開催されてきた．90年代後半からは世界各地の激流で開催された世界大会に日本代表チームも出場．その活躍もあり国内の競技レベルも年々高まりを見せてきている．現在は世界トップレベルにある日本のレースラフティング競技人口は国内ではまだ1000余名にすぎないが，2010年オランダ世界大会では日本代表チームが男女ともに総合優勝．2011年コスタリカ大会

では男子チームが二連覇を達成するなど，その後も男女ともに世界トップレベルの成績を残している（一般社団法人日本レースラフティング協会ホームページより筆者が一部修正）。
15　現在の日本のラフティング市場の正確な統計は未整備ではあるが，公益財団法人日本生産性本部推計によれば，カヌー・ラフティングの年間競技参加人口は90万人，年間平均活動回数5.6回，年間平均費用が17.9千円（1回あたり3200円）とのデータがある（『レジャー白書2016』，p41）。
16　谷本（2002a）を参考にしている。それらは，①社会性②事業性③革新性，に代表されるものである。①の社会性（ソーシャル・ミッション）とは社会的課題に取組むことを事業活動のミッションとすることである，②事業性（ソーシャル・ビジネス）とは①の社会的ミッションをビジネスモデルにして，継続的な事業展開として遂行することであるが，その目的は利潤最大化ではなく，事業活動をとおした新しい社会的価値の創出にある。③革新性（ソーシャル・イノベーション）は社会的課題の解決に資する新しい社会的商品・サービスやそれを提供するための仕組を開発し活動することによって新しい社会的価値を創出することである。

〈参考文献〉
1　林伸彦（2013）「中小企業と経営管理」財団法人中小企業総合研究機構（編）・編集代表三井逸友『日本の中小企業研究（2000－2009）第2巻[主要文献解題]』同友館，pp.201-218
2　池田潔（2012）『現代中小企業の自律化と競争戦略』ミネルヴァ書房
3　一般社団法人日本レースラフティング協会 http://www.racerafting.org/racerafting.html （2016年10月18日閲覧）
4　株式会社 梅守本店 http://www.umemori.co.jp/ （2017年8月30日閲覧）
5　観光庁訪日外国人消費動向調査 http://www.mlit.go.jp/kankocho/siryou/toukei/syouhityousa.html （2017年11月16日閲覧）
6　川上義明（2016）『中小企業経営研究のフロンティア』梓書院
7　川名和美（2014）「中小企業の創業とアントレプレナー・起業家教育―日本における起業家教育システムと生育メカニズム―」日本中小企業学会編『アジア大の分業構造と中小企業』同友館，pp.238-250
8　公益財団法人日本生産性本部編（2016）『レジャー白書』生産性出版
9　国土交通省観光庁（編）（2016）『観光白書（平成28年版）』昭和情報プロセス
10　岡田知弘（2005）『地域内再投資力論』現代自治選書
11　大歩危観光株式会社 http://www.west-west.com/ （2017年9月17日閲覧）
12　大石芳裕（2017）「国際観光の発展―インバウンドの衝撃」日経広告研究所『日経広告研究所報』290号pp.52-58．日経広告研究所
13　太田一樹（2008）『ベンチャー・中小企業の市場創造戦略―マーケティング・マネジメントからのアプローチ』MINERVA現代経営学叢書―大阪経済大学研究叢書

14　佐竹隆幸（2008）『中小企業存立論』ミネルヴァ書房
15　佐竹隆幸（2013）「中小企業の業種・業態別研究 サービス業」財団法人中小企業総合研究機構（編）・編集代表三井逸友『日本の中小企業研究（2000‐2009）第 1 巻［成果と課題］』同友館，pp435‐457
16　佐竹隆幸（2017）「地域中小企業の存立とソーシャル・イノベーション─企業の社会的責任・企業倫理・地域活性化─」佐竹隆幸編『現代中小企業のソーシャル・イノベーション』同友館，pp.15-40
17　佐藤芳雄（1995）『中小企業家精神─その実像と経営哲学』（財）中小企業総合研究機構編，中央経済社
18　Schumpeter.J.A.(1928)"*Unternehmer*"*Handörterbuch der Staatswissenschaften*,(清成忠男編訳（1998）『企業家とは何か』東洋経済新報社）
19　関智宏（2015）「産業クラスター生成時における協調関係の形成プロセス─タイ国からのインバウンド受入をねらう姫路観光産業クラスターのケース─」『中小企業季報（大阪経済大学）』2015・No 2，pp.1-13
20　須佐淳司（2017）「ベンチャー型中小企業のソーシャル・イノベーション創出─地域資源を活かした市場創造形成プロセス─」佐竹隆幸編『現代中小企業のソーシャル・イノベーション』同友館，pp.229-257
21　須佐淳司（2018）「「地域中小企業のインバウンド事業戦略─サービス事業経営の序論的考察-」大阪経済大学 中小企業・経営研究所『経営・経済』第53号，pp.21-40
22　田村正紀（2006）『リサーチ・デザイン─経営知識創造の基本技術』白桃書房
23　谷本寛治（2002a）「社会的企業家精神と新しい社会経済システム」下河辺監修・根本編『ボランタリー経済と企業』中央評論社
24　寺岡寛（2011）『イノベーションの経済社会学 ─ソーシャル・イノベーション論─』税務経理協会．
25　渡辺俊三（2008）「中小企業論研究の成果と方法」日本中小企業学会編『中小企業研究の今日的課題』同友館，pp.16-30
26　World Tourism Organization（2016）『UNWTO Tourism Highlights,2016 Edition』
27　山田基成（2003）「中小企業における事業モデルの再考」中小企業金融公庫編『中小公庫マンスリー』第50巻 2 号，pp.14-19
28　吉原英樹（2015）『国際経営〔第 4 版〕』有斐閣
29　財務省貿易統計　http://www.customs.go.jp/toukei/info/tsdl.html（2017年 6 月10日閲覧）

（査読受理）

産地の縮小過程における中小企業の内製化志向
―山形県ニット産地の事例から―

山形大学　吉原　元子

1．はじめに

　伝統的に日用消費財の生産を行ってきた産地型産業集積（産地）は，高度成長期には「同質的な生産者による，全体として同質的な低価格量産品を生産する集団」（関満博・及川孝信，2006年，p.14）として，大量生産体制の一翼を担った。しかし1970年代以降，新興国からの低価格品の流入は増加する一方であり，国際競争にさらされた産地は縮小傾向に歯止めがかからない状況である。

　平成27年度産地概況調査では，産地企業の減少によって産地内での分業が困難になり，製造に支障をきたす産地が現れていることが示されている[注1]。産地企業の倒産・廃業や事業縮小により産地内企業数の減少が生じたことで，産地内でほぼ完結していた生産体制が崩れた産地では，企業は産地内分業を活用した生産のあり方に代わる方策が求められているのである。一方，グローバル化による価格競争激化やライフスタイルの変容にともなう産地製品に対する需要の変化もまた，かつてのような低価格量産品の生産とは異なる対応を産地企業に迫っているといえる。つまり，需要の変化と産地内分業の変化という内外の環境変化に対して，産地企業は適応するための行動をとる必要がある。

　産地内外の環境変化に対して，分業を活用していた産地企業が既存事業を継続するために生産システムを再構築する方向性として，産地内外から新たな取引先を探し出して外注を続ける，あるいは従来外注していた工程・製品を内製化するという，大まかにいって二つの選択肢が浮上する[注2]。しかし，産地企業による外注か内製かの選択がどのような要因によって決定されるかについては議論の余地がある。産地企業によるこの選択は，産地の取引構造や地理的範囲を大きく変える可能性があり，産地の存続に対する影響は大きいと考えられる。とりわけ内

製化を選択する企業が多い場合，その企業の存立には望ましいことでも，産地全体へ需要が波及しなくなることで当該企業以外の産地企業の存立基盤が弱体化しさらなる分業困難をもたらす恐れがあるからである[注3]。

本稿では，産地をとりまく環境変化への適応行動として内製化を選択する産地企業に注目し，産地企業が内製化を志向する要因について考察する。事例として，山形県ニット産地を取り上げ，需要の縮小に直面した産地において生じたニットメーカーの内製化率の向上に注目する。ファッションとしてのニット産業は戦後に急成長した産業であり，需要の拡大とともに産地は成長したが，バブル経済崩壊と輸入の激増によって山形ニット産地の事業者数は激減している。このような需要の急激な縮小が起こる中で内製化を志向する産地企業の行動を分析し，産地企業が存立し続けるための経営行動のあり方を考察する。

2．横編ニット産地における社会的分業システム

産地における社会的分業システムのあり方や技術的要因は外部性として産地企業の存立形態に影響を与える[注4]。山形ニット産地における産地企業の特徴および行動を考察する前に，ニット製品生産の流れとニット産地にみられる社会的分業システムについて概観する。

一般的にニット製品の企画はアパレルメーカーや問屋によってニットメーカーに持ち込まれ，ニットメーカーはその企画に合わせて，生地や付属品を生産あるいは調達して，裁断，縫製，仕上を行い，最終製品にするという流れで生産が行われる[注5]。糸や生地の調達から最終製品にするまでの工程では，ニットメーカーに裁量が与えられることが一般的である[注6]。したがって，どこから何を調達するか，どのように生産するのか，どの工程を外注するかという意思決定をニットメーカーが主体的にできることが，産地における社会的分業システムの形成にも影響を与えている。

ニット生産に用いられる横編機は成型編みによって必要なかたちの部品を裁断の必要なく用意できることが特徴であり，横編機は多品種少量生産に適した設備であるといえる。大量受注をこなす場合にはニットメーカーは生産数量を確保するために編立や縫製，仕上工程を外注することから，それらの外注工程に従事する専門業者が必要とされるが，多品種小ロットの受注である場合にはそれぞれの

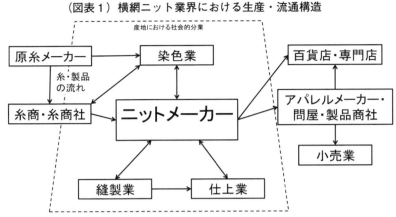

(図表1) 横編ニット業界における生産・流通構造

出所) 財団法人中小企業総合研究機構・全国信用金庫連合会総合研究所 (1999)
『ニット企業・産地に関する実態調査研究』 p.21より作成。

工程で処理する数量が小さいため工程を外注する必要性が乏しくなる。

ニット製品が外衣に用いられることが一般化しデザインの多様化が進む中で，各ニット産地は多品種・少量・短納期への志向を強めてきた。多品種・少量・短納期を実現するため，横編機を中心とする産地ではニットメーカーの内部で編立から仕上まで一貫生産が行われることが多い。最終製品に必要とされる編地はほぼニットメーカーが生産可能であることから，丸編ニット産地でみられる生地問屋が存在せず，各工程に従事する専門業者も限られていることが横編ニット産地の特徴である（図表1）[注7]。

3. 山形ニット産地の形成と特徴

山形県において生産されるニットは横編が中心である。主に横編機を備え付ける企業が多く，丸編機を主に利用する企業が少ないことが特徴である[注8]。

山形県におけるニット関連の事業所数と従業者数を産業細分類別にみると，セーター類製造業に従事する事業所および従業者がもっとも多く，ニット製アウターシャツ類製造業，横編ニット生地製造業が続く。これら3業種において，一事業所あたりの従業者数は20人をはるかに下回る規模であり，山形ニット産地を

担う多くが小規模企業者である。また，「平成25年工業統計表品目編データ」によると，産業小分類「116外衣・シャツ製造業（和式を除く）」のうちニットに関わる産業細分類1166～1168の中で，山形県において産出事業所が確認できる品目をみると，セーター・カーディガン・ベスト類が大半を占め，特に婦人ものが主力である。ニット製成人女子・少女用セーター・カーディガン・ベスト類に限ってみると，山形県は新潟県，大阪府に次ぐ出荷金額である。以上のことから，山形県は横編ニット，とりわけ婦人向けセーター類を主力製品とした産地といえる。

山形県においてニット産地が成長したのは第二次世界大戦後であり，全国の主要ニット産地に比べると後発である。戦後にニット産地として展開した内部要因として，地場産業として既に繊維産業が存在していたこと，羊毛という原料の供給環境があったこと，手動横編機を開発した疎開企業の存在があげられる[注9]。この3つの要因と戦後のモノ不足が重なり，メリヤス生産を始める者が増加した。また，東北地方という寒冷地が市場として背後に控えていたこと，労働集約的工程に不可欠な低賃金労働力が農村に豊富であったことも有利に働いた。このような産地の形成過程から，横編機とミドルゲージを主とする産地の特徴が決定づけられた[注10]。

高度経済成長による所得向上を通じてファッションの多様化が急速に進展する中，1960年代後半から全自動横編機が開発され，全国的にニット産業の大量生産化が起こった[注11]。自動横編機の普及によって技術的には大量生産が可能になったものの，大消費地から遠く離れ市場情報の入手が遅れがちな山形で大量生産を行うことは在庫リスクを抱える恐れが大きく，逆に消費の多様化に対応した多品種・小ロット・短納期を志向した生産を目指した。1968（昭和43）年特定繊維工業構造改善臨時措置法でメリヤス製造業が指定されると山形産地も構造改善に取り組み，汎用性の高い高性能自動機械を導入して付加価値の高い製品を多品種・小ロット・短納期で生産するいわゆる「山形方式」を展開した。

1970年代に入り，オイルショック，対米繊維輸出自主規制の実施，韓国・台湾・香港からのニット製品の輸入増加，流行の変化などによる一時的な落ち込みはあったものの，国内向け高級品志向の製品構成が功を奏して1986（昭和61）年まで生産量は伸び続けた（図表5）。いわゆる山形方式による生産は，その後の市場からのクイック・レスポンスの要請の高まりに応えるものであった。

1970年代はデザイナーによるブランドが台頭してきた影響により，産地と市場

との間の商流が変化し，ニットメーカーの存立形態も変容する。それまで，ニットメーカーがデザインして製造した製品を展示会などを通じて問屋や百貨店に販売していたものが，問屋やアパレルメーカーがデザイナーを看板にしたブランドを始めたことによって，問屋やアパレルメーカーが企画・デザインを担当してニットメーカーが試作と製造を行うという取引に変化した。この時期に多くのニットメーカーはODMから，他社ブランド製品をニットメーカーが製造するというOEM中心の売上構造に変化していったと考えられる。

　ニットメーカーにとってODMによる販売はサンプルづくりにコストがかかるほか見込み生産による在庫リスクが大きかったが，OEM生産は取引先のアパレルメーカーや問屋が行う展示会の結果を受けての完全受注生産であるためそのリスクが低減できることは好都合であり，ニットメーカーにとってOEM生産は受け入れやすいものであった。また，ニットメーカーと問屋・アパレルメーカーのあいだの関係は比較的対等であるといわれ[注12]，糸買い・製品売りという取引形態の中で，ニットメーカーは素材調達能力や商品企画力，編地提案力によって，工賃ではなく製品代金による取引が行われたこともOEM化を推進する要因となった。山形の多くのニットメーカーは問屋・アパレルメーカーからの要望に応えながら，設備を高度化して生産量と販売量を拡大してきたのである。

　このように，山形ニット産地における産地企業は，編機の技術革新に対するすばやい適応によって多品種・小ロット・短納期の生産体制を築き，市場からの要請に応えることによってOEM受注を獲得して企業成長を成し遂げた。さらに，産地企業数の増加により産地としての量的成長もみられた。

3．産地の縮小期を乗り越えたOEMニットメーカーの行動

　1985（昭和60）年以降の急激な円高を受け，韓国や台湾からのニット製品輸入が激増し，1988（昭和63）年にはニット製品の輸入量が国内生産量を上回った。その結果，大量生産を得意とする国内産地は多品種・小ロット・短納期への取り組みを強化し，国内の限られたパイをめぐっての国内での産地間競争が激化し，ニットメーカーの倒産や廃業が相次いだ。

　山形県ニット工業組合の組合員数は1978（昭和53）年の494社をピークにして，2015（平成27）年現在は25社にまで減少している。生産金額からみると，1989（平

成元）年頃から減少傾向に歯止めがかからなくなり，産地は縮小期に入った。一方，1996（平成8）年から97（平成9）年にかけて一社あたりの生産金額が1.4億円から2.2億円に上昇しており，比較的小規模な業者の退出が集中したとみられるが，その後も組合員数の減少は続いているものの減少幅はゆるやかであり，低位安定期に入ったといえる。低位安定期には一社あたりの売上金額が2億円前後でほぼ横ばいに推移していることから，経営を維持している産地企業は安定した売上を確保できていると考えられる。

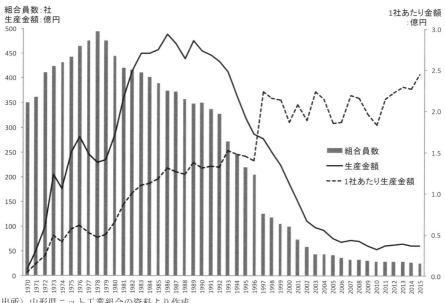

（図表2）山形県ニット工業組合の組合員数と生産金額の推移

出所）山形県ニット工業組合の資料より作成。
注））1970～2006年は生産金額の合計、2007年以降は組合員の売上高の合計。

そこで，円高によるニット製品の輸入激増とバブル崩壊後の長期不況という非常に厳しい状況を受けての縮小期を乗り越え，現在，低位安定ながら経営を維持する企業に共通する行動としての内製化について考察する。これまでみてきたように産地企業の成長に寄与したのは編機の技術革新の導入による多品種・小ロッ

ト・短納期への対応とそれにともなうOEM受注の獲得であるが,その流れの中で訪れた縮小期にOEMを中心とするニットメーカーがどう対応したかについて整理し,内製化を志向するに至った要因について検討する。

　山形県におけるニットメーカーはJR左沢線沿いを中心に立地しているが,とりわけ産地企業が集中しているのが山辺町と寒河江市である。山辺町と寒河江市においてほぼ同時期に創業した,OEMを中心とするニットメーカーを対象としてヒアリング調査を行った[注13]。

(図表3) 調査したニットメーカーの概要

	A社（山辺町）	B社（寒河江市）	C社（山辺町）
創業	1948（昭和23）年	1957（昭和32）年	1951（昭和26）年
資本金	2,500万円	1,500万円	4,500万円
従業員数	34人	36人	44人
事業形態	紳士・婦人 ニット製品製造 OEM100%	婦人ニット製品 製造 OEM100%	婦人ニット製品 製造販売 OEM90% 自社ブランド10%
販路	東京,大阪,神戸の問屋, アパレルメーカー	東京の総合服飾アパレル メーカー中心	東京,大阪のアパレル メーカー中心

①A社：最新鋭編機の導入による差別化

　A社（山辺町,資本金2,500万円,従業員数34人）は1948（昭和23）年に創業した。1980年代後半がニット産業のピークであったが,バブル崩壊後に多くの同業者が企業拡大の投資回収に失敗して倒産した。2000年代の始めには当社も売上がピーク時の3分の1に減少したため,銀行と相談して工場の一部を売却し,会社規模を縮小した。そして徹底的なリスク削減を行うという経営方針に転換した。それは,OEM生産を100%にすること,品質や納期のリスクを減らすために内製化率を向上させること,無縫製編機を積極的に導入してロスを減らし付加価値を高めることである。無縫製編機による製造を行うためにデザインシステムを扱う技術者が6人おり,無縫製編機による生産技術は山辺地域において当社は突出している。

　A社はバブル崩壊を機に企業規模の縮小を余儀なくされたが,工場のスクラッ

プを通じて生産の合理化に成功した。無縫製編機は，コンピュータによってデザインしたものが編機から完成品の形で出てくるため，アパレル生産には不可欠であった裁断工程と縫製工程を省略することができる。裁断によるカットロスを減らし，縫製にかかるコストを低減することができるだけでなく，縫い目がないため着心地やシルエットにすぐれた製品を作ることができる。高額な投資ではあるが，ロスが少なく高付加価値な製品ができ，コンピュータでの設計にもノウハウが必要であるため，他社との差別化要因としている。

②B社：新規取引先の開拓と縫製技術向上による差別化

B社（寒河江市，資本金1,500万円，従業員数36人）は1957（昭和32）年に創業した。1992（平成4）年頃から主な受注先であった地元テーブルメーカー（アパレルメーカーから仕事を請け負う生産設備をもたないメーカー）の販売力と信用力の衰えを感じ，アパレルメーカーから直接受注したほうがよいと考えるようになった。そこで社長は東京に営業に出向き，ニット専業アパレルではなく総合服飾アパレルとの取引を開拓した。総合服飾アパレルは布帛を主に扱ってきたアパレルであるため，取引が工賃による点，パターン（型紙）が重視される点が異なっていた。その取引を通じて，二次元のローゲージセーターではなく立体的なニット製品を作るために，裁断や縫製，ゲージを変えていった。その結果，ニットの縫製技術が向上し，ニットに布帛や皮革，レースなどの異素材を組み合わせた縫製を得意とするようになった。また，地域でも珍しいハイゲージを扱うようになったことで，ニット生産の季節性が平準化されて春夏ものが増加し，経営の安定化に寄与した。さらに，原料以外のすべての工程を国内企業が手がけた純国産品のみが付けることができる「Jクオリティー」（日本ファッション産業協議会による）の認証を受けており，地域で取得しているのは当社を含め2社のみである。一方，品質と納期管理の点から編立や縫製における外注は少数に限定し，手縫いや糸始末といった手作業を必要とする部分のみ内職に出している。

③C社：多品種・小ロット・短サイクル化の推進

C社（山辺町，資本金4,500万円，従業員数44人）は1951（昭和26）年に創業した。1982（昭和57）年にトヨタソーイングマネジメントシステム（TSS）の導入を行い，TSSは「必要なものを必要なときに必要なだけ」の生産を目的とする。

それまでの生産は一人が一工程（ミシン）を担当するため単工程でみれば効率的であるが，工程ごとの作業速度に差が生じるため，工程間につくりおきの半製品が積み上がってしまう。さらに一人がミスしたときには不良品発生のリスクも大きくなる。つくりおきのムダをなくすために，用途の異なるミシンを並べたテーブルで，作業の順序にそって作業者がミシンを変えながら作業していき，最後の作業が終わったら次の工程に製品を渡すという方式に変え，全体として効率的な生産を行うようにした。その結果，新鋭編機を導入したこともあって，編立から縫製までの時間は従来の五分の一に短縮され，問屋や百貨店からの短納期・小ロット注文をこなすことができるようになった。

　2006（平成18）年には自社ブランドを立ち上げ，東京でデザイナーを雇用してデザイン力や情報発信力を高めている。2009（平成21）年には縫製子会社を吸収し，企業内でのサンプル生産から製品までの一貫生産が可能になった。また，編機のコンピュータ化による生産性向上によって，さらに品質管理上の問題もあり編立工程の内製化を進めている。1995（平成7）年には無縫製編機を導入している。

4．OEMニットメーカーによる内製化志向の背景

　寒河江市と山辺町に立地するOEMを中心とする3社に共通してみられた経営行動は，内製化率の向上である。内製化する工程は編立，裁断，縫製，仕上の部分であり，ニットメーカーがもともと保有している工程の外注は行わない傾向が強い。その理由として品質管理上の問題と納期遅れの問題があげられていた。一方で，ニットメーカーがもたない能力を必要とする工程については外注が行われている。例えば，染色と縮絨（風合い出し）などの専門的知識を必要とする工程，手編みや手縫い，糸始末，付属品（リボンやコサージュなど）製造のように人手を必要とする工程である。

　OEMを中心とするニットメーカーが内製化を志向する直接の理由は，品質と納期における問題を解決するためであるが，背景にはアパレル製品におけるOEM受注をめぐる競争の激しさがあると考えられる。

　ニット製品の輸入浸透度が高まる中でアパレルメーカーがあえて国内へ発注するのはクイック・レスポンスを期待するところが大きい。そのため，国内での

OEM生産を中心とするニットメーカーにとって多品種・少ロット・短納期化への対応は受注確保のために不可欠な条件であり，それを実現するためのきめ細かな品質管理と工程管理を行うには内製のほうが有利だからである。

　また，ニット製品生産の中心的な工程である編立において，競合他社に対する優位性の獲得が困難になっていることも産地企業が内製化を志向する遠因である。編機における島精機製作所のシェアは非常に大きく，山形県だけでなく全国の横編産地において島精機の設備が使われている。設備更新の遅れが生産性の遅れに直結しかねないため，事例にあるリスク回避志向が強い企業であっても必要な編機をそろえ更新している。編機の継続的更新が生産の基礎能力を維持するうえで欠かせない一方，編立工程において差別化を図ることが困難になっている。

　その結果，産地企業は他社との差別化を図るために編立工程以外での独自技術の導入や効率化追求に取り組むようになっている。A社では無縫製編機の導入と積極的利用によって裁断と縫製工程を省略して効率化を図るとともに，無縫製編機を動かすデザインシステムの技術者を多数育成して模倣困難性を高めている。B社は裁断と縫製技術が重要であると考え，ニットと異素材を組み合わせる縫製技術を高めることで，ニット外衣に限らないアパレル製品まで生産している。C社は独自生産システムを導入することで生産の多品種・小ロット・短サイクル化に取り組み，きわめて多様化する需要に対して効率的な生産で対応できるようになっている。

　このように，ニットメーカーは生産設備のコンピュータ化，品質管理や生産管理の強化，企画力・技術力の強化，それにともなう人材育成といった総合的な経営力を強化してきた。そのような自社の状況に対し，外注先を自らと同じレベルに引き上げる，もしくは同じ能力をもつ外注先を探すことは現実的ではないことから内製化を進める結果となっている。

　さらに，需要が縮小する状況下では内製化率を上げざるをえないことがある。一般に需要が拡大する段階では，自己の設備資金の節約を図りながらも確実に生産力を確保するために外注を増加させていくが，需要が縮小し始めると外注先業者から仕事を引き揚げて自社内での生産量を確保する方向に動く。とりわけ，前述したように山形ニット産地の成長は設備更新による技術革新に牽引されてきたため，既に導入した設備を稼働させる必要性が高かったと考えられる。

　以上のことから，山形ニット産地におけるOEM中心のニットメーカーの内製

化志向は，国内 OEMに対する需要縮小のもとで，①顧客からの要請への対応，②ニット生産における技術的条件，③他社との差別化行動，④産地の発展経路という4つの要因からもたらされたと考えられる。

5．結論と今後の課題

　産地をとりまく環境変化に対する産地企業の適応行動として，既存事業を継続するにあたっての外注か内製かの選択を決定する要因について考察してきた。山形ニット産地におけるOEM 中心のニットメーカーにとって，アパレルメーカーによる国内発注が減少するという環境変化のもとでOEM 受注の獲得を続けるために，顧客，技術，競争相手，産地の発展経路という4つの要因からみて内製化の選択が合理的であることがわかった。その意味では，内製化を志向する経営行動は，需要の急激な縮小に直面した産地企業が必ずしも選択するものではなく，産地企業をとりまく4つの要因の組み合わせに左右されることが示唆される。実際，縮小する需要のもとにある産地企業であっても，これらの4つの要因のいずれかにおいて異なる状況であれば内製化を選択するとは限らない。

　例えば，山形ニット産地に立地する産地企業の中には，OEM 中心の受注形態からの脱却をめざし，自社ブランドを立ち上げるという新しい動きがある。1970年代以降のデザイナーブランドの台頭によって企画・デザイン機能が都市に移り，山形はOEM 産地としての性格を強めてきたものの，デザイナーに対する提案力を磨いてきたことを活かして自社ブランドを本格的に立ち上げるニットメーカーが複数出現している。これらの企業は内製化を志向するのではなく，むしろ産地外も含めた外注の拡大によって，製品企画力の向上や自社ブランドの製品ラインナップ充実を図っている。山形ニット産地で，自社ブランドをもつニットメーカーとOEM 中心のニットメーカーは，技術的条件と産地の発展経路において共通部分があるものの，顧客と競争相手をめぐる状況が異なり，外注か内製かの選択に影響していると考えられる。

　内製化にかかわる産地企業の経営行動は，産地に形成されてきた社会的分業構造を大きく変える可能性があり，産地の今後の発展のあり方を展望するうえで重要な視点である。山形ニット産地の事例から，市場が縮小する中での産地企業の内製化志向に影響を与える可能性がある4つの要因が導出されたが，さらなる実

証研究を進めることで理論の精緻化を行う必要がある。同じ産地の中でも外注志向がある産地企業の経営行動に関する分析，および他の国内ニット産地との比較は今後の課題としたい。

〈注〉
1 　株式会社日本総合研究所（2016），pp.12-14
2 　株式会社日本総合研究所（2016），p.14では，分業困難に対する対応として，「自社で内製化する」と「産地外（国内）企業から新規取引先を探す」が上位にある。
3 　木村元子（2017），pp.109-135
4 　渡辺幸男・小川正博・黒瀬直宏・向山雅夫（2013），pp.78-79
5 　中小企業総合研究機構・全国信用金庫連合会総合研究所（1999），p.18
6 　同上
7 　同上，p.21
8 　2016年7月11日に筆者が実施した山形県ニット工業組合へのヒアリング調査（対応者：副理事長）による。
9 　石澤恒彬（2014），p.298
10　ゲージとは1インチの中に何本針があるかを示すもので，ローゲージ，ミドルゲージ，ハイゲージの順に編目が小さくなっていく。編目が小さいほど細い糸が必要になるが，紡毛糸は比較的太くなるためミドルゲージ以下に適している。山形県では7～12ゲージが主流である（山形県ニット工業組合資料より）。
11　株式会社島精機製作所「歴史・沿革」http://www.shimaseiki.co.jp/company/history/（2017年9月20日参照）
12　繊維産業構造改善事業協会（1995），p.23。ニットメーカー側が利益を獲得しやすい構造であるが，アパレルメーカー側もコスト削減に努める中で，原糸や染色がアパレルメーカー側指定となりニットメーカーが賃加工的な役割をする傾向も強まっていた。
13　2016年8月23～24日に山形大学人文学部中小企業論演習が山形県寒河江市・山辺町のニットメーカーに対して実施したヒアリング調査結果による。ヒアリング対応者はA社：代表取締役会長，B社：代表取締役，C社：代表取締役。

〈参考文献〉
1 　石澤恒彬（2014）『新聞記事に見る山形県繊維産業のあゆみ（上巻）』
2 　株式会社日本総合研究所（2016）『全国の産地―平成27年度産地概況調査結果―』
3 　木村元子（2017年3月）「産地の縮小過程における中小企業の戦略と社会的分業の変容―山形ニット産地の事例から―」明治大学『政経論叢』第85巻第5・6号，pp.109-135
4 　大田康博（2007）『繊維産業の盛衰と産地中小企業』日本経済評論社
5 　関満博・及川孝信（2006）『地域ブランドと産業振興』新評論

6　繊維産業構造改善事業協会（1995）『ニットアパレルⅠ ニットの基礎知識』
7　遠山恭司（2010）「産業集積地域における持続的発展のための経路破壊・経路創造」植田浩史・粂野博行・駒形哲哉編『日本中小企業研究の到達点』同友館
8　中小企業研究センター編（2003）『産地縮小からの反攻』同友館
9　中小企業総合研究機構・全国信用金庫連合会総合研究所（1999）『ニット企業・産地に関する実態調査研究』
10　渡辺幸男（2011）『現代日本の産業集積研究』慶應義塾出版会
11　渡辺幸男・小川正博・黒瀬直宏・向山雅夫（2013）『21世紀中小企業論（第3版）』有斐閣
12　株式会社島精機製作所「歴史・沿革」http://www.shimaseiki.co.jp/company/history/（2017年9月20日閲覧）

（査読受理）

事業承継の円滑化に向けた
中小企業ネットワークの活用に関する研究
－熊本県中小企業家同友会の取り組み事例を中心に－

熊本学園大学　堀越昌和

1．はじめに

　『大廃業時代の足音　中小「後継」未定127万社』という衝撃的な見出しが掲載されたのは，今年の10月6日付け日本経済新聞の1面である（日本経済新聞社，2017）。記事によると，経済産業省の試算では後継者不在による黒字廃業を放置すれば，2025年までの累計で約650万人の雇用と約22兆円の国内総資産が失われる可能性がある，という。政策サイドは，こうした時代の到来を回避すべく，産官等連携による事業承継支援の地域ネットワーク化を加速している（中小企業庁，2017）。
　Casson（1997）によれば，ネットワークは非常に曖昧な概念であるため，どのようなネットワークを論じるのかを明確にする必要がある。本論文では，事業承継の円滑化のために活動する中小企業ネットワークを研究する。ところが，このことに関する学術的な研究は，国内外とも決定的に不足している。事業承継問題の本質は後継者問題であると言われ（谷地向，2008），経営資源の不足しがちな中小企業では後継者問題への独力での対処は困難と指摘されつつ（藤本・山家・望月，2007），国内の研究の大半は，産官等連携を通じた支援の紹介や課題の提起にとどまる。国外では，研究そのものが見当たらない。そこで，本論文では，その理論的な背景を，社会学など隣接領域及び中小企業におけるネットワーク研究に求める。前者はとくに，ネットワークの構造や機能に関する膨大な研究蓄積を有し，後者は，同業組合，異業種交流，産学連携など，その研究の裾野は広い[注1]。
　以上を踏まえ，本論文では，事業承継の円滑化に向けた中小企業ネットワークの活用に関して，熊本県中小企業家同友会の取り組み事例を中心に，その構造上

の特色と機能性の要件を明らかにする。その上で，地域の中小企業ネットワークを通じた取り組みが，事業承継の円滑化に果たす役割を考察する。

2．事業承継と中小企業ネットワーク

2．1　事業承継支援の地域ネットワーク化の加速

　これまでにも，地域の金融機関や中小企業団体などによる事業承継の円滑化に向けた取り組みは行われてきた。例えば，北海道中小企業家同友会は，経営者による後継者育成を目指し，1981年に「同友会大学」を開校しているし（細川，2012），日本海信用金庫（島根県）の「せがれ塾」による後継者教育は2004年から手掛けられている（久保田，2017）。東北大学大学院経済学研究科地域イノベーション研究センターと仙台商工会議所の連携による「地域イノベーションプロデューサー塾」では，2011年より，後継者等による革新的な事業プランの実現を支援している（藤本，2016）。こうした地域も主体も様々な取り組みに加え，ここ数年来，事業承継円滑化に向けた法制度の整備が進んでいるが（堀越，2017），後継者不在の問題は一向に解決されていない。以上の背景もあって，2017年，中小企業庁より「事業承継5ヶ年計画」が公表された（中小企業庁，2017）。この計画によると，政策サイドは，2017年度から2021年度までを中小企業の事業承継に関する集中実施期間と位置づけ，事業承継補助金の新設や事業承継税制の見直し，事業引継ぎ支援センター等を構成メンバーとした都道府県単位の支援体制の構築を手掛けていく（中小企業庁，2017）。

　政策サイド主導による事業承継支援の地域ネットワーク化が加速するなか，熊本県中小企業家同友会では，2016年の熊本地震を契機として，会員同士の互恵的な事業承継支援のあり方を模索している。熊本地震の発災後，県内では廃業が急増したが，その背景として，もともとの後継者難に加え，震災の影響で事業の展望が描けなくなったことが指摘される（熊本日日新聞社，2017）。事業承継の準備不足に伴う事業継続リスクが，地震という自然災害によって一気に顕在化した。こうした事態に危機感を抱いた中小企業が，連帯の精神を発揮し，熊本県中小企業家同友会という中小企業ネットワークを活用した事業承継の円滑化に取り組み始めたのである[注2]。

2.2　中小企業の主体的な参加を促すネットワークの必要性

中小企業庁（2016a）によると，後継者問題の相談相手は，「特に相談相手はいない」が最も多い。また，相談相手としては，「顧問税理士・公認会計士」や「社内役員」，「親族」及び「経営者仲間」が多く，「銀行等の金融機関」や「商工会議所等の公的機関」及び「大学の先生」は少ない（中小企業庁，2016a）。事業引継ぎ支援センターは，後継者不在の中小企業の事業引継ぎを支援すべく，2011年度から順次，各都道府県に設置されているが，認知度は低い（中小企業庁，2016b）。こうした，相談相手と支援者のミスマッチを踏まえると，ネットワークの活用が事業承継の円滑化を促すに当たって，政策サイドのみならず，金融機関や中小企業団体が，支援の機会をおぜん立てするだけでは十分とは言えない。それぞれのネットワークが，中小企業の主体的な参加を促す構造や機能を備えることが重要と思われる。

2.3　事業承継円滑化手段としてのネットワーク視点の不足

事業承継の円滑化に向けたネットワーク活用に関する学術的な研究は極めて少ないが，次の三つのタイプに大別される。第一に，政策サイドや金融機関などによる支援や取り組みの紹介や，地域的な課題を提起するタイプである。当該分野の学術的研究の大半は，このタイプが占める。前者に関して，例えば，静岡県事業引継ぎ支援センター（石川，2015）や，りそな総合研究所「戦略経営マスターコース」（関，2010）の取り組みが紹介されている。後者について，藤本・山家・望月（2007）は，単独での人材育成計画の立案と実施が困難な中小企業に対して，地域経済団体などによる定期的で体系的な経営知識の学習機会の提供が必要であると指摘している。

第二に，明示的ではないが，ネットワークの活用に関する内容を含むタイプで，久保田（2017）と堀越（2016）の二つがある。久保田（2017）は，日本海信用金庫の「せがれ塾」の事例を通じて，地域金融機関が仲介役の役割を果たすことで，後継者による特定メンバーとの交流の限定など，地方特有の制約を克服していることを示唆している。他方，堀越（2016）は，熊本県の中小企業を事例として，中小企業の地域への限定性ゆえのメンバー同士の緊密さが，後継者による事業承継後の取り組みの阻害要因となりうることを指摘している。

第三に，ネットワークの活用に関して，唯一，理論的・実証的な考察を手掛け

ているのが，芳野（2005）である。芳野（2005）は，「ナニワ企業団地協同組合」（大阪府）の事例を通じて，事業承継能力獲得と知識創造に向けた後継者相互学習支援ネットワークの構築という課題が，社会的埋め込み及び情報共有と学習という，二つのレントと重なることを指摘している[注3]。

　以下，三つのタイプ，それぞれの研究の限界を指摘する。まず，第一のタイプの限界は，あくまで支援する側の成果や課題の指摘にとどまり，支援対象者である中小企業の視点が欠落している点にある。一向に解決されない後継者問題に取り組むためには，成果や課題を生み出す，それぞれのネットワークの構造や機能を解明し，中小企業の主体的な参加を促す仕組みの模索が重要と思われる。次いで，堀越（2016）と久保田（2017）は，緊密さ仲介役を，地域や地方に特有のネットワークの制約条件，あるいは，それを克服する条件として捉えているが，ネットワーク研究では，そのことは必ずしも当てはまらない。例えば，Granovetter（1973）はメンバー同士の弱い紐帯の強さを，Coleman（1988）はネットワークの閉鎖性の強さを，それぞれ指摘している。このように，事例からの発見事実に対して，ネットワークに関する理論的な裏付けがない点は，第二のタイプの限界と言える。最後に，第三のタイプの限界であるが，社会的埋め込みと情報共有と学習という，ネットワークの機能について，理論と事例をもとに考察しているが，そうした機能をもたらすネットワークの構造に関する視点が欠落している点にある。

3　本論文における分析の視点と論点，研究の対象と方法

3.1　本論文の分析の視点

　前章までの議論を踏まえ，本論文の分析に当たっては，その理論的な背景を，社会学など隣接領域及び中小企業におけるネットワーク研究に求める。まず，本論文におけるネットワークの定義であるが，「中小企業が個々の規模が小さいことから生じる経営資源の不足を補完したり，新製品開発や販売などの共同事業を実施したりするため，中小企業が中心となって他企業や他機関と連携する組織的状態」（池田，2011，p.301）とする。本論文では，熊本県中小企業家同友会の取り組み事例を中心とするが，それは，事業承継の円滑化に取り組むため，中小企業が中心となって，他企業と連携する組織的状態に他ならない。ネットワークの

概念としての曖昧さ，定義の多様さを踏まえると，本論文の対象を捉える上で，上述の定義が，最も適合的である[注4]。

次いで，ネットワークの構造と機能を捉える視点であるが，メンバーの紐帯の強さ（Granovetter, 1973；中山, 2017；渡辺, 1999）と，ネットワークの開放性や閉鎖性（Burt, 2001；Coleman, 1988）や，その範囲（原田, 2010；湖中, 2005）を明らかにすることは不可欠である。このほか，ネットワークの所在（Kingsley and Malecki, 2004），メンバー特性や参加動機（Cooke, 1996；池田, 2011；鹿住, 2015）も，重要な視点である。ところで，Granovetter（1973）によると，「紐帯」とは二者間の直接の社会関係をさし，ネットワークのもとになる結びつきをいうが，その「強さ」は，接触頻度，情緒的な結び付き，親密さ及び相互性によって特徴づけられる。このうち，情緒的な結び付き，親密さ及び相互性といった，ネットワーク構造を特徴づける質的側面は，その機能性の要件とも重なる。つまり，ネットワークが機能するには，連結の経済性（太田, 2005），成果（西口, 2003）及び，信頼などの内部調整の原理（Cooke, 1996；額田, 2003；Uzzi, 1997）という三つの要件が重要となる。例えば，メンバーが情緒的な結び付きを求めて参加する場合，内部調整の原理としての信頼は，ネットワークを構造化する上でも，機能させる上でも，重要な要件となると思われる。

3.2　本論文の論点

これまでの議論を踏まえ，本論文の論点として，次の二点を提示する。第一の論点は，熊本県中小企業家同友会の取り組みにおける，事業承継の円滑化に向けたネットワークの構造上の特色と機能性の要件はなにか，である。第二の論点は，中小企業ネットワークを通じた取り組みが，事業承継の円滑化に果たす役割はどのようなものか，である。

3.3　本論文の研究の方法と対象

主たる対象は，熊本県中小企業家同友会の事業承継チームである。方法は，参与観察を中心とした質的研究である[注5]。具体的には，筆者がオブザーバーとして，2016年8月から2017年3月にかけて行われた同チームの会議に参加した。会議は熊本学園大学の会議室で行われ，その内容は，同チームのメンバーによってICレコーダーで録音された。所要時間は，平均2時間45分であった。その後，

2017年11月にかけて電子メール又は電話で追加調査を行った。また，第二の論点の分析と考察に当たり，当該地域の政策サイド主導の支援と比較するため，2017年６月に，「熊本県事業引継ぎ支援センター」への聞き取り調査を行った（所要時間65分）。

　なお，熊本県中小企業家同友会は1982年設立，会員数約１千名の中小企業団体である。自主・民主・連帯の精神を基本とし，会の目的は，よい会社をつくろう・よい経営者になろう・よい経営環境をつくろう，である。同会のなかで，事業承継の円滑化に向けたネットワークの活動の中核を担うのが事業承継チームで，熊本地震発災後の2016年８月に活動を開始した。同チームは，（先代）経営者，後継（経営）者，弁護士，社労士及び人材コンサルタントの計６名の会員（以下，コアメンバー）で構成される。コアメンバーを中心に，適宜，事業承継の体験を語る講師などで他の会員（以下，ゲストメンバー）が参加し，会員の互恵的な事業承継支援のあり方を模索している。同チームの当面の課題は，同会独自の事業承継円滑化支援スキームを構築することにある。参与観察の対象期間では主に，メンバーの事業承継に対する理解の共有，チームの方向性や支援スキームのあり方を議論した。

4．分析と考察

　下表は，参与観察の対象期間における，事業承継チームの会議の概要である。以下，本表を参照しつつ，メンバーの発言や追加調査の結果など，適宜，所要の情報を補記しながら，本論文の論点の分析と考察を行う。

4．1　第一の論点の分析と考察

　まず，メンバーの紐帯であるが，弱い紐帯の強さ（Granovetter, 1973）と強い紐帯の強さ（渡辺, 1999）というように，相反する指摘がなされている。紐帯の強さは，接触頻度，情緒的な結び付き，親密さ及び相互性によって特徴付けられる（Granovetter, 1973）。表をみると，会議への参加状況（関与）はコアメンバー６人の間でもばらつきが大きい。そこで，会議を含むチーム発足以降の互いの接触頻度を尋ねた。その結果，６人の接触頻度は一か月間平均延36回，接触方法の内訳は，面談14回，電話９回，Line11回，電子メール２回であった。会議への関与が最も低いE氏でさえ，接触頻度は延11回（接触方法の内訳は，面談５回，

(表) 事業承継チームの会議の概要 (2016年8月から2017年3月)

開催日	主題	コアメンバー						ゲストメンバー	オブザーバー	参加人数合計
		A氏	B氏	C氏	D氏	E氏	F氏	同友会の会員	堀越	
		人材コンサルタント	後継経営者	先代経営者	弁護士	社労士	後継者	経営者など	研究者	
		女性	男性	男性	男性	男性	男性	男性・女性	男性	
8月18日	チームの方向性	参加	参加	参加	参加	参加	参加	なし	参加	7
9月15日	事業承継に対する理解の共有	参加	不参加	参加	参加	不参加	参加	なし	参加	5
10月14日		参加	不参加	参加	参加	不参加	参加	なし	参加	5
11月28日	ゲストメンバーの講義と支援スキームのあり方の検討	参加	不参加	参加	不参加	不参加	参加	男性1名	参加	5
12月16日		参加	参加	参加	参加	不参加	参加	男性6名女性1名	参加	13
1月12日		参加	参加	参加	不参加	不参加	不参加	男性1名	参加	6
3月7日		参加	参加	参加	不参加	不参加	不参加	男性1名	参加	5
参加率		100%	57%	100%	57%	29%	71%	—	100%	—

後継経営者は既に事業を承継した方。先代経営者は既に事業を譲った方。後継者は将来的に事業承継する予定の方
(出所) 事業承継チームの会議の結果を踏まえ筆者作成

電話3回, Line 3回) であった。中山 (2017) は, 経済団体, 業界団体における交流活動を, 他の経営者と年に数回しか会わない場 (メンバー間が弱い紐帯で結ばれる交流組織) と捉えるが, 本論文で対象とする事業承継チームの活動には当てはまらなかった。接触頻度という量的側面よりもむしろ, 情緒的な結び付き, 親密さ及び相互性といった質的側面が, 疲弊する地域への想い (池田, 2011) や価値基準の共有 (額田, 2003) をベースにした強い紐帯によるネットワークを形成していた。例えば, 会議の場でメンバーは, 「こういうたいへんな時期だからこそ, 事業承継のことも考える必要がある」(C氏) と地域への想いを語り, 「士業の方々の会員サポートでの仕事との両立」(B氏) など, 相互の仕事上のサポートの必要性を示唆し, 仲間への想いを吐露していた。

次いで, ネットワークの所在と関連付けながら, その開放性や閉鎖性について, 分析・考察する。紐帯の強さと同様, 開放的なネットワークの有効性 (Burt, 2001) と閉鎖的なネットワークの有効性 (Coleman, 1988) というように, 相反する指摘がなされている。メンバーが保有する知識と情報はネットワークを特徴づけるが (Cooke, 1996), コアメンバー含む全員が, それぞれの立場や専門の範囲で事業承継に対する知識と経験を保有していた。Kingsley and Malecki (2004) は, ネットワークの所在が地方の場合, その形成は, 狭い範囲で非常に用心深く行われていることを指摘しているが, 事業承継チームの取り組みも同様で, 同友会の会員という「顔」が見える地理的範囲での交流と連携 (湖中,

2005）を通じて，内部結束型（原田，2010）の閉鎖的なネットワークを形成していた。このようなネットワーク構造にとって，緊密さのデメリット（堀越，2016）や仲介役の必要性（久保田，2017）といった指摘は，整合的とは言えない。ところで，コアメンバーの選定は，各人が有する知識と経験，同友会での地位や役割を踏まえて選任されている。鹿住（2015）は，ネットワークの参加動機は性別によって異なることを指摘しているが，後述するように，そのことは，支援スキームのあり方に対して，重要な意見の違いをもたらしていた。

第三に，ネットワークの機能性の要件であるが，仕事上の相互サポートは，連携が成立する条件としての両者にとってのメリットといえるが（太田，2005），次の世代に何を残せるか，という事業承継に固有の経済性は，より重要と思われる。そのことについて，すでに後継者を決めているゲストメンバーは「覚えさせてあげる時間を早く作ってあげることが大事」であるといい，別のゲストメンバーは「株式を貰ったほうが幸せか，貰わないほうが幸せか」と語り，中小企業の経営者という重責を子供に承継することに躊躇いを見せていた。

ネットワークで得られる成果について，西口（2003）は，評判，中央からの公式な調整，社会的埋め込み，情報共有と学習という，四つのレントを指摘した[注6]。事業承継チームの成果は，情報共有と学習と社会的埋め込みである。この点は，芳野（2005）の指摘と整合的であるが，とりわけ，情報共有と学習の成果が大きいと思われる。例えば，それぞれの立場や専門の範囲で事業承継に対する知識と経験を，参加者はみな保有していたが，会議を通じて，A氏は「事業承継にはいろんな課題があることを知った」という。その上で，C氏からは「事業承継は千差万別であり，自社に合った独自の形を作っていくものと考えます」と支援スキームの方向性が語られた。また，経営者の子供として兄弟で共に働くゲストメンバーに対しては，「一緒にやっている弟さんがどうなるかを，きちんと話し合っておいたほうがいい」（C氏）とアドバイスを送り，あるゲストメンバーは，会議に参加した自身の後継者を前に「自分がやると自ら宣言してやらないといけない」と諭していた。

このように，ネットワークは，情報共有と学習を通じた課題の解決策を模索する場として機能するが，こうした闊達な議論を促しているのが，相手に貢献しようとする努力の互酬的交換であり（Uzzi, 1997），内部調整の原理としての価値基準の共有（額田，2003）と相互の信頼（Casson, 1997）であった。具体的には，

「よい会社をつくろう」など同友会の目的の具現化に向けた経営努力を通じて，「社員の幸せが一番大事」（全員）あるいは「他が為に生きる」（C氏）というように，価値基準の共有がなされていた。あるゲストメンバーは会議の場で，「車の整備の技術を持っていればどうにかなるが，社員にアウトソーシングで任せきるには若干の不安がある」と，同席した同業者に対して自社の悩みを打ち明けていたが，こうした発言は，相互の信頼なくして難しいと思われる。

4.2　第二の論点の分析と考察

本節では，当該地域における政策サイド主導の支援拠点の一つ「熊本県事業引継ぎ支援センター」との比較を交えながら，中小企業ネットワークを通じた取り組みが，事業承継の円滑化に果たす役割を分析・考察する。「熊本県事業引継ぎ支援センター」は，旧産活法に基づき2015年6月に開設され，金融機関出身者や中小企業診断士等の資格を有する職員を窓口（無償）として，相談内容に応じて連携先の専門家等への仲介（無償・有償）を行っている。同センターによると，支援の内容は，中小企業の事業承継に関する相談への対応，M&Aを中心とした事業承継の実現及び，後継者人材バンクの運用が中心となる。その際，支援対象者の情報を他機関や専門家と共有することもあるため，機密情報保護の厳格な運用と，支援対象者からの信頼が，支援の成功に向けたキーワードになる，とのことであった。相談の傾向として，小規模企業を中心に「事業承継したいが後継者が不在」や「従業員に承継したいがどうしたらよいか分からない」といった内容が多く，また，M&Aの成約件数は少なく，後継者人材バンクも就労支援との線引きが難しく積極的に展開しにくい面がある，とのことであった。

以上から，同センターのネットワークの構造は，機密情報保護の厳格な運用による安心感や，他機関や専門家との連携による開放性が，特徴となる。また，政策サイド主導であるため，他機関や専門家と連携しやすく，中央からの公式な調整を成果として得られる点が，機能性の要件である。このように，中小企業が同センターを活用する上で，事業承継に悩む誰もが相談することができ，相談内容の漏洩の心配が少なく，知識と経験の豊富な専門家に仲介してもらえる点で，メリットがある。

他方，相談相手と支援者のミスマッチという現状を踏まえると，中小企業が，ネットワークの構造や機能に関して主体的に関与できず，あくまでも提示された

支援を受ける側にとどまる点は，デメリットと言える。この点は，中小企業が，ネットワークに参加することによって，情報共有と学習や社会的埋め込みといった成果を得ることができる，事業承継チームの取り組みとは，対照的である。さらに，事業承継チームの取り組みは，既存のネットワーク「熊本県中小企業家同友会」を活用した，中小企業による互恵的な事業承継の円滑化を実現しようとするものである。ネットワークの構造は閉鎖的であるが，価値基準の共有，相互の信頼，約1千名の会員及び，各自の知識や経験といった，既に蓄積された有形無形のリソースを有している。事業承継問題の解決が地域的課題として喫緊性を増すなかで，開設後，これらリソースを一から獲得する必要のある点は，「熊本県事業引き継ぎ支援センター」のネットワークが抱える，もうひとつのデメリットと言える。

「事業承継5ヶ年計画」のなかで中小企業庁（2017）は，経営者の「気づき」が事業承継の円滑化のために重要であると指摘しているが，そうした「気づき」を促すに当たり，既に蓄積されたリソースを活用でき，中小企業が主体的に関与しつつ，情報共有と学習の場として機能する，それぞれの地域に展開する中小企業ネットワークが果たす役割は大きいと思われる。

5．おわりに

わが国ではすでに，中小企業の事業承継の円滑化に向けて，地域や主体も様々なネットワークが展開されている。ところが，こうした，ネットワークを展開する様々な地域や主体の努力にかかわらず，後継者問題は一向に解決されず，相談相手と支援者のミスマッチも解消されていない。Casson（1997）によれば，どのようなネットワークを論じるのかを明確にする必要があるが，これまでの支援や議論の大半で，ネットワークの構造上の特色や機能性の要件に関する視点が不足している上，支援対象者となる中小企業の視点が欠落している点は，こうした問題の背景の一端をなすと言える。実際に，前者の視点で見ると，強い紐帯と内部結束型の閉鎖的なネットワークを形成する事業承継チームにとって，久保田（2017）が指摘するような，特定メンバーとの交流の限定は，地方特有の制約にはならない。同様に，事業承継に関する知識や経験を保有するメンバーを有するネットワークにとって，堀越（2016）が指摘するような，地域への限定性による

緊密性もまた，地域的なデメリットとはならない。今後，それぞれの地域や主体に適合するネットワークの構造や機能の解明が，事業承継の円滑化に向けたネットワークの活用に関する議論には必要と思われる。

一方，後者の視点で見ると，努力の互酬的交換（Uzzi, 1997）は，ネットワークが機能する要件の一つであるが，政策サイドにとって，提示した支援が中小企業に利用されてこそ，そのために要した努力との互酬的交換がなされる。そして，中小企業が主体となったネットワークとの連携は，こうした互酬的交換の前提条件となる，経営者の「気づき」を促す仕組みとして，政策的にも有効ではないだろうか。以上が，本論文の学術的・政策的な含意である。

ところで，鹿住（2015）は，ネットワークの参加動機として，資金や人材を求める男性に対し，女性は情報や精神的サポートを重視することを指摘したが，支援スキームのあり方の議論で，コアメンバーで唯一の女性A氏と他のメンバーとの意見が相違していた。例えば，支援スキームについて，「悩み相談等入り口は無償とするが具体的な支援の際は有償」（C氏）と「支援者も勉強できるので必要ない」（A氏）と，性別の違いによる意見の相違が見られた。こうした異質性のマネジメントの困難さを踏まると，支援スキームの運用の段階において，圧倒的多数のメンバー（同友会会員）が関与してきた時，ネットワークの構造や機能に変化が生じる可能性がある。

そこで，本論文の二つの論点に関して，支援スキームの構築と運用の段階での妥当性の再検討は，今後の課題として不可欠である。その上で，政策支援との連携方法の模索，他の中小企業団体をはじめとする中小企業ネットワークにも適用可能な，中小企業による中小企業のための互恵的な事業承継支援の実践的方法論を模索していく必要がある。

（謝辞）事業承継チームのメンバーをはじめとした熊本県中小企業家同友会及び熊本県事業引継ぎ支援センターの皆さま，日本中小企業学会の報告及び査読を通じて貴重なご意見を下さった先生方に対し，心より御礼申し上げます。なお，本論文の誤り・不備についての責任は筆者に帰するものであります。

〈注〉
1　平松・鵜飼・宮垣・星（2010）によると，社会のさまざまな分野においてネットワー

クが実践的な重要性を増している。企業経営の分野を対象としたネットワーク研究は，1980年代から顕著に展開している（Shaw，2006）。中小企業との関わりでは，下請制，同業組合，異業種交流及び情報化による新しいネットワーク（湖中，2005），企業家活動（鹿住，2015）など，その研究の裾野は広い。
2　同様の指摘として，池田（2011）は，政策サイドが主導する従来の組織化に対して，2000年前後に，民である企業が地域に対する危機意識や問題意識を持ち自主的に立ち上げた新たな中小企業ネットワークが生まれていると指摘している。
3　レントとは，「収益のうちで，労働者に特定の職をひきうけさせる，あるいは，企業を特定の産業に参入させるために必要な最低限の収益を超過して発生している差額部分」（Milgrom and Roberts，1992，邦訳書，p.298）をいう。
4　例えば，Barnes（1954）は，ネットワークを，ある人の友人たちのうち何人かは互いに知り合いであるが，そうでない人たちも含まれているといった，ある種の「社会的な場」と定義した。また，西口（2003）は，「共通目的のために，「組織」の境界を越えて，公式・非公式を問わず，メンバーシップが限られた中で，意識的に調整された2人以上の人間の活動や諸力の体系」（p.9）と定義した。これらによると，共通目的がなくともネットワークは成立するし，非公式なメンバーもネットワークの一員とみなされる。
5　参与観察は，ネットワーク，とくにプロセスを調査する上で有効である（平松・鵜飼・宮垣・星，2010）。
6　社会的埋め込みとは，地域社会の協同体がベースとなり，ある主体がそこに社会的に埋め込まれていることから生じる有形無形の利点から，ネットワークのメンバー間に新たに生まれた協同体に由来するメリットのことをさす（西口，2003）。

〈参考文献〉
1　Barns,J.A.（1954），Class and Committees in a Norwegian Island Parish, *Human Relations*, 7, pp.39-58
2　Burt,R.S.（2001），Structural Holes versus Network Closure as Social Capital, in Nan Lin, Karen Cook, & Ronald Burt（Eds.）, *Social Capital: Theory and Research*, Aldine de Gruyter, pp.31-56
3　Casson,M.（1997），*Information and Organization A New Perspective on the Theory of the Firm*, Oxford University Press.,（手塚公登・井上正訳（2002）「情報と組織—新しい企業理論の展開—」アグネ承風社）
4　中小企業庁（2016a）『事業承継に関する現状と課題について』http://www.meti.go.jp/（2017年7月8日閲覧）
5　中小企業庁（2016b）『小規模企業白書（2016年版）』日経印刷
6　中小企業庁（2017）『中小企業の事業承継に関する集中実施期間について（事業承継5ヶ年計画）』http://www.meti.go.jp/（2017年7月8日閲覧）
7　Coleman,J.S.（1988），Social Capital in the Creation of Human Capital, *American*

Journal of Sociology, 94, S.95-121
8　Cooke,P.（1996）, The New Wave of Regional Innovation Networks : Analysis, Characteristics and strategy, *Small Business Economics*, 8(2), pp.159-171
9　藤本雅彦・山家一郎・望月孝（2007）「地域企業の企業家型後継者のキャリア開発」『東北大学経済学会　研究年報経済学』, Vol.68, No.4, pp.93-108.
10　藤本雅彦（2016）「地域雇用政策のパラダシムシフト」『甲南大学　甲南経営研究』, 第57巻, 第1号, pp.1-22
11　Granovetter,M.S.（1973）, The Strength of Weak Ties, *American Journal of Sociology*, 78, pp.1360-1380
12　原田禎夫（2010）「ソーシャル・キャピタル（社会関係資本）としての家具工業組合」粂野博行編著『産地の変貌と人的ネットワーク―旭川家具産地の挑戦―』御茶の水書房, pp.151-177
13　平松闊・鵜飼孝造・宮垣元・星敦士（2010）『社会ネットワークのリサーチ・メソッド―「つながり」を調査する―』ミネルヴァ書房
14　堀越昌和（2016）「地域中小企業の後継者人材マネジメントの現状と課題の解明に向けた予備的考察―熊本県の中小企業を対象とした探索研究―」『地域社会に果たす中小企業の役割―課題と展望―＜日本中小企業学会論集35＞』同友館, pp.174-186
15　堀越昌和（2017）「わが国における中小企業の事業承継研究の現状と課題」『事業承継学会　事業承継』Vol.6, pp.44-57
16　細川修（2012）「北海道同友会の人材育成,後継者育成の取り組み」『日本マネジメント学会全国研究大会報告要旨集』66, pp.13-16
17　池田潔（2011）「中小企業と多様なネットワーク」高田亮爾・上野紘・村社隆・前田啓一編著『現代中小企業論［増補版］』同友館, pp.301-316
18　石川和男（2015）「中小零細企業における事業承継―親族から第三者への承継支援を中心として―」『専修大学商学研究所　商学研究所報』, 第46巻, 第7号, pp.1-27
19　鹿住倫世（2015）「企業家活動と社会ネットワーク―創業に役立つネットワークとは？―」日本政策金融公庫『日本政策金融公庫論集』, 第26号, pp.35-59
20　Kingsley,G., and Malecki,E.J.（2004）, Networking for Competeitiveness, *Small Business Economics*, 23(1), pp.71-84
21　湖中齊（2005）「異業種交流と産学官連携による開発戦略」湖中齊・前田啓一・粂野博行編『多様化する中小企業ネットワーク―事業連携と地域産業の再生』ナカニシヤ出版, pp.1-27
22　久保田典男（2017）「地方中小企業における後継経営者の能力形成―地域金融機関における後継者育成塾のケーススタディ―」『「地方創成」と中小企業―地域企業の役割と自治体行政の役割―＜日本中小企業学会論集36＞』同友館, pp.57-69
23　熊本日日新聞社（2017）「県内企業の休廃業・解散が最多　2016年389件　業績不振、地震も影響　平成28年熊本地震」『熊本日日新聞』2017年2月7日
24　Milgrom,P., and Roberts,J.（1992）, *Economics, Organization & Management*,

Prentice Hall, Inc.（奥野（藤原）正寛・伊藤秀史・今井晴雄・西村理・八木甫訳（1997）「組織の経済学」NTT出版）
25　中山健（2017）「ネットワーク組織の理論」関智宏・中山健編著『21世紀中小企業のネットワーク組織―ケース・スタディからみるネットワークの多様性―』同友館，pp.187-198
26　日本経済新聞社（2017）「大廃業時代の足音　中小「後継」未定127万社」『日本経済新聞』2017年10月6日
27　西口敏宏（2003）『中小企業ネットワーク：レント分析と国際比較』有斐閣
28　額田春華（2003）「中小企業とネットワーク」中小企業総合研究機構編『日本の中小企業研究　第1巻　成果と課題』同友館, pp.419-448
29　太田一樹（2005）「企業成長と多様化する企業連携」湖中齊・前田啓一・粂野博行編『多様化する中小企業ネットワーク―事業連携と地域産業の再生』ナカニシヤ出版, pp.129-149
30　関満博（2010）「「塾」形式による人材育成活動の推進：「若手後継者」と「シニア」への取り組み」『IRC調査月報』，260号, pp.28-35
31　Shaw,E.（2006），Small Firm Networking An Insight into Contents and Motivating Factors, *International Small Business Journal*, 24(1), pp.5–29
32　Uzzi,B.（1997），Social Structure and Competition in Interfirm Networks：The Paradox of Embeddedness, *Administrative Science Quarterly*, 42, pp.35-67
33　渡辺深（1999）『『転職』のすすめ』講談社現代新書
34　谷地向ゆかり（2008）「中小企業における事業承継問題の現状と留意点―子以外の第三者への承継という選択肢を検討する必要性―」『信金中金月報』，第7巻, 第4号, pp.67-82
35　芳野俊郎（2005）「地域中小企業の国際化と事業承継支援ネットワークの現状」『愛知東邦大学　東邦学誌』，第34巻, 第1号, pp.39-57

（査読受理）

我が国中小企業のBOPビジネス
実行性向上に関する予備的考察
－農業機械メーカを事例として－

筑波大学大学院　大橋勇一

1．はじめに

　2011年6月我が国政府は「中小企業海外展開支援大綱」を制定した。これは将来の人口減少に伴う国内需要減を見通し，経済成長著しい途上国の需要の取込みを狙い，自らのブランドで取引を行い，積極的な海外展開を通じ，中小企業も成長市場へ積極的な事業展開を支援する為の政策である。農業機械産業界では，大手農業機械メーカ（以下大手メーカ）4社が，国内全出荷額（2855億円：2015年）の8割[注1]を占め，農業機械の普及が一巡し買換え需要中心の国内市場から，現地生産化や輸出販売強化等を通じ，アジア地域の途上国に積極的に事業展開を行っている。他方残り99％以上の中小農業機械メーカ（以下中小メーカ）は，従来と同様に農協や系列大手メーカ代理店を中心とした国内取引の維持が企業存続の優先である為，自社人材や資金を新たな海外事業展開に割けない中小企業特有の課題も存在している。その為我が国政府機関等では，現地での調査やビジネス助言等の支援事業を拡充し，多くの中小メーカも援助を得てきたが，実際に途上国へ進出した企業は数少ない。そこで本稿は，中小企業の途上国進出の公知化に向けた端緒の研究として，中小企業のBOPビジネス実行性向上を目的に，まずは途上国の小規模農民に必要とされている我が国農業機械（以下農機）の普及可能性を明らかとし，この農機を生産・販売している中小メーカのBOPビジネス実行の為に有効な企業戦略・行動を特定し，今後各社の経営指針や行動規範策定に資する提言を試みた。

2．先行研究の整理と問題意識

　経営学の領域では，途上国進出やBOPビジネスに関する研究が多数発表されているが，国内外のBOPビジネス事例から成功／失敗の要因分析やビジネス方法論の研究が主であり，農機メーカを対象とした研究や，企業戦略・行動に焦点を当てた研究は存在してない。農業工学の領域でも，BOP市場向け技術開発研究等は少なく，中小メーカの途上国進出をテーマとした研究は空隙となっていた。

　この間隙を埋めるべく筆者の先行研究（2016）は，1964年から続くJICA農業機械研修（以下農機研修）に参加したタイ国等の研修員へのライフヒストリー調査を足掛かりに，農機ユーザである小規模農民の生活，農機普及やニーズの実態等のフィールド調査を行い，収穫後処理機の開発・普及ニーズが高い事を指摘した。さらに農機メーカ9社へ「海外進出意識調査」を行い，当時海外進出を試みていた社に，途上国で形成されていた「知のネットワーク」（以下FMK-Net：農機研修員ネットワーク）のメンバーからの支援を得て籾摺り精米機の現地適応化試験を実施し，FMK-Net活用の有効性を報告した。

　続いて筆者ら（2017）は，農機メーカの戦後経営史の分析を行い，我が国の農業機械化の近代化の礎となった要因の一つを，地域を核とした研究開発・生産活動と「農家密着型」の販売活動を通じた「知のネットワーク形成力」とし，コミュニティが社会の核となる途上国進出において中小メーカの「強み」と為り得る点を指摘した。加えて先の研究で海外進出を試みていた中小メーカ4社に「海外進出フォローアップ調査」を，途上国進出を果たした4社に「海外進出現況調査」を行った。この結果，気候・土壌・作物種が異なる途上国進出において，ローカル従業員へ技術・知識移転を通じた事業の現地化による「社会関係資本の拡充」が，現地ビジネスの発展に寄与する事を報告した。

　これら先行研究を通じ筆者は，我が国中小企業の途上国進出において，現地が抱える課題解決を図るビジネスの実行が，先進国企業の責務ではないかとの考えに至った。フランスの経済学者Pikett.T.の著書「21世紀の資本」（2016, p79）にも，「収斂進化（Convergent Evolution）の主要メカニズムは歴史的体験から知識の普及である。貧困国（途上国）が富裕国（先進国）に追いつくのは，同水準の技術ノウハウや技能や教育を実現する事である。知識の普及は天から降ってくる恩恵でなく，国際的な開放性（進出）と貿易（輸入）により加速される。つまり外

国からの技術移転が，途上国の発展やイノベーションへとつながり，途上国の資本を増加させる」と指摘しており，途上国と先進国との所得格差是正に貢献するソーシャル・ビジネスが，我が国中小メーカの途上国進出に求められると考え，従来の中小企業研究とは若干異なるアプローチによる論考に挑んだ。

3．本稿の論点整理

　一般的にBOPビジネスとは，途上国で1日2ドル以下の所得で生活するBOP（The Bottom of Pyramid）を対象とした持続可能なビジネスを指す。またソーシャル・ビジネスは「地域の課題解決」に向けて，様々な主体が協力しながらビジネスの手法を活用して取り組む事と定義されている。「地域」を「途上国」と置換れば，途上国農村部の1日2ドル以下の所得の小規模農民を対象に，様々な主体と協力しながら，自社農機を生産・販売する中小メーカの途上国進出は，BOPビジネスとほぼ同義である。佐竹隆幸（2015, pp29-32）の先行研究では，ソーシャル・ビジネスには企業という経済主体は私利私欲を追求する主体であるばかりでなく，企業行動自体が社会へ与える影響に責任を持ち，あらゆる利害関係者からの要求に対して適切な意思決定を行う事と指摘している。さらに「顧客価値創造経営」，「理念型経営企業」，「地域内再投資力の向上」の3つの要素がソーシャル・イノベーションへ導き，そのためには「ヒトへの投資」が必要と示唆している。従って本稿では，筆者の先行研究の成果をベースとし①途上国小規模農民に必要とされている農機の普及モデル化を通じ，中小メーカのBOPビジネスの実行意義を検討し，②中小メーカの途上国進出を事例にBOPビジネスに至る経緯を可視化させ企業戦略と行動の相関性を整理し，③過去の農機メーカの途上国進出を事例に現地農業機械化の進展と企業の現地進出との関連性と，現地へのインパクトや教訓に関する検討を深めていく。

4．研究の対象と方法

4．1　中小メーカのBOPビジネスの実行意義
　まず最初に，筆者の先行研究（2016）から，我が国が技術的比較優位を有する「コメ用・小型籾摺り精米機（以下小型製品）」を対象に選定した。何故なら，現

在販売されている「小型製品」はコメ収穫後処理技術の集大成[注2]だからである。技術的には，籾摺り方式（衝撃式／ロール式），選別方式（万石式／揺動式／ロータリー式），精米方式（研削式／摩擦式）の3つの機能が一体化し，特に籾摺り・選別式は，大正から昭和初期にかけ中小メーカ等が開発・特許を有していた我が国固有の技術である。加えて現在途上国農村部で普及する同様の製品と比べ，籾摺りから精米までの時間が半分以下で済み，4割程度重量が軽い。さらに日本の女性・老人用に設計されている為操作や持ち運びが容易である。方法は，まずは現地における「小型製品」の普及可能性を整理する為，先行研究（2016）のフィールド調査記録と，関連先行研究等の文献調査を通じた情報収集・整理を行い，「小型製品」導入による農民の所得向上をモデル化し，BOPビジネスの実行意義に関する検討を行った。

4．2　中小メーカのBOPビジネスに至る変遷と企業戦略と行動の相関性

次に，4.1のモデルをビジネスチャンスと見なしBOPビジネスを開始した中小メーカの途上国進出の事例から，企業戦略と行動の変遷を可視化させ，相関性の検討を行った。対象は，筆者の先行研究（2016/17）の調査対象先中小メーカ10社の中で，①「小型製品」を生産・販売する社，②これまで自社で途上国への事業展開を試みてきた社，③BOPビジネスを社内合意できる社，という3条件を満たす社として，カンリウ工業株式会社（以下カンリウ）が選定された。カンリウは創業1925年，資本金9000万円，従業員40名，本社は長野県塩尻市で，特に小型精米機は国内市場4割を占め「独創的な技術とアイディアで小粒でもキラッと光る企業であり続けたい」が標語である。参与観察はインタビュー調査を中心に行い，2012年1月から2017年4月までの間に計10回，合計時間は1回2時間程度で約20時間，海外進出するに至った経緯，海外進出の初期段階の企業行動や意思決定の理由等を社長や海外営業部長に回顧してもらい，記録を様々な媒体で保存している。本稿では，過去の同社インタビュー記録を参照しつつ，①（前回と比較して）どのような取り組みを行ったのか，②（取り組みは）自社からアプローチしたものか，③重視していた戦略は何か，④意思決定した企業行動の成果と従業員の行動変化は等といった質問を行い，中小メーカの途上国進出の実態を明らかにし，BOPビジネスの実行に有効な企業戦略と行動の特定を試みた。

4.3　過去の農機メーカの途上国進出が現地に及ぼしたインパクトと教訓

最後に，過去の農機メーカの途上国進出と現地の農業機械化の進展の関連性から，中小メーカのBOPビジネス実行の為の教訓を抽出した。対象は，株式会社クボタ（以下クボタ）のタイ進出を選定した。理由は，筆者の先行研究（2016）から，タイの農業機械化の進展は，我が国の戦後の農業機械化の歴史と酷似し反復可能性が高い事，加えて先行研究（2017）の中小メーカ調査から，他業種中小企業のBOPビジネス事例よりも同業者の事例の方が，中小メーカにとって模倣行動の親和性が高い為である。方法は，筆者の先行研究（2016）の農業機械開発研究者らのライフヒストリー調査記録やタイ農業機械化の歴史資料，クボタHP（2018）[注3]等の文献調査を通じ情報収集を行い，クボタのタイ進出の歴史と現地の農業機械化の進展の関係性を整理し，多角的視座から現地に及ぼしたインパクトや要因，教訓等に焦点を絞り，さらなる考察を行った。

5．結果と考察

5.1　中小メーカの途上国進出におけるBOPビジネスの実行意義
① 途上国の小型籾摺り機の普及実態

コメは小麦・トウモロコシと並び三大穀物の一つである。世界のコメ（籾）の生産は平均年5億t（日本860万t：2015年）で，90％はアジアで生産・消費されている。他方途上国の2ha未満の農地保有の小規模農民（以下農民）数は4億人といわれ，その大半がアジアに集中している。農民は，個人で籾摺り精米機を購入する経済的余裕がなく，収穫した籾を比較的廉価で仲買人へ売却する一方，肥料代等を差し引かれた差額の現金を得て生計を立てている。さらに多くの地域では農村に「籾摺り精米所」が存在せず，農民が収穫した籾を一旦仲買人に売却し，得た現金で自家用として食するため精米を購入している。この支出が家計収入の3－4割を占め重い経済負担となっている。現在途上国の農村部では，精米歩留まり（砕米発生率が約45％）や精米度（白度25％前後）が低く，日本円で平均約10万円の安価な中国・インド製等のエンゲルバーグ式籾摺り精米機（以下エ機）が広く使用されている。エ機は精米後の生成物から精米/米糠/籾殻などを分離する機能はなく，手ふるいで精白米の分離を行う為農民には重労働で生産性が低いのが実態である。

② 我が国小型籾摺り機が途上国の農民にもたらす所得向上のモデル化

そこで筆者の先行研究（2016）のフィールド調査で，ある農村部の精米所で，米糠や籾殻を精白米と同様に販売している事に気づき，図1のとおり農民の「小型製品導入による所得向上モデル」として整理した。

図1　「小型製品」導入による途上国小規模農民の所得向上モデル

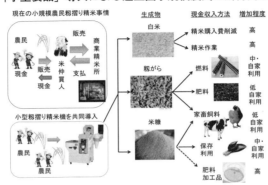

出所：本稿より筆者作成

これまでは農民は生産した籾を直接仲買人に売却し現金を得ていたが，コミュニティ等の共同出資等で「小型製品」を導入し，自分達で籾摺り精米作業を行ったケースの収入源多様化による所得向上をモデリングしたものである。農民は，従来自家用として食する為の精米購入支出を3割程度削減出来る。加えて精米販売は，高性能の「小型製品」により歩留りを上げ高品質の精白米を生成が可能と為り，従来の仲介者に販売していた価格より約1.5倍程度の値段で売却可能となる。さらに精米の副産物の米糠や籾殻は，家畜用飼料，農地の土壌改良用肥料，籾殻の燻炭利用や，販売により新しい収入源にも為る。「小型製品」導入で女性・老人の低減された労働力により，米糠から石鹸や米油等の家内手工業的に行えば，更なる収入の増加に為る。つまり「小型製品」導入・普及は，経済的恩恵に限らず農作業の大部分を担う女性・老人の労力軽減，産地で精米・出荷・販売に伴う環境負荷軽減，農民の食料自給率の向上等の経済・環境・社会に様々な好影響を与える。世界のコメ生産・消費5億tの9割を占め，小規模農民4億人の大半が集中し，米の食習慣も類似しているアジア全域で汎用可能なモデルである。

③ 中小メーカのBOPビジネス実行意義に関する考察

　上述モデル化を通じた「小型製品」の普及意義と汎用可能性から、「小型製品」を生産・販売する中小メーカが，途上国農民の課題解決を企業戦略として途上国進出に挑む事がソーシャル・ビジネス的戦略であり，農民の所得向上のビジネスの実行こそ，戦略を行動に移すBOPビジネスである。このBOPビジネスは，農民に現金収入の多様化という新しい価値を提供する「顧客価値創造経営」であり，農民の所得向上を通じた途上国農村部のソーシャル・イノベーションの創出を示唆している。さらにBOPビジネスの実行は，SDGs[注4]の「貧困をゼロにする」という目標1の達成に中小企業も貢献出来る事から，政策的意義をも含有している。

5.2　中小メーカのBOPビジネスに至る変遷と企業戦略と行動の相関性

① カンリウの途上国事業展開の概略

　カンリウ（以下カ社）の途上国への事業展開は，2011年社長自らが日本農業機械工業会（以下工業会）に相談し，海外進出支援コンサル（以下コンサル）を紹介され，月一定料金を支払うアドバイザリ契約の締結から開始された。契約後暫くは国内営業部長が兼任していたが，海外業務には時間を割けずコンサル主導で進められていた。2012-14年にはタイ・カンボジア等へ現地調査に赴いた。この間カ社は，長粒種米用籾摺り精米機（以下製品）の開発に着手，2015年10月に完成させた。同年12月には工業会主催のベトナムの国際展示会に出展し，現地業者との交渉を開始，翌年11月再度同国展示会に出展し，現地業者と代理店契約を締結した。この取組に注目した工業会は，2017年4月「ASEAN経済大臣会合ロードショウ」のサイドイベント（以下会合）出展候補としカ社を経産省に推薦した。経産省から出展意思確認を受けたカ社は，「簡易小型籾摺り精米技術開発」の研究を行っている筆者らに自ら接近し助言を求めた。筆者らの前述5.1「小型製品」の途上国農民への普及モデルや他社と異なるビジネスの可能性に感化され，粗利益重視からBOPビジネスへと戦略転換した。転換後には，経産省から農業分野の企業として唯一出展を承認された。当日会場で製品の実演を行い，途上国要人から注目を集め，途上国からの照会が増加した。その後，公益法人コペルニクス（以下コ社）主催「中小企業のアジア進出プロジェクト」に応募し，2回の国内選考を経てX国へ派遣が決定した。2018年2月現在カ社はBOPビジネスを継続中[注5]だが，コ社はX国でのビジネスパートナーを予定している。以下，会合配布資料

からのカ社「声明」である。

> 声明：当社は，創業以来90年以上培ってきた先端の籾すり精米技術を発展応用し，ASEAN地域の地方農村部に広く展開するコミュニティの小規模農家が共同購入可能な廉価な現地型籾摺り精米機の試作開発を行います。これにより，途上国において所得2ドル／日以下の零細農家の飛躍的な所得増を実現するだけでなく，女性の新たな雇用（籾すり精米業および副産物販売）の創出を通じた持続可能な貧困撲滅に挑戦し，ASEAN地域全体に対する社会的・経済的な貢献を目指す途上国でのBOPビジネスに取り組みます。

② 企業戦略と行動の相関性

上述①の結果を，アメリカの経営学者March.J.G（1991）の「Exploitation：知の深化」既存の技術・製品，市場を改善・拡張する行動と，「Exploration：知の探求」存在しない技術や製品，市場開拓する行動へ類型化した。最初に各行動を「知の深化」と「知の探求」に大別，基礎点を配分，基礎点に行動始点が自社の場合は一定の加算点を与えた。これにアメリカの社会学者Granovetter.M.（1983）の「弱い紐帯の強み理論」[注6]から，従来の取引とは無関係のネットワークとの行動には加重配分，関係が進展した場合は軽減配分を行った。技術・製品開発で，新規度や難易度の高い開発は加重配分，低いものは軽減配分し，合算点を時系列にツリー化したのが図2である。

図2　カンリウ社の「知の深化」と「知の探求」

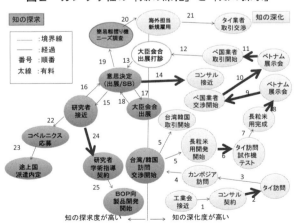

出所：インタビュー調査に基づき筆者作成

「知の深化」は，既存の商取引のネットワークへの接近を通じた契約や展示会への出展，海外調査等が分類された。長粒種米用開発は技術的難易度が低い為「知の深化」に分類された。カ社の行動変容の契機は，これまで利害関係がない第三者（本事例では経産省）の接近であった。この第三者からの接近に善処する行動，その後の新たな利害関係者（研究者や公益団体等）への接近と行動は「知の探求」に分類された。加えてBOP向け開発は技術的困難さはないが，企業として行動選択が容易でなく「知の探求」に分類された。さらに新しいネットワークから派生した行動が，契約行為等に進展すれば「知の深化」へ逆移行する。

次にカ社の企業戦略と行動の相関性を検証した。2011年の海外進出意思決定から暫くは海外取引開始が戦略であり，この「取引開始」戦略下では「知の深化」の行動が実践された。徐々に海外取引が成立し出すと「少しでも高い価格で販売し海外事業から利益を」という「粗利益重視」戦略に移行した。同戦略下の行動も「知の深化」に分類された。他方「会合」出展を契機としBOPビジネスに転じた後の行動は「知の探求」に分類された。これはBOPビジネスは中小メーカに馴染みがなく，戦略・行動選択は容易ではないと考えられる。

③　BOPビジネスの実行経過

会合出展の報告が社内で共有された後，カ社内では途上国の農民に自社製品が貢献出来るのではとの機運が高まり，海外営業担当者の新規採用や新しい製品開発等，BOPビジネス実行に向け社内の合意形成が進んだ。同時に自社資金や従来の取引先ではBOPビジネスの実行は覚束ない為，自らBOPビジネスを生業とする公益団体に接近する等の従来とは異なる行動を始めた。この行動変容は，従来と異なる多彩なネットワークを形成していく事となった。さらに従業員の行動変容は，働く事への意識変化や多角的視点の取得等の学習効果も確認された。何故なら新しい利害関係者の価値観や判断基準は，従来の商取引関係者とは異なり利益以外の理念や意欲等の実効性であり，カ社従業員は，新しい利害関係者から共感を得る努力を行った為である。

④　BOPビジネスの実行に有効な企業戦略と行動の考察

以上から，BOPビジネスの実行には企業戦略と行動の密接な連関性が存在しており，「知の深化」が選択される傾向にある為，従業員の「知の探求」の行動変容を求めるには，企業戦略を転換させる契機がないと実践は難しい事等，中小企業の実態が判明した。他方BOPビジネスという「知の探求」の行動は，従業

員らに働くことに対する意識変化や学習効果がある点も判明した。裏を返せばBOPビジネスは，従業員の意識変化や学習効果等を導く「知の探求」が必要であり，例え途上国進出が叶わずとも「ヒトへの投資」に結びつくと考える。

5.3 農機メーカの途上国進出が現地に及ぼしたインパクトと教訓
① クボタのタイ進出の概要

1890年久保田権四朗は鋳造の生産・販売業の「大出鋳物（現在のクボタ）」を創業した。その後水道管・工作機械・農機等へ事業を多角化し，積極的に海外事業を拡大していった。このクボタの事業取組姿勢は，創業者から継承されている信念「国の発展に役立つ商品は，全知全霊を込めて作りださなければいけない」「技術的に優れているだけでなく，社会の皆様に役立つものでなくてはならない」を実行に移しているに他ならない。農機部門では1947年耕うん機,1960年畑作用,1962年水田用トラクターの開発・生産・販売を開始させた。同部門のタイへの進出は，1960年代後半日本製耕うん機の販売から開始された。当時のタイ進出のスローガンは「現地農業と農業機械化への貢献」と「地方農村部への農業技術の普及」，これは現在のソーシャル・ビジネス的戦略である。1978年サイアムセメント（以下SS社）と合弁会社サイアムクボタディーゼルを設立し，農業エンジンの供給を開始した。2002年にトラクタの新工場を設立し，エンジンも含め本格的な現地生産が開始された。2010年に子会社を統合しサイアムクボタコーポレーションを設立，2016年R&Dの拠点を新設した。現在従業員2900名，全土に広がるディラー網は80社まで拡大，現地主導による研究開発・生産・販売を一体化し事業拡大を加速している。

② タイの農業機械化の進展とクボタのタイ進出の関係

1950年代初頭にタイ農業協同省で研究・普及部門となる農業機械工学部（以下AMRI：Agricultural Machinery Research Institute）において，自国農機開発が着手され，農地水供給用の揚水ポンプの開発が優先されていた。ところが1960年代から自動車産業を中心に工業化が進み，都市部への人口流入が始まり農村部の労働力不足が大きな社会課題となった。その為1960年代後半からは，特に農村部の若手労働力を補う為の農作業軽減化や農業生産性向上の為の農地の耕起・砕土用（以下土壌改良）歩行型耕うん機（Iron Buffalo：以下IB）の高性能化や国内生産化が開発重点課題となった。その為AMRIは日本の戦後農業機械化の発展

図3 タイの農業機械化の進展とクボタのタイ進出との関係性

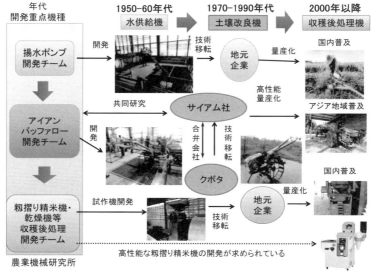

出所：本稿より筆者作成

の知見を開発に活用する為，日本留学後大学教員となった研究者や現地企業とチームを組み開発業務を遂行していた。

ところが開発課題の達成は苦心していた折，AMRIはSS社を経由しクボタ（以下同社）の日本人技術者を直接開発チームに招き入れた。AMRIに派遣された同社技術者は，日々自社研究開発に携わる様に熱心に指導と技術支援を続けた。販売現場では，我が国の農業機械化の発展の一因となった「農家密着型」販売活動，年2回定期的な地方巡回サービス，点検整備，故障の修理に限らず，地方の農民に対し各種技術講習会の開催や，機械の長期利用の助言，育苗の方法，田植えの時期，肥料，農薬の散布時等を提供等を現地従業員達と実践し続けていった。ARMI関係者は，技術者からのIB開発チームへの技術移転や，販売担当者の地方農村部への農業技術やサービスの提供等の従業員一人一人の行動が，タイの農機開発研究や現地の農業の技術発展に貢献したと回顧していた。

同社従業員の日々の行動を通じ，AMRIはIBの国内生産化と高性能化を達成し，1980年代後半にSKI社が量産化に成功，1992年に市場の5割を超えた。アジア通

貨危機後2003-2008年の5年間でIB生産数は40倍に膨れ上がり，現在では年間10万台以上を生産，市場の7割以上を寡占する迄に成長した。このIBの普及・拡大により，AMRIの開発優先機種も土壌改良機から籾摺り精米機等の収穫後処理機へと移行していった。タイの農業機械化と同社の関連性を図式化したのが図3である。タイの農業機械化は，我が国農業機械化の1960-70年代のトラクタ普及が一段落し，収穫後処理機のコンバインや田植え機等の複雑で高性能な農機の開発へと移行した史実を追随している。

③　クボタのタイ進出が現地に及ぼしたインパクト

　IBの普及により，同社日本製耕うん機の販売シェアは縮小した。ところがタイの技術者等からは，信頼というビジネスで最も大切な要因を勝ち得，農民達に「クボタ・マー・レオ」という流行語が生まれ，全国へ知名度が広まった。さらに同社技術者の技術移転を通じて高性能化したIBは，直接的には農民に農作業の軽減化，土壌改良を通じた収穫物の生産性や品質向上等による所得増加を引き起こした。加えて軽減労働力による高付加価値作物の栽培を行う事による農業の多様化や，交通・運搬手段への利用等による日常生活の利便性の向上を誘起し，ソーシャル・イノベーションを創出し，農民の生活必需品となった。今やIBは，借金しても所有したい「ブランド」へ進化している。以上から同社の進出は，草の根レベルの農機の普及や知名度の獲得に限らず，タイの農機業機械化の進展に大きなインパクトを発現させたと評する事ができる。

④　クボタのタイ進出事例からの教訓に関する考察

　同社のタイ進出はBOPビジネスの一つの成功事例である。開発学的視座からは，現地草の根ニーズが高く，国の開発課題の解決に貢献する事業を実行し，現地企業等への技術移転を通じ，現地事業の自立発展性を構築した事が，成功要因と分析出来る。経営学的視座からは，同社が創業者から継承される信念と戦略の下，従業員一人一人が戦略を実行していく行動で，途上国の農民からの信用を獲得し，製品購入動機を促進させた。これにより現地で広く製品が普及し，農民の所得向上を導き，農村部にソーシャル・イノベーションを創出し，地域・コミュニティ・農業機械業界に不可欠な企業となり，現地での企業活動を通じ「地域内再投資力の向上」を具現化したとも解釈出来る。以上から，当時の同社の企業戦略「現地農業と農業機械化への貢献」と従業員達の日々の行動そのものが，中小メーカのBOPビジネス実行に向けた教訓のひとつであると結論付ける。

6．結論と今後の課題

　本稿は中小企業の途上国進出の公知化に向けた端緒の研究として，中小企業のBOPビジネス実行性向上を目的に，まずは途上国の小規模農民に必要な農機とその普及可能性を明らかにし，農機を生産・販売している中小メーカのBOPビジネス実行に有効な企業戦略・行動を特定し，今後各社の経営指針や行動規範策定に資する提言を試みた。特に本稿では，中小メーカのBOPビジネス実行に，ソーシャル・ビジネス的戦略と「知の探求」の行動が有効である事を確認した。この検討過程で，中小メーカのBOPビジネス実行意義は，途上国の小規模農民の所得向上を通じたソーシャル・イノベーションの創出である事を示唆できた。加えてクボタのタイ進出事例から，ソーシャル・ビジネス的戦略と従業員一人一人の行動が，現地の農業機械化に大きく貢献し，当時の同社の企業戦略・行動が，現在の中小メーカのBOPビジネス実行の教訓となる点も指摘した。政策的にもBOPビジネス実行は，我が国中小企業でもSDGsの達成に貢献可能な点や，現地の草の根の名声を獲得した史実を報告する事が出来た。

　当然ながら，本稿は限られた分野の文献資料と限られた事例であり，他業種の中小企業には初めからBOPビジネスを選択する企業もあるが，中小メーカのBOPビジネス実行に有効な企業戦略・行動は何か提言する事が出来た。他方本稿は，農機メーカに限定した考察である為，中小企業一般として明示的な識別をしていない。こうした部分をどのように解釈し，一般化につなげていくか中小企業研究として重要な課題と認識している。今後，途上国進出を試みる一社でも多くの中小メーカへのインタビュー調査等を通じたデータの収集や事例研究を積み重ね深化させ，従来の発想にないBOP向け農業基盤技術の開発やBOPビジネス手法の開発等が，本稿の残された課題と研究目標となる。

（付記）本稿は第36回全国大会における発表論文を，加筆・修正したものです。討論者の梅林仁先生（大阪経済大学），二名の匿名査読委員の先生には，大変有益で貴重なご指摘を賜りました。特に記して謝意を表します。

〈注〉
1　日本農業機械工業会会員企業68社の累計額。ただし大手4社（クボタ・ヤンマー・

井関・三菱マヒンドラ）は，農機以外の出荷も含めた金額。
2　日本の「短粒種米用」の製品であり，籾摺り・選別・籾摺りの機能を途上国で栽培されている「長粒種米用」に改良し，現地販売価格（国内販売価格30万円前後）を15-20万円程度に引き下げる事が必要不可欠である。
3　https://www.kubota.co.jp/globalindex/（2018年1月30日回覧）
4　2015年9月国連で「持続可能な開発2030アジェンダ：Sustainable Development Goals：SDGs」が採択され，各国の政策的優先課題となった。
5　カンリウ社のBOPビジネスの実行結果は，第37回全国大会にて発表予定。
6　新規性のある情報は，社会的つながりが強い人々よりも，弱い人々からもたらされる可能性が高いという社会関係資本論。

〈参考文献〉

1　Isara Chaorakam (2013) "*Thirty-six years research and Development of Agricultural Machinery in Thailand*", AERI press Bangkok, pp.5-15
2　日本農業機械工学会，統計資料,農業機械の生産・出荷実績, http://www.jfmmaor.jp/statistics.html（2017年8月12日閲覧）
3　March J.G. (1991) "*Exploitation and exploration in organizational learning*", Organization Science, pp.71-87
4　Mark Granovetter (1983) "*The Strength of Weak Ties: A Network Theory*", Sociological Theory, Vol.1, pp.201-233
5　大橋勇一（2016）「開発途上国の農業機械化を目的としたJICA農業機械研修事業の検証と将来への提言」，筑波大学博士論文，pp.47-48/64-67
6　大橋勇一，佐竹隆顕（2017）「農業機械基盤技術の海外移転に関する考察」農業施設，第48巻，第4号，pp.26-33
7　佐竹隆之（2015）「イベーションによる企業の社会的責任　企業倫理・経営戦略・地域活性化」，中小企業研究センター年報 pp.17-34
8　佐々木泰弘（2016）「ポストハーベスト技術で活かすお米の力」，農文協，pp.178-203
9　笹川財団（2014）「Bop技術開発と製品インキュベーション農業セクター・スタディ」，https://www.spf.org/publication/detail_15878.html（2018年1月29日回覧）
10　Thomas Piketty（2013）「21世紀の資本（訳）山形浩生・守岡桜・森本正史（2016）」，みすず書房，p.76

（査読受理）

地域における創業支援策導入の要因

みずほ銀行　飯塚俊樹
一橋大学　岡室博之[注1]

1. はじめに

　「2016年版中小企業白書」によれば，日本における中小企業の数は，1999年の約484万者から，2014年には381万者に減少した（同24頁）。起業の担い手も，1997年から2012年までの15年間に，約167万人から約84万人に半減した（「2017年度中小企業白書」93頁）。また，他の先進工業国（英米独仏）と比較しても，日本の近年の開業率は際だって低く，英米の半分ほどの水準である（「2014年版中小企業白書」187頁）[注2]。開業率の低迷と企業数の減少は，地域における新たな財やサービスの供給と就業機会を減らし，経済活力の低下を引き起こす。そのため，開業率を引き上げて地域経済を活性化し，イノベーションを創出することは，日本経済における緊急の課題とされる。

　日本政府は1990年代後半から創業支援に取り組んでいるが，近年「地方創生」の政策方針の下で中央と地域の政策分担を見直し，地域の自治体レベルでの創業促進を支援する方向へ，政策方針を転換しつつある。このような政策方針の下では自治体による取り組みの違いが重要な意味を持つが，地域レベルの創業支援策の導入要因は，これまで定量的に分析されていない。どのような自治体が創業支援に積極的に取り組んでいるのかを把握することは，地域における創業支援とその国によるサポートについて考える上で，重要な意味を持つ。

　また，国と自治体の政策分担に関するこのような研究は，近年，特に科学技術政策の研究において世界的に関心を集めているmultilevel policy mixの議論（Flanagan et al. 2011等）に貢献しうる。国内の地域レベルの振興政策を国が（時に地域間の競争を通じて）奨励・支援することは，欧州のクラスター政策に典型的に見られるが（Okamuro and Nishimura 2015），その研究の多くは概念の整

理や特定地域・分野の事例研究に留まり，また創業支援政策に関する地域横断的な実証研究は，筆者の知る限りでは行われていない。

　そこで本稿は，国の新しい政策スキームの下で地域における創業支援策がどのような要因により導入されるかを，2014年に開始された「産業競争力強化法に基づく『創業支援事業計画』認定」（以下，「創業支援事業計画」と表記）を対象として実証的に明らかにする。全国の市区の集計データを用いて，どのような自治体が比較的早期に創業支援策を導入するのかを定量的に分析する。以下，第2節で「創業支援事業計画」を説明し，第3節で本研究に関連する先行研究をまとめ，第4節で分析モデルと仮説とデータを示し，第5節で分析結果について考察し，第6節で本稿をまとめ，今後の課題についてまとめる。

2．「創業支援事業計画」の概要と経緯

　第2次安倍内閣は，経済政策の「第3の矢：民間投資を喚起する成長戦略」の具体策として，2013年6月に「日本再興戦略―JAPAN is BACK―」を閣議決定した。その中では「全国の中小企業およびその周囲を含む産業基盤の革新は，地域経済を再生させ，日本の国際競争力を底上げすることに繋がる」と述べられ，具体的な成果目標として「開業率が廃業率を上回る状態にし，開業率・廃業率が米国・英国レベル（10％台）になることを目指す」ことが掲げられた（同52頁）。さらに，この戦略の一環として，2013年12月に地域における創業を促進することを定めた「産業競争力強化法」が成立し，2014年1月に施行された。このようにして創業を促進するために準備された施策が「創業支援事業計画」である。

　この施策は，市区町村が地域金融機関や商工会議所・商工会等の創業支援事業者と連携して「創業支援事業計画」を作成し，それを国に申請して認定を受けるというものである。創業支援には，ワンストップ相談窓口設置，マッチング支援，ビジネススキル研修，創業セミナーの開催等が含まれる。この計画が国の認定を受けると，計画を策定した市区町村には交付金，創業支援事業者には経費補填（支援経費の3分の2以内，）創業者（創業希望者および創業後5年未満の者）には国から減税や補助金，信用保証などの支援措置が与えられる。都道府県は創業者支援のノウハウの不足する市区町村を支援する役割を果たす。

　2014年3月の第1回認定から始まった「創業支援事業計画」では1年に3回程

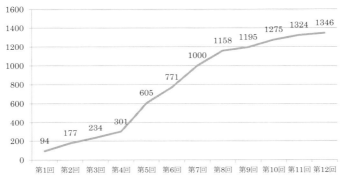

図1:「創業支援事業計画」認定を受けた市区町村の数

出典:中小企業庁HPより著者作成

度の認定機会が設けられ，2017年9月時点で12回の認定を終えて全国の1741市区町村の77％にあたる1346市区町村が計画の認定を受けた。図1は認定を受けた市区町村の数の推移を示す。この図から，第5回認定以降，一回当たりの認定自治体の数が増えていることが分かる（第4回認定までは平均約75自治体であるが，第5回認定以降は平均約200自治体）。これは，第4回認定後の2015年2月に，総務省および経済産業省から「産業競争力強化法に基づく創業支援事業計画の認定等に係る都道府県の支援について（通知）」が出され，都道府県から市区町村へ「創業支援事業計画」の策定を促進するよう通知すると同時に，市区町村に対して直接計画の策定を促したからであると考えられる。実際に，第5回認定では福岡県で60市区町村のうち54市区町村，熊本県で45市区町村のうち36市区町村が同時に認定を受けるなど，第5回以降では都道府県ごとにまとまって「創業支援事業計画」の認定を受けるケースが目立つようになった。

　本稿では，どのような地域の自治体で創業支援策が導入されているのかを，「創業支援事業計画」を対象にして実証的に分析する。しかし，上記の通り，第5回認定以降は県の指示の下に県ごとにまとまって申請し，認定を受けるということであれば，自治体の内部要因やそれに基づく独自の意思決定を超えた政治的な要因が働いていることが予想される。よって本稿では，政府からの通知以前で外部的な要因の影響が少ないと考えられる第1回から第4回までの認定に分析対象を限定する。また同様に，町村では市と協力して「創業支援事業計画」を策定する

ことがあり，その場合の意思決定は独立とは言えないので，本研究では町村を除外し，全国の市および東京23区を分析の対象とする。

３．先行研究と本研究の意義

　地域ごとの開業率の要因分析は，日本を対象にするものを含めて（岡室・小林 2005, Okamuro 2008など）数多い。しかし，地域の創業支援政策に関する研究は乏しく，自治体，とくに市町村レベルの創業支援政策の要因や効果の地域横断的・定量的な研究はまだ行われていない。地方自治体による中小企業政策一般に関する研究も近年始まったばかりであるが（本多2013など），大阪市など特定の自治体に関する事例研究に留まっている。

　Masuda（2006）は，就業構造基本調査の都道府県別クロスセクションデータを用いて，都道府県レベルの創業助成金が地域の就業人口に占める創業希望者の割合を有意に高めることを検証した。奥山（2010）は，文部科学省の知的クラスター事業の創業促進効果を市町村レベルで確認しているが，これは直接的には国の事業を対象にしており，地域の創業支援政策の効果を分析しているわけではない。

　地域における創業促進策の導入要因に関する計量分析は，少なくとも日本においては前例がない。関連する研究としては，中小企業の研究開発への地域レベルの支援政策の導入要因分析が挙げられるが，定量的な分析は，筆者の知る限り，米国のLanahan and Feldman（2015）と日本の岡室・西村（2017）にほぼ限られる。

　Lanahan and Feldman（2015）は，米国のどの州が連邦政府によるSBIR（Small Business Innovation Research）プログラム採択企業に対する追加支援を行うのかを，州レベルのパネルデータを基に州の固定効果を考慮した線形確率モデルを用いて推定している。被説明変数は州政府による追加支援の有無を表すダミー変数，説明変数は（１）連邦予算との関係（防衛産業の重要性など），（２）周辺の州の動向，（３）州政府の政治・経済状況に大別され，これらの要因のそれぞれについて有意な結果が得られた。つまり，州政府による追加支援の有無は連邦予算との繋がりだけでなく，周囲の州の動向や州政府の政治・経済状況にも左右されることが示された。

　岡室・西村（2017）では，どのような地域の自治体が企業への研究開発助成を

行うのかを，市区レベルのクロスセクションデータを用いて推定している。被説明変数には（1）研究開発助成事業の実施と（2）産学官連携による研究開発への助成事業の実施に関するダミー変数が用いられる。説明変数は助成事業への地域の需要要因（地域の研究開発能力と潜在的な連携相手の所在）と自治体による助成事業の供給要因（公共支出の規模と構造）に分けられる。

実証分析の結果，（1）需要要因のうち地域の製造業事業所比率のみ，供給要因のうち人口に対する一般行政職員の比率，歳出に占める商工費の比率，財政の余裕が，自治体による研究開発助成事業の実施の確率を有意に高めること，（2）上記のうち供給要因のみが自治体による産学官連携支援の実施確率に影響することが明らかになった。以上の結果は，市区レベルの研究開発助成の実施が主に供給側の要因，つまり自治体の公共支出の規模と構造に依存することを示唆する。政策を実施する自治体側の事情が重要だということである。

本稿では，岡室・西村（2017）に倣い，地域における創業支援策がどのような要因により導入されるのかを，需要要因と供給要因の両方を考慮して，市区レベルのクロスセクションデータを用いたプロビット分析により推定する。分析モデルの設定は，主に岡室・小林（2005）と岡室・西村（2017）に依拠する。Lanahan and Feldman（2015）と岡室・西村（2017）に共通するのは，科学技術支援政策に関する国や自治体などさまざまなレベルにおける政策の棲み分けや関連性，いわゆるmultilevel policy mixの視点である（Flanagan et al. 2011）。本稿が分析の対象とする「創業支援事業計画」も，いわゆる「地方創生」の下での日本の新しい中小企業政策・地域振興政策の試みのひとつであると言える。

先行研究を踏まえた本稿の主な貢献は，国と地方自治体の間の新たなmultilevel policy mixの下での，地域における創業支援政策の導入要因を計量的に分析することにある。上述のように，このテーマについて計量的な分析を行ったものは国内・国外ともにほとんど見られないので，本稿から得られる知見は地域レベルの創業支援の制度設計やmultilevel policy mixの議論に新たな知的基盤を提供するものである。

4．分析モデル，仮説とデータ

本稿では，どのような地域の自治体が比較的初期に「創業支援事業計画」を策

表1：変数の定義・計算方法と出所

変数名	定義・計算方法	観測時点	原出所
認定ダミー	「創業支援事業計画」認定の有無	2015年3月	中小企業庁HP
人口対数	人口の対数値	2014年1月	総務省「住民基本台帳」
経常収支比率	経常経費に充当する一般財源額／経常一般財源総額	2013年度	総務省「市区町村別決算状況調」
商工費比率(%)	商工費／歳出総額	2013年度	総務省「市区町村別決算状況調」
行政職員比率(%)	行政の一般管理部門で働く職員の数／総人口	2013年度	総務省「地方公共団体定員管理調査」
開業率(%)	該当期間の新規事業所数／期首の総事業所数	2012年2月－2014年7月	総務省「平成24年経済センサス活動調査」
完全失業率(%)	完全失業者数／労働力人口	2010年10月	総務省「国勢調査」
大卒者比率(%)	大卒以上の学歴の持つ人の数／教育を受けた人の数	2010年10月	総務省「国勢調査」
事業所密度(件/km²)	1平方キロあたり事業所数	2014年7月	総務省「平成24年経済センサス活動調査」
65歳以上人口比率(%)	65歳以上人口／総人口	2014年1月	総務省「住民基本台帳」
製造業事業所比率(%)	製造業事業所数／総事業所数	2014年7月	総務省「平成24年経済センサス活動調査」
平均給与(万円)	製造業現金給与総額／従業者数	2014年	経済産業省「工業統計調査」
都道府県庁ダミー			

定し，国の認定を受けるのかを，市区レベルのクロスセクションデータを用いたプロビット分析により推定する。被説明変数は，各市区が早期（2015年3月の第4回認定まで）に「創業支援事業計画」の認定を受けた場合に1，そうでない場合に0をとるダミー変数である。説明変数には原則として「創業支援事業計画」認定が開始された2014年3月以前で最新のものを用いる。

　以下，説明変数を（1）自治体の政策供給能力，（2）自治体行政からの政策需要，（3）地域の潜在的な政策需要に分けて，それぞれ説明する。各変数の詳しい定義と計算方法，データの出所を表1にまとめる。なお，本稿の分析では，岡室・西村（2017）に倣って，人口規模と県庁所在地ダミーをコントロール変数として用いる。規模の大きい，地域の中核を成す自治体の方が，周辺の小規模な自治体よりも早く，新しい政策を策定する傾向があると考えられるからである。

（1）自治体の政策供給能力

　「創業支援事業計画」の導入の要因としてまず考慮しなければならないのは，

自治体の政策供給能力，つまり政策を実現する力である。具体的には，自治体に財政面で余裕があり，行政サービスが比較的充実しており，また元々商工業振興に力を入れているほど，「創業支援事業計画」を早期に導入する確率は高くなると考えられる。そこで，財政状況の変数として経常収支比率，行政サービスの変数として住民1人あたりの行政職員数，商工業振興の変数として歳出に占める商工費の比率を用いる。経常収支比率は高いほど財政が逼迫していることを表すので，その係数は負になると予想する。行政職員比率が高いほど行政サービスが充実していると考えられるので，正の係数が期待される。商工費比率は自治体が元々商工業振興に力を入れていることを表し，係数は正になると予想する。

仮説1-a：自治体に財政的余裕があるほど「創業支援事業計画」を早期に導入する確率が高い（経常収支比率が負の効果）。

仮説1-b：自治体の行政サービスが充実しているほど「創業支援事業計画」を早期に導入する確率が高い（行政職員比率が正の効果）。

仮説1-c：自治体が商工業振興に力を入れているほど「創業支援事業計画」を早期に導入する確率が高い（商工費比率が正の効果）。

(2) 自治体の政策需要

自治体が「創業支援事業計画」を自発的に導入する背景には，明確な政策目的があると考えられる。「創業支援事業計画」については，新規開業を増やし，地域に新たな雇用を創出することが導入の目的であろう。本稿では，開業率と完全失業率を政策需要の変数とする。現状の開業率が低いほど，自治体はそれを政策的に高めようとするだろう。完全失業率が高いほど，自治体はそれを下げるために開業の増加に期待して「創業支援事業計画」を導入するので，係数は正になると予想する。

仮説2-a：開業率が低い自治体ほど，「創業支援事業計画」を早期に導入する確率が高い（開業率が負の効果）。

仮説2-b：失業率が高い自治体ほど，「創業支援事業計画」を早期に導入する確率が高い（完全失業率が正の効果）。

(3) 地域の潜在的な政策需要

「創業支援事業計画」を導入しても，その計画を求める潜在的な創業者がいな

ければ意味がない。創業支援への地域の需要が高いほど，支援事業を実施する確率は高くなると考えられる。しかし，潜在的な需要を直接定量化するのは難しいので，ここではその代理変数を用いる。岡室・小林（2005）は，地域の開業率に対して，大卒者比率と事業所密度が有意な正の効果，製造業事業所比率と平均賃金が負の有意な効果を持つという結果を得た。この結果に基づいて，これらの変数を創業支援への潜在的需要の変数と見なす。また，高齢者が多い地域ほど新規開業を望む人が少ないと考え，65歳以上人口比率を創業支援への潜在的需要の変数に加える。創業支援導入に対して，大卒者比率と事業所密度が正の効果，65歳以上人口比率，製造業事業所比率と平均賃金が負の効果を持つと予想する。

仮説３：地域における創業支援への潜在的な需要が高いほど，「創業支援事業計画」を早期に導入する確率が高い（大卒者比率と事業所密度は正の効果，65歳以上人口比率・製造業事業所密度・平均賃金は負の効果）。

被説明変数である「創業支援事業計画」認定ダミーは，中小企業庁のHPの掲載情報から著者が独自に作成した。前述の通り，本稿では2015年３月時点における「創業支援事業計画」の導入（認定）の有無を被説明変数としている。すなわち，政策の初期段階である第１回認定から第４回認定までを本稿の分析対象とし，第５回認定以降は対象から外す。第５回認定以降は，政府からの通知を受け

表２：変数の基本統計量（n = 787）

変数名	平均値	中央値	標準偏差	最小値	最大値
認定ダミー	0.321	0	0.467	0	1
人口対数	11.3	11.2	0.9	8.3	15.1
経常収支比率	89.4	89.3	4.8	72.1	120.9
商工費比率(%)	9.3	7.0	8.0	0.4	47.1
行政職員比率(%)	0.35	0.32	0.13	0.14	1.04
開業率(%)	14.6	13.7	4.7	5.7	47.6
完全失業率(%)	6.5	6.3	1.7	2.6	18.2
大卒者比率(%)	13.4	12.3	5.8	3.5	38.1
事業所密度(件/km²)	95.5	20.7	292.4	0.4	4263.4
65歳以上人口比率	27.1	26.5	5.0	14.7	46.4
製造業事業所比率	9.3	8.1	4.9	1.6	35.2
平均給与(万円)	399	393	91	160	801
都道府県庁ダミー	0.057	0	0.232	0	1

た都道府県の指示が市区町村の計画策定に大きく影響した可能性があり，自治体の自発的な創業支援計画策定の要因を捉えることが難しいからである。

説明変数のデータは，総務省の「住民基本台帳」，「市区町村別決算状況調」，「地方公共団体定員管理調査」，「平成24年経済センサス活動調査」，「平成22年国勢調査」と経済産業省の「工業統計調査」から取得あるいは算出した。データは原則として「創業支援事業計画」第1回認定以前で最新のものを用いる[注3]。

本稿の分析対象は，2014年3月時点で存在する日本全国の813の市区（790の市と東京23区）から，平成22年国勢調査以降に新設された5市（石川県野々市市，愛知県長久手市，埼玉県白岡市，千葉県大網白里市，岩手県滝沢市）と変数に異常値の多い東日本大震災の被災21市[注4]を除く787市区である。

表2に各変数の基本統計量を示す。被説明変数である「創業支援事業計画」ダミーは平均が0.321であり，第4回の認定時点で787市区のうち253市区（32％）が認定を受けている。開業率は最大値が47.6％と異常に大きな数字を示しているようにみえるが，これは数値を算出する際に，調査の間隔であった2年半の間に新規開業した事業所の数を分子に取ったからである。行政職員比率は住民に対する一般行政職員の比率を示すので，平均が0.346％とかなり小さな値となる。

5．分析結果と考察

プロビット分析の結果を表3に示す。前節で述べたように，説明変数間の相関関係を考慮して変数の組み合わせを変え，4つのモデルを推定した。特に行政職員比率と開業率，大卒者比率，65歳以上人口比率は相関が高いので（表4参照），これらの変数をすべて同じモデルに含めないようにした。上で述べた相関の高い4つの変数のうち，モデル（a）では行政職員比率，モデル（b）では開業率，モデル（c）では大卒者比率，モデル（d）では65歳以上人口比率を，それぞれ説明変数に含める。どのモデルの推定結果もカイ二乗（$\chi 2$）検定量が高く1％水準で統計的に有意であり，疑似決定係数も比較的高いので，推定モデルとして有効である。

分析結果は，仮説1-b，1-cと2-aを支持する。すなわち，「創業支援事業計画」認定に対して行政職員比率が5％水準で有意な正の効果，商工費比率が1％水準で有意な正の効果，開業率が10％水準ではあるが有意な負の効果を示す。経常収

表3：分析結果のまとめ

変数	モデル(a)		モデル(b)		モデル(c)		モデル(d)	
人口規模	1.266	***	1.097	***	1.160	***	1.040	***
経常収支比率	0.018		0.012		0.007		0.015	
商工費比率	0.035	***	0.040	***	0.037	***	0.043	***
行政職員比率	1.726	**						
開業率			−0.031	*				
65歳以上人口比率					0.050	***		
製造業比率	0.013		−0.003		0.009		0.008	
事業所密度	0.000				0.000			
完全失業率	−0.049		−0.037		−0.032		−0.047	
大卒者比率							0.005	
平均給与			0.001	**	0.002	***		
都道府県庁ダミー	−0.393		−0.231		−0.238		−0.265	
観測数	787		787		787		787	
尤度比カイ二乗統計量	306.17	***	307.14	***	299.41	***	314.23	***
対数尤度	−341.1		−340.6		−344.5		−337.0	
疑似決定係数	0.310		0.311		0.303		0.318	

注）数値は係数。有意水準：*** 1%, ** 5%, * 10%.

表4：変数の相関係数表

	変数名	1	2	3	4	5	6	7
1	認定ダミー	1						
2	人口対数	0.550	1					
3	経常収支比率	0.040	0.054	1				
4	商工費比率(%)	0.191	0.056	0.011	1			
5	行政職員比率(%)	−0.287	−0.684	−0.104	0.252	1		
6	開業率(%)	0.246	0.600	0.011	−0.182	−0.547	1	
7	完全失業率(%)	−0.101	−0.099	0.217	−0.064	0.032	−0.026	1
8	大卒者比率(%)	0.264	0.553	0.062	−0.294	−0.641	0.739	−0.229
9	事業所密度(件/km²)	0.101	0.270	−0.148	−0.104	−0.148	0.527	−0.088
10	65歳以上人口比率(%)	−0.198	−0.571	0.071	0.254	0.756	−0.657	0.098
11	製造業事業所比率(%)	−0.070	−0.160	−0.073	−0.015	−0.064	−0.376	−0.154
12	平均給与(万円)	0.226	0.337	0.046	−0.157	−0.462	0.274	−0.250
13	都道府県庁ダミー	0.264	0.474	0.079	0.232	−0.157	0.215	−0.032
	変数名	8	9	10	11	12	13	
8	大卒者比率(%)	1						
9	事業所密度(件/km²)	0.464	1					
10	65歳以上人口比率(%)	−0.626	−0.300	1				
11	製造業事業所比率(%)	−0.196	−0.094	0.005	1			
12	平均給与(万円)	0.445	0.141	−0.408	0.040	1		
13	都道府県庁ダミー	0.162	0.064	−0.124	−0.191	0.011	1	

支比率と完全失業率については有意な効果が検証されず，仮説1-aと仮説2-bは支持されない。仮説3は関連するすべての変数について予想通りの結果が得られず，支持されないが，一部の変数で予想と逆の有意な結果が得られたのは注目に値する。仮説では65歳以上人口比率および平均給与について負の効果を予想したが，分析結果はともに有意な正の効果を示している。なお，人口規模についてはすべてのモデルで有意な正の係数が得られた。以上の結果は，変数の組み合わせによって変わることがなく，頑健である。

以上の分析結果から，第一に，自治体の行政職員比率や商工費比率に代表される自治体の政策供給能力が，地域における創業支援策の早期導入に重要であると言える（ただし，創業支援策の導入は自治体の財政状況には依存しない）。これは，岡室・西村（2017）の結果と概ね整合的である。職員の余裕と商工行政に対する積極性があるほど，このような政策が導入されやすいということである。また第二に，（有意水準は低いが）開業率が低い地域で創業支援策を早く導入する傾向が確認されたことから，自治体行政から見た創業支援策の必要性が，その導入を早めることになる。少なくとも一部の自治体では，開業率の低いことが深刻な問題であると認識されていると考えられる。完全失業率の効果が有意でないことは，自治体が創業支援を失業対策・就業支援として重視していないことを示唆する。

第三に，創業支援への地域の潜在需要を表すと考えられる変数には，創業支援の早期策定を促す効果は認められないか，予想と逆の効果が見られた。仮説3では，65歳以上人口比率と平均給与の高い（起業活動に積極的と考えられる生産年齢人口の割合が低く，労働コストの高い）地域では創業支援が早期に策定されないと予想したが，仮説とは反対の結果が得られた。この結果のひとつの解釈は，政策支援の潜在需要が低い地域では開業率の低迷が予想されるため，対策として自治体が積極的に創業支援を行うというものである。もうひとつの解釈は，経験に富んだ高齢者や所得が高く開業資金の潤沢な人の方が事業機会を捉えやすく，予想とは逆に創業の意欲が高く，創業支援のニーズがあるというものである。

地域の政策需要に関する他の変数（大卒者比率，製造業事業所比率，事業所密度）については有意な効果が検証されなかった。これらの変数は，地域の政策需要を的確に捉えていないのかもしれない。また，地方自治体の政策担当者が，創業支援政策の立案においてこれらの変数を考慮していない可能性もある。今後，ヒアリング等を含めて，政策形成の実務を具体的に検討することが重要である。

6．むすび

　開業率を引き上げて地域経済の活性化やイノベーションの創出を実現することは，日本経済にとって緊急の課題とされている。そのために地域レベルでも積極的な創業支援が求められ，2013年から「創業支援事業計画」認定事業が実施されてきた。しかし，地域ないし自治体によって事情が異なるため，すべての地域で同じ時期に同じ政策を実施するのが望ましいとは言えない。その意味で，自治体による創業支援の導入は内生変数であるが，地域レベルでの創業支援策の導入要因，つまりどのような地域や自治体で創業支援策が他よりも早く導入されるのかは，これまで計量的に分析されていない。本稿は，全国の市区レベルのデータを用いてその要因を解明した最初の研究であり，その点に重要な貢献を成す。

　本稿は，全国787の市区における「創業支援事業計画」の策定と認定が，（1）自治体の政策供給能力，（2）自治体の政策需要，（3）地域の潜在的な政策需要の3つに影響されるという仮説を立て，プロビット分析を用いてそれを検証した。分析の結果，1）自治体の政策能力（特に商工業支援の程度），2）現状における開業率の低さ，3）高齢者比率と平均給与の高さが，地域における「創業支援事業計画」の早期の策定と認定に正の有意な効果を持つことが分かった。

　以上の結果はまず，自治体によって行政サービス，特に商工業振興の程度が異なり，行政サービスの充実した，商工業振興に熱心な自治体ほど創業支援策を早期に導入することを示唆している。このことから，自治体による創業支援のためには，人材の充実や商工業振興の実績が重要であると言える。他方，開業率が低く，高齢人口比率が高い地域ほど創業支援が早く導入されるという分析結果から，高齢化が進み開業率も低い地域の自治体が，これらの問題を解決するために積極的に「創業支援事業計画」を導入する可能性が示唆される。地域の潜在需要については予想通りの結果は得られなかったが，これは，自治体による創業支援の導入が，地域の潜在的な創業ニーズを必ずしも十分に考慮していない可能性を示唆している。本稿の分析からはこれ以上の考察ができないので，関係者へのヒアリング等によって，この点をさらに検討する必要があろう。

　本研究にはいくつかの制約と今後の課題が残されている。第一に，本稿では「創業支援事業計画」の策定・申請と国からの認定を一体と見なしているが，自治体が申請しても認定されない可能性や，支援事業があっても認定を申請しない可能

性を考慮していない。第二に，本稿では2014年以降の「創業支援事業計画」に対象を限定するため，既存（従来から）の地域レベルの創業支援の有無と内容・実績を考慮していない。第三に，本稿では各市区の意思決定を相互に独立と捉えており，県や周辺自治体の政策の影響を考慮していない。Lanahan and Feldman（2015）ではパネルデータを用いて周囲の州の意思決定の影響を検証しているが，このような外部的な要因の作用を考慮することが，今後の課題として残されている[注5]。

第四に，本稿では第1回認定から第4回認定までを一括して早期の申請・認定としており，その中の違いを考慮していない。第五に，本稿ではデータの制約もあり，地域金融機関や商工会議所・商工会等の創業支援事業者の役割が考慮されていない[注6]。このような地域の創業支援事業者の行動を含む研究が今後の課題である。最後に，地域における創業支援の効果の分析が今後の課題として残されている。地域と国の政策連携の下で，今後さらに地域レベルの政策の立案と実施が重視される中で，定量的な政策研究の一層の進展が期待される。

〈注〉
1　本稿は飯塚俊樹の一橋大学経済学部学士論文の内容に基づく共同論文である。
2　本稿では資料やデータの出所に応じて「創業」「開業」「起業」といった用語を使い分けるが，これらは本稿では同じものを指す。
3　「市区町村別決算状況調」および「平成24年経済センサス活動調査」のデータの一部は，被説明変数の観測期間と重複している。
4　2014年3月時点で総務省へ職員の派遣を要望している岩手県の4市（宮古市，大船渡市，陸前高田市，釜石市），宮城県の8市（仙台市，石巻市，塩竈市，気仙沼市，名取市，多賀城市，岩沼市，東松島市），福島県の9市（福島市，郡山市，いわき市，須賀川市，相馬市，二本松市，田村市，南相馬市，伊達市）である。
5　伊藤（2002）による自治体の政策過程の研究では，周辺の他の自治体の動向や自治体間の横並びが政策導入の重要な要因であるとされる。パネルデータを用いたより動態的な分析が今後の課題である。
6　第37回全国大会報告において討論者から指摘された「政策情報の浸透」の地域間の違いには，このような創業支援事業者の活動も強く影響すると考えられる。

〈参考文献〉
1　中小企業庁ホームページ（http://www.chusho.meti.go.jp/keiei/chiiki/index.html）（2017年9月15日閲覧）

2 中小企業庁・総務省(2017)『産業競争力強化法における市区町村による創業支援のガイドライン』(2017年5月)
3 中小企業庁(2014)『2014年版中小企業白書』(http://www.chusho.meti.go.jp/pamflet/hakusyo/index.html)(2017年9月12日閲覧)
4 中小企業庁(2016)『2016年版中小企業白書』(http://www.chusho.meti.go.jp/pamflet/hakusyo/index.html)(2017年9月12日閲覧)
5 中小企業庁(2017)『2017年版中小企業白書』(http://www.chusho.meti.go.jp/pamflet/hakusyo/index.html)(2017年9月12日閲覧)
6 Flanagan, K., Uyarra, E. and Laranja, M. (2011) "The 'policy mix' for innovation: Rethinking innovation policy in a multi-level, multi-actor context", *Research Policy* 40, pp.702-713
7 本多哲夫(2013)『大都市自治体と中小企業政策』同友館
8 伊藤修一郎(2002)『自治体政策過程の動態 政策イノベーションと波及』慶應義塾大学出版会
9 Lanahan, L. and Feldman, M.P. (2015) "Multilevel innovation policy mix: A closer look at state policies that augment the federal SBIR program", *Research Policy* 44, pp.1387-1402
10 Masuda, T. (2006) "The determinants of latent entrepreneurship in Japan", *Small Business Economics* 26, pp.227-240
11 Okamuro, H. (2008) "How different are the regional factors of high-tech and low-tech start-ups? Evidence from Japanese manufacturing industries", *International Entrepreneurship and Management Journal 4*, pp.199-215
12 岡室博之・小林伸生(2005)「地域データによる開業率の決定要因分析」, RIETI Discussion Paper Series 05-J-14, 経済産業研究所
13 Okamuro, H. and Nishimura, J. (2015) "Local management of national cluster policies: Comparative case studies of Japanese, German and French biotechnology clusters", *Administrative Sciences 5*, pp.213-239
14 岡室博之・西村淳一(2017)「自治体による地域中小企業への研究開発助成:地域間格差とその要因」『日本中小企業学会論集』36号, pp.16-28
15 奥山尚子(2010)「地域活性化における地域イノベーション政策の効果―クラスター政策は開業率を押し上げるか?―」, ESRI Discussion Paper Series No.252, 内閣府経済社会総合研究所
16 首相官邸(2013)『日本再興戦略―JAPAN is BACK―』(2013年6月13日)(http://www.kantei.go.jp/jp/singi/keizaisaisei/pdf/saikou_jpn.pdf.)(2017年9月16日閲覧)

(査読受理)

自治体中小企業政策における
担当職員のキャリアと専門性
—A県を事例に—

兵庫県　近藤 健一

1．はじめに―問題の所在

　1999年の中小企業基本法の改正によって地方自治体に中小企業政策を講ずる責務があることが定められたことから，中小企業政策における自治体の役割の重要性が一層高まっている。自治体の政策の実施を支えるのが財源，職員，組織であり（柴原・松井，2012），特にサービス提供者である職員の能力や資質，意欲が重要である（田尾，2007）。したがって，自治体の実施する中小企業政策（以下「自治体中小企業政策」という。）をより効果的なものにするためには，立案・実施を担う職員（以下「担当職員」という。）の能力等を向上させなければならない。
　しかし，自治体中小企業政策の研究の重要性が言われているにもかかわらず（本多，2013，第1章），担当職員について取り上げる研究は多くなく，その殆どは中小企業政策や地域産業政策における自治体の役割を論じる中で言及するもので，実態を明らかにした研究は少ない。

2．先行研究の整理

　担当職員について言及した研究としては植田（2007），桑原（2014），河藤（2015），関（2005），本多（2012,2013），鈴木（2012）などがあげられる。植田（2007）は，「地域産業政策を実現させていくためには，政策を企画する自治体側に専門知識と意欲を持った職員が存在する」ことが必要であり，「地域産業政策を意欲的に展開している自治体では，政策を企画し，実践していく意欲ある職員が必ず存在して」いるといい，担当職員の役割の重要性，専門知識と意欲の必要性を指摘し

ている（pp.45〜46）。また，河藤（2015）は市町村において地域産業政策の有効性を高める要件として，担当職員の専門性の確保と向上を図る必要があることを指摘している。植田（2007）や河藤（2015）同様に，担当職員に専門性が必要であることを指摘する研究はいくつかあり，その内容は論者によって異なり必ずしも専門性と明示されているわけではないが，専門的な知識や経験，ノウハウ以外に政策立案能力の高さ（植田，2007），専門家との人的ネットワークの形成の能力（鈴木，2012），企業間のネットワーク形成や情報収集・提供といったソフト支援をできる能力（本多，2012），大都市の住工混在地域における住民と中小企業者との意見を調整するコーディネーターとしての力（桑原，2014），中小企業者との信頼関係の構築（関，2005）等があげられ，工業担当に限ってだが仕事の専門性が高いというアンケート調査結果もある（本多，2012）。そして，関（2005）は地域産業政策においては長期間従事することによってノウハウの蓄積や中小企業経営者や関係者との信頼関係構築が可能になることを指摘している。

　その一方で，本多（2012，2013）は，担当職員が短期間（3〜4年程度）で人事異動していることをアンケート調査によって明らかにしている。このようなことが生じているのは鈴木（2012）によれば地方自治体の職員はゼネラリストとして育成されているためであり，その結果，ノウハウの蓄積と人的ネットワークの構築が困難になっているという。同様の認識は，桑原（2014），関（2005），植田（2007）等も抱いている。

　このように先行研究では担当職員の重要性，専門性があること，専門性確保・向上の必要性があること，専門性の蓄積のためには長期間従事する必要があること，それにもかかわらず担当職員の多くが短期間で異動していることが明らかにされ，その問題点が指摘されている。しかし，それ以上の詳しい分析は行われていないため，今後の担当職員の育成施策の方向性については一般的な指摘に留まっているという課題が残っている。

3．専門性の定義と本研究の意義

　先行研究が指摘するように担当職員の専門性向上は自治体中小企業政策をより効果的なものとするために重要であり，どのように向上させれば良いのか検討しなければならない。自治体中小企業政策の重要性が高まっている中で担当職員に

求められる役割は，中小企業政策に係る当該地域に固有の課題を自ら発見し，課題の解決のために様々な利害関係を調整するとともに異なる組織間で連携しながら，地域の中小企業の存続・発展につながる効果的な政策の立案・実施をしていくということである。そのためには次のような専門性が必要となる。

　自治体行政における専門性は多義的だが，その意味内容は，専門知識，関係法令の解釈や運用の知識等のそれぞれの行政分野に特有の「特定分野専門能力」，行政実務経験を通じて蓄積される予算や文書，人員，組織等の行政組織における業務の進め方や手続きに関する知識や技術，手法である「定型的管理能力」，新しい政策・事業を企画・立案するプランナーとしての役割や利害調整・支持調達を行うコーディネーターとしての役割を果たしつつプロジェクトを推進する「非定型的管理能力」の３つに類型化できる[注1]。担当職員が先述の役割を果たしていくためには「特定分野専門能力」「定型的管理能力」，それらを総合化させる「非定型的管理能力」の３つの専門性を備えなければならない。

　ただし，この専門性を一個人がすべて有するのは難しく，また現実にもキャリア形成の違いによって担当職員個人が蓄積している専門性に高低や偏りが生じる。したがって，専門性にばらつきがある担当職員をどのように組み合わせて専門性を確保しようとしているのかが重要であり，一個人の専門性を断片的に取り上げて議論するのではなく，中小企業政策部門としての専門性の確保・向上が問題とされなければならない。しかし，そもそも担当職員全員がゼネラリストとして育成されているのか，短期間で異動しているとしてもそれは関連性のある職場間かそうでないのか，先行研究では担当職員のキャリアでさえ明らかになっていない。そのため，まず，担当職員のキャリア形成の現状を明らかにし，その分析を踏まえて部門としての専門性の確保の現状を明らかにしなければならない。

　以上については，自治体のケーススタディに基づいて具体的に分析する必要があり，本稿では事例として都道府県であるＡ県を取り上げ，『職員録』によって2014年度の担当職員のキャリアについて分析する。Ａ県も他の都道府県同様に中小企業を直接支援することは少ないものの，商工会議所や商工会等の支援機関や都道府県等中小企業支援センター，信用保証協会，業界団体等を人的・財政的に支えており，その担当職員の影響力は大きい。また，市町村と比較して組織・職員数は大きく，人事異動のパターンが明確となっており，今後市町村や他の都道府県との比較検討をする上でモデルとなる。本稿の検討は１県における事例に過

ぎないが，担当職員のキャリア形成と専門性に関する一つの有益なケーススタディとなり，今後の研究の進展に資するだろう。

4．A県における中小企業政策部門と専門性の把握[注2]

4．1　A県における中小企業政策部門

　ここではまず，A県における「中小企業政策部門」の範囲を特定する。A県の中小企業政策を担当する産業労働部（本庁）は2000年に商工部と労働部が統合されて誕生した。組織再編を経て，2014年度は政策労働局，産業振興局，国際局，観光監の3局1監体制で（図1），職員数158名（正規職員。兼務は除く）となっている。旧労働部の事務を引き継いでいる政策労働局を含め何らかの形で中小企業とは関係があるが，本稿では旧商工部の事業の多くを引き継ぎ，中小企業の経営支援，商店街振興，中小企業融資制度，地場産業や下請企業の振興，創業支援等，支援対象の多くが中小企業である産業振興局を中小企業政策部門と見なす。

図1　A県の産業労働部の組織機構（2014年度）

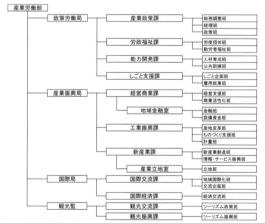

（出所）A県産業労働部・労働委員会（2014）『平成26年度事務概要』p.3

　この産業振興局は経営商業課，地域金融室，工業振興課，新産業課，産業立地室の3課2室で構成され，職員数は58名であるが，このうち工業振興課計量班

6名及び新産業課所属の国からの派遣職員2名の計8名を除いた50名を分析対象とする。50名の内訳は，A県で局長，課長，室長，副課長，班長，主幹と呼ばれる管理監督職が20名，その他の一般職員が30名であり，専門職は含まれていない。この50名のうち，新規採用時に現所属に配置された4名を除く46名の過去の所属での平均在籍年数は3.2年である。この在籍年数3〜4年程度で異動というのは先行研究でも明らかにされており（本多，2012他），A県においても担当職員が短期間で異動を繰り返すという課題を抱えていると言える。

4．2　A県の担当職員の専門性の把握

上記50名の担当職員の専門性について，本稿では八代（2001）を参考に，次のとおり定量的に把握する。八代（2001）は仕事の専門性を，（A）「企業特殊的専門性」を向上させる特定企業での勤続年数，（B）関連する職務群（職能）の経験年数及び勤続年数に占める経験年数の比率（以下「専門化指数」という。），（C）教育レベル，（D）社会的資格の有無，（E）仕事において他者との代替可能性の5つの側面で検討している。本稿では『A県職員録』から確認できるのは氏名と役職のみという資料的制約があることから，このうちの（A）（B）に準じて，（a）A県における勤続年数，（b）中小企業政策部門に関係課，地方機関，派遣先を加えた「中小企業政策関連部署」における経験年数及び専門化指数を指標として担当職員の専門性を検討する[注3]。

（b）によって中小企業政策分野特有の専門性，（a）によってA県職員としての専門性が蓄積されると考えられるが，先述の専門性の定義に従えば，前者は「特定分野専門能力」，後者は「定型的管理能力」に対応すると考えられる。「非定型的管理能力」の把握方法は今後の課題であるが，担当職員の専門性の研究自体が進んでいないことを踏まえ，まず，この2つに対応する指標によって専門性を検討することにしよう。

5．A県の担当職員のキャリア形成の構造

5．1　担当職員のA県での勤続年数

まず，担当職員の専門性の1つ目の指標であるA県職員としての勤続年数を確認する。管理監督職20名は勤続15〜33年となっており平均勤続年数は26.5年で，

20年超の職員が95.0％を占め，A県職員として充分な経験を積んだ職員が配属されている。他方で，一般職員は勤続0（新規採用者）～35年となっており平均勤続年数は13.1年であるが，15年超の職員が43.2％を占めている。専門性の観点からすれば，管理監督職を中心にベテラン職員が厚く配置されており，A県職員としての専門性は確保されていると言える。

5.2　担当職員の中小企業関連部署での経験年数と専門化指数

次に，2つ目の指標である中小企業政策関連部署での経験年数を確認する（表1）。管理監督職の平均経験年数は6.9年で，5年超が55.0％を占めている。他方で，一般職員の平均経験年数は3.7年で，0年超～5年の職員が最も多く56.7％を占めている。管理監督職は一般職員よりも平均経験年数が3.2年長いが，これは勤続年数が長いためで，A県での勤続年数に占める中小企業政策関連部署での経験年数の比率である専門化指数（平均）は管理監督職25.8％，一般職員28.5％となっており，同水準である。八代（2001）では最長職能分野における専門化指数が76％以上の者を「単一職能型」，51～75％の者を「準単一職能型」，50％以下の者を「複数職能型」と見なしており，担当職員は両階層において複数職能型に該当し，平均値で見る限り専門性は低いと言わざるを得ない。

表1　担当職員の中小企業政策関連部署における経験年数

（単位：人）

	平均経験年数	専門化指数	0年	～5年	～10年	～15年	～20年	～25年	～30年	～35年	合計
全職員	5.0年	27.0％	11	23	11	1	1	1	1	1	50
			22.0%	46.0%	22.0%	2.0%	2.0%	2.0%	2.0%	2.0%	100.0%
管理監督職	6.9年	25.8％	3	6	8	1	0	1	1	0	20
			15.0%	30.0%	40.0%	5.0%	0.0%	5.0%	5.0%	0.0%	100.0%
昇任後	3.6年	―	3	12	5	0	0	0	0	0	20
			15.0%	60.0%	25.0%	0.0%	0.0%	0.0%	0.0%	0.0%	100.0%
一般職員時	3.3年	―	10	7	1	1	1	0	0	0	20
			50.0%	35.0%	5.0%	5.0%	5.0%	0.0%	0.0%	0.0%	100.0%
一般職員	3.7年	28.5％	8	17	3	1	0	0	0	1	30
			26.7%	56.7%	10.0%	3.3%	0.0%	0.0%	0.0%	3.3%	100.0%

（注）2014年4月1日現在。現所属での経験年数を含む。
（出所）『A県職員録』に基づき筆者作成

5.3　A県の担当職員のキャリア形成の構造

それでは，中小企業政策部門は専門性をどのように確保しようとしているのか，担当職員のキャリア形成の構造を明らかにし，確認する。着目するのは未経験者（経験年数0年）の比率であり，表1では管理監督職は15.0％，一般職員は

26.7％となっているが，この経験年数には現所属での経験も含められている。現所属での経験を除くと，管理監督職の未経験者は25.0％（5名）に留まるのに対して，一般職員は76.7％（23名）であり，現所属への配属にあたって一般職員は未経験者中心となっている。

　一般職員の未経験者23名の直前の所属を見ると，産業労働部門2名以外は管理・企画部門7名，土木・まちづくり部門2名，県議会1名，福祉・保健部門2名，公営企業2名，税務部門3名，新規採用4名となっており，中小企業政策とは関連性の薄い他部局からの異動が殆どである。さらに入庁以来の異動先を見ると，職員A（勤続20年）が入庁→福祉・保健部門→環境部門→防災部門→教育委員会→土木・まちづくり部門，職員B（勤続16年）が入庁→出納部門→福祉・保健部門→公営企業→県議会を経て現所属（中小企業政策部門）に配属されているように，その多くが関連性の薄い部局間を異動している。一般職員は先行研究が指摘するゼネラリスト養成のイメージに近いと言える。

　他方で，管理監督職は経験者15名，未経験者5名で経験者中心となっており，経験者の内訳は一般職員時に経験した職員2名，昇任後に経験した職員5名，両階層で経験した職員8名となっている。

　一般職員と管理監督職でこのような違いが見られるのは，一般職員の人事異動にあたっては専門性よりも技能向上，人的ネットワーク形成，多能工化，適性発見，部門間の調整統合能力の習得というジョブ・ローテーションによる「人材育成上の効果」（八代，1995，pp.13-14）が重視されているからに他ならない[注4]。他方で，管理監督職になると，すでに複数の職場を経験して適性が判断できるとともに若年層よりも新しい職場への適応力が低下していることから，過去に経験し適性があると見なされた所属を中心に配属されていると考えられる。

　これを中小企業政策にかかる人材の育成及び専門性の確保という視点から見れば，限られた職員で専門性を高めることよりも，一般職員の間は中小企業政策を経験する職員を増やし，その中から適性等を判断して将来の中小企業政策部門の管理監督職となりうる職員を発掘することを優先していると言える。その結果，一般職員層は未経験者中心で構成され専門性が低くなることから，管理監督職層に経験者の中で適性がある職員を中心に配属することによって，部門としての専門性を確保しようとしていると考えられる。

　このように中小企業政策部門の専門性は管理監督職に依存するが，管理監督職

も未経験者から中小企業政策部門で長い経験を積んでいる者まで多様である（表1）。管理監督職層の中でどのように専門性を確保しようとしているのか。この点について次に確認する。

6．A県の中小企業政策における専門性の確保と今後の課題

6．1　キー・パーソン施策を核とした専門性の確保

先述のとおり管理監督職の専門化指数の平均は25.8％で高くなく，0～25％の職員が60.0％も占める（図2）。八代（2001）における「単一職能型」（専門化指数76％以上）の職員の比率を一般職員と比較しても同じ10.0％である。しかし，管理監督職を一般職員時と昇任後に分けて，昇任後に限ってみると単一職能型の職員は30.0％（6名）となり，大きな割合を占めている。

図2　担当職員の専門化指数

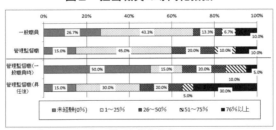

（出所）『A県職員録』に基づき筆者作成

この6名について詳しいキャリアを見た表2からは，①6名は昇任時の勤続年数は16～24年でA県職員として充分な経験を積んでいる。②一般職員時はCのように殆どを中小企業政策関連部署でキャリアを形成している職員（専門家指数89％）からD，Gのように中小企業政策部門は全く未経験の職員（0％）まで経験に大きな幅がある。③昇任直後は全員中小企業政策関連部署に配属され，それ以降もキャリアの相当程度（専門化指数80～100％）を中小企業政策関連部署で形成している，ということがわかる。上記③について昇任後の異動先の詳細を見た表3からは，6名は中小企業政策関連部署内で異動を繰り返し様々な実務経験を積んでいることがわかり，中小企業政策に係る幅広い専門性を蓄積していると

考えられる。

このように勤続年数も長くA県職員としての専門性を蓄積するとともに，昇任後，関連部署内での異動を繰り返して中小企業政策特有の専門性を蓄積し，中小企業政策を進める上での総合力が高い6名を本稿では「専門人材」と呼ぶことにする。なお，この6名の専門人材としてのキャリア形成は一般職員時の経験に大きな幅があることを考えると，管理監督職から始まっていると言えよう。

表2　専門人材（2014年度）のキャリア

（単位：年，カ所）

氏名	昇任後				一般職員時					管理監督職昇任直前の所属	管理監督職昇任直後の所属
	勤続年数	うち中小企業政策関連部署	専門化指数	経験職場数	うち中小企業政策関連部署	勤続年数	うち中小企業政策関連部署	専門化指数	経験職場数	うち中小企業政策関連部署	
C	9	9	100%	3	3	19	17	89%	5	4	中小関連部署	中小関連部署
D	2	2	100%	1	1	24	0	0%	6	0	産業労働部管理部署	中小関連部署
E	10	8	80%	5	4	19	7	37%	5	1	中小関連部署	中小関連部署
F	4	4	100%	2	2	20	4	20%	8	3	労働関連部署	中小関連部署
G	7	7	100%	3	3	16	0	0%	5	0	防災関連部署	中小関連部署
H	10	10	100%	4	4	20	13	65%	7	4	中小関連部署	中小関連部署

（注）2014年4月1日現在。2014年度の所属での経験年数・職場数は反映せず
（出所）『A県職員録』に基づき筆者作成

表3　専門人材の昇任後のキャリア

氏名	昇任後の異動先での担当事務
C	商工会議所派遣→経営診断担当→地場産業・製造業担当→【2014年度より】経営支援・商業振興担当所属の管理職
D	経済産業省地方機関派遣→【2014年度より】経営支援・支援機関担当
E	経済産業省地方機関派遣→地場産業担当→支援機関担当→（関連部署以外）→【2012年度より】商業担当
F	経済産業省地方機関派遣→【2012年度より】地場産業担当
G	商業振興担当→製造業担当（地方機関）→【2013年度より】製造業担当
H	情報産業担当→企業立地担当→地場産業担当（地方機関）→【2012年度より】新産業担当所属の管理職

（出所）『A県職員録』に基づき筆者作成

以上の分析より，A県では中小企業政策の専門性を確保するために管理監督職において専門人材を育成しているということがわかった。八代（1995, p.54）では，部門の専門性の蓄積・維持のためには，要員の一部を「キー・パーソン」として部門にとどめることがきわめて有効な施策としているが，A県における専門人材もこのキー・パーソンとみなすことができる。キー・パーソン施策を核として既に見た「A県職員としての充分な経験を有するベテラン職員」，「経験者で適性の

ある管理監督職」を組み合わせることによって，A県職員としての専門性という土台の上で中小企業政策部門の専門性を確保しようとしているといえるであろう。

6．2　1999年度の専門人材との比較と今後の課題

ただし，この専門人材について1999年度と比較すると次の変化が生じている。先述のとおり1999年度は中小企業基本法が改正された年であり，それ以降，専門性向上の必要性が指摘されてきたが，専門人材は10名から6名に大幅に減少している（図3）。この原因として考えられるのがA県において同じ1999年度に始まり，今も続く行財政構造改革である。A県ではこの間に3度の行革プランがつくられ，一般行政部門（教育委員会，大学，警察，公営企業を除いた部門）の職員数が9,413名から6,276名まで3,137名（▲33.0％）減少している（A県企画県民部他，2015，p.210）。大幅な組織改編がなされているため単純には比較できないが，一般行政部門に含まれる中小企業政策部門も職員全体で1999年度の89名から2014年度の50名に39名減（▲43.8％），管理監督職で33名から20名に13名減（▲39.4％）しており，その結果，専門人材も減少したと考えられる。

さらに，図3から次の2つの問題点を指摘できる。1つ目は専門人材の予備群ともいえる専門化指数51～75％の職員が4名から1名に減少していることである。その結果，専門人材を含む専門化指数51％以上の管理監督職は14名（管理監督職に占める比率42.4％）から7名（同35.0％）まで半減し比率も低下している。そもそも専門人材6名には候補者ともいうべき昇任後の勤続年数，経験職場数の浅い職員（D，F）が含まれており，彼らはその後の異動先によっては専門化指数が低下する可能性もある。その減少を補いうる専門化指数51～75％の職員層が薄くなっており，1999年度と比較して見かけ以上に専門人材層は弱体化している可能性がある。

2つ目は中小企業政策部門の管理監督職が33名から20名に大幅に減少していることである。管理監督職の減少は同時にいわゆるポストの減少，ひいては専門人材の育成機会の減少を意味する。さらに管理監督職のポストはA県では局長級，課室長級，副課長級，班長・主幹級の階層に細分化され，そのポストと人材のマッチングは2～3年おきの異動のタイミングのみで図られるため，専門人材となるべき職員が管理監督職への昇任時や昇任後の異動の際に適当なポストが空いてい

なければ，数年間は別の部門の事務に従事しなければならない。このことも専門人材層を弱体化させる可能性がある。

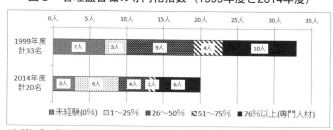

図3　管理監督職の専門化指数（1999年度と2014年度）

（出所）『A県職員録』に基づき筆者作成

専門人材が大幅に減少している一方で，管理監督職に占める比率は1999年度の30.3％に対して2014年度は30.0％であり，同水準で低下していないことをみると，行財政構造改革により職員数が大幅に減少する中でも中小企業政策部門では専門性確保のために努力していると考えられる。しかし，専門人材の絶対数の減少と専門人材層を弱体化させる要因の存在を踏まえると，今後，A県中小企業政策部門における専門性の低下が危惧される。

7．おわりに―研究の意義と課題

本稿では，ケーススタディとしてA県を取り上げ，2014年度の担当職員のキャリア形成，中小企業政策部門の専門性の確保の現状と課題を検討した。その中で明らかにしたこと，そして今後，中小企業政策部門と担当職員の専門性を向上させるために考慮すべきことは以下のとおりである。

1点目は，中小企業政策部門の専門性の確保において管理監督職の役割が重要であることを確認した。同じ担当職員でも管理監督職と一般職員でキャリア形成は全く異なり，一般職員は未経験者中心で専門性が低いため，これを補うために経験者中心の管理監督職は専門性を支える重要な存在である。したがって，A県と同様のキャリア形成の構造の自治体において専門性を向上させていくためには，管理監督職層に経験者を優先的に配置することによる経験者の比率の上昇，

過去により深い経験をした職員の選抜等が必要となってくる。

　2点目は，管理監督職の中に専門人材として育成されている職員がおり，その専門人材によるキー・パーソン施策が組織としての専門性の確保の核心部分であることを確認した。もっとも，1999年度との比較によって行財政構造改革下で専門人材の絶対数と予備群の減少，ポスト減による育成機会の減少という問題点が明らかになった。このことは人員減・組織縮小の中での専門性の維持のありかたを問いかけているが，本稿の限られた知見から言えることは，中小企業政策部門は専門人材候補者への優先的なポストの割り当てと専門人材の予備群の補強を意識的に行っていかなければならない。また，管理監督職自身は与えられた一つ一つのポストでより深い経験を蓄積して専門性を向上させていく努力が求められる。その担当職員の努力を引き出すためには，専門人材の備えるべき専門性の具体的な明示が必要となる。

　3点目は，上記の専門人材によるキー・パーソン施策に，自治体職員としての充分な経験を有するベテラン職員，経験者で適性のある管理監督職を組み合わせて，組織としての専門性を確保していることを確認した。本稿で明らかにしたとおり，人事異動により管理監督職においても一部の担当職員しか専門人材にならないため，専門人材と未経験者の間を埋める人材が必要となる。人員減・組織縮小の中で専門性を維持するためには，今後このような組み合わせが一層重要になると考えられる。

　なお，以上のことは一般職員の中小企業政策部門におけるキャリア形成は重要でないということを意味しないのは言うまでもない。一般職員の在籍期間は短いが，将来，中小企業政策部門の管理監督職になった時に活かすための経験を積む重要な期間である。より深い経験の機会が必要となり，そのためには管理監督職による適切なマネジメントと一般職員自身の一層の努力が必要となる。

　本研究の特徴と意義は，これまでイメージや断片的な知見に基づき一般的に語られていた専門性について，ケーススタディに基づいてその実態と今後の課題を具体的に明らかにし，より踏み込んだ施策の示唆を得たことにある。本稿で検討したのはA県の事例のみだが，A県同様のキャリア形成の構造を採用している自治体は少なくないと思われ，今後，他の都道府県のキャリア形成の構造や専門性確保・向上の取り組みと比較する際の1つのモデルとなると考えられる。担当職員の専門性の向上が重要な課題であるにもかかわらず研究が進んでいないことを

踏まえれば，その議論の第一歩として研究的意義があると考える。

　ただし，本稿には次のような課題が残っている。専門性確保の核となる専門人材が備えるべき専門性の具体的な明示のために，担当職員の専門性についてより詳細に検討する必要がある。そのためにはA県の専門人材がどのような能力が評価されて選ばれ，どのような役割を果たしているのか，そして専門性を向上させる経験を明らかにしなければならない。「非定型的管理能力」形成の把握方法も課題として残っている。また，他の都道府県や市町村との比較・検討も必要である。なお，本稿では行財政構造改革下での専門人材の減少などの専門性低下への危惧から中小企業政策部門に長期間在籍することを肯定的にとらえているが，一方でこのことは人事の固定化や停滞といったマイナス面も生じさせると考えられるが，その点については検討できなかった。以上については今後の課題としたい。

〈注〉
1　専門性の考え方及びその意味内容の類型については藤田（2009，2011）を参照。なお，都道府県等に設置されていた中小企業総合指導所に長期間在籍することによって形成されていた専門性は「特定分野専門能力」を中心としていたと考えられるが，今日担当職員に求められる役割を果たすためにはそれに加え，「定型的管理能力」「非定型的管理能力」が必要となっているという点が大きく異なる。
2　以下の内容は特に断りがない場合は，A県産業労働部他（2014），A県人事課編『A県職員録』各年版による。
3　中小企業政策関連部署とは，2014年時点のA県産業振興局傘下の課室（中小企業政策部門）に加え，過去長期間商工部に属して中小企業に関与することの多い事業課（現在は他局傘下の観光交流課，観光振興課，国際経済課）や中小企業政策関連の県出先機関（地方機関の商工関係課，中小企業総合指導所（現廃止）等），国・関連団体（地方経済産業局，中小企業振興公社，商工会議所等）を指す。
4　中嶋（2002）では，市レベルであるが人事管理担当者から「35歳以下の者に関しては適性発見という意味も含めて，なるべく部を超える異動を行いたいと考えている」という証言を得ている。

〈参考文献〉
1　A県産業労働部・労働委員会（2014）『平成26年度事務概要』
2　A県企画県民部・出納局・議会事務局・監査委員事務局・人事委員会事務局（2015）『平成27年度事務概要』
3　A県人事課編『A県職員録』各年版
4　植田浩史（2007）『自治体の地域産業政策と中小企業振興基本条例』自治体研究社

5 河藤佳彦（2015）『地域産業政策の現代的意義と実践』同友館
6 桑原武志（2014）「自治体による中小企業政策」植田浩史他（2014年）『中小企業・ベンチャー企業論』有斐閣，pp.235-252
7 柴田直子・松井望（2012）「地方自治とは何か」柴田直子・松井望編著（2012年）『地方自治論入門』ミネルヴァ書房，pp.1-13
8 鈴木茂（2012）「地域産業政策の展開と課題」伊東維年・柳井雅也（2012年）『産業集積の変貌と地域政策』ミネルヴァ書房，pp.259-282
9 関満博（2005）『現場主義の人材育成法』ちくま新書
10 田尾雅夫（2007）『自治体の人材マネジメント』学陽書房
11 中嶋学（2002年3月）「地方自治体における異動と人材育成に関する考察」『同志社政策科学研究』3（1），pp.345-357
12 藤田由紀子（2009年11月）「技術系行政職員の専門性と人事制度の課題」『地方公務員月報』第556号，pp.2-13
13 藤田由紀子（2011）「都市自治体行政における専門性へのアプローチ」（財）日本都市センター（2011）『第8回都市政策研究交流会—都市自治体行政の専門性確保』pp.1-16
14 本多哲夫（2012）「産業政策・中小企業政策」植田浩史・北村慎也・本多哲夫編著（2012）『地域産業政策』創風社，pp.219-232
15 本多哲夫（2013）『大都市自治体と中小企業政策』同友館
16 八代充史（1995）『大企業ホワイトカラーのキャリア』日本労働研究機構
17 八代充史（2001年10月）「管理職層におけるホワイトカラーの仕事とその専門性」『三田商学研究』第44巻第4号，pp.73-86

（査読受理）

創業支援政策としての
受給資格者創業支援助成金制度に関する一考察

嘉悦大学大学院　谷口　彰一

1．はじめに

　近年，政府は経済産業省による「フリーランス推奨策」と厚生労働省による「副業自由化」を結びつける形で政策として推し進めているが，現在の雇用政策の方向性は，創業の方に向いていない。海外では1980年代以降，研究開発促進と雇用機会確保を目的とした創業支援政策が実施され，日本においても雇用機会確保としての創業支援政策が実施されてきた。その1つとして厚生労働省による受給資格者創業支援助成金が挙げられるが，その実績や制度的課題については，議論されていない。

　このような背景及び問題意識から本稿の目的は，創業支援政策としての受給資格者創業支援助成金の概要，実績を整理した上で，その活用事例から本助成金の制度的課題について考察を行い，雇用機会確保を目的とした創業支援政策である受給資格者創業支援助成金の意味や意義について示唆するものである。本稿は，以下の通りに議論を進める。第一に，海外及び日本の創業支援政策について先行研究から整理する。第二に，受給資格者創業支援助成金制度の概要及び実績について，政府資料及び本助成金受給者に対するヒアリング調査から整理し，考察する。第三に，受給資格者創業支援助成金制度の制度的課題について整理した上で，考察し，結論を導くものである。

2．先行研究の整理

　海外における創業支援政策というものは，図1のように，研究開発促進を目的とするものだけでは成立せず，雇用機会確保としての創業支援が両輪のように存

在し，政策として一つの体を成しているとされる（三井・川名［1997］）。

図1 「創業支援策の多義的な理念」の構成概念

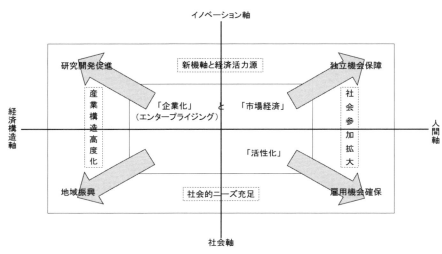

（出所：三井［2018］）

　このような雇用機会確保を目的とした創業支援政策に対して公的資金を用いている国は判明しているだけでも19か国に上り，1984年フィンランド（Start-up grant），1985年スペイン，オランダ（BBZ），デンマークやオーストリラリア（NEIS），1986年ドイツ（Bridging Allowance），1987年スウェーデン（Start-up grants），1989年ポルトガル（CPE），1990年ノルウェー（Benefit establishing own-business），1992年ベルギーやカナダ，1993年アイルランド（BTWAS），1998年オーストリア（UGP），ハンガリー及びポーランド（Self-employment assistance），アメリカにおいても1994年からSelf-Employment Assistanceプログラムといったものが創業支援施策として取り組まれてきているとされる（OECD, 2000, p.179）。

　イギリスでは1980年代，自営業を奨励した企業開設手当制度（Enterprise Allowance Scheme：EAS）が導入した。その目的は，失業者の創業へのインセンティブを高めることにあり，創業後52週間に亘って週40ポンドが支給された。

EASについては，事業が安定するまでの間の生活を安定させることで，創業促進効果が得られるという考えがあったとされる（三井［1989］）。また，フランスでは2008年8月に成立した経済近代化法（2009年1月施行）によって個人事業者制度（L'auto-entrepreneur）が施行された。本制度の対象者は18歳以上で被雇用者も対象であり，2009年12月には公務員も対象となる。また，失業者は起業後も失業手当給付の受け取りができるとされた（中小企業庁［2014］：p.231）。

そうした海外の創業支援政策の方向性とはやや異なる形で，1990年代以降の日本の創業支援政策は，1995年の中小企業創造活動促進法，1997年のエンジェル税制，1998年の中小企業等投資事業有限責任組合法，1999年に中小企業基本法改正といった法整備が矢継ぎ早に進められた。さらに，2000年の産業クラスター政策，2001年の大学発ベンチャー1000社構想，2002年の中小企業挑戦支援法制定，2005年の有限責任事業組合法，2006年の新会社法，2008年のエンジェル税制の抜本的拡充と，研究開発促進を目的とする創業支援に関する支援策及びその環境整備が実施された（清成［2009］，黒瀬［2006］，経済産業省［2014］）。

しかし，その一方で創業支援政策として，厚生労働省による雇用機会確保を目的とした創業支援政策としての受給資格者創業支援助成金や再就職手当が行われてきたのである。再就職手当は，1996年5月11日号外労働省令第22号第二次改正により，再就職手当の要件が「就き，または事業を開始した」に改められた。また，1999年から中小企業労働力確保法改正に伴う形で，受給資格者創業特別助成金が実施され，その後，2002年度から受給資格者創業支援助成金が施行されている。こうした厚生労働省の政策の背景には，ILO（国際労働機関）決議による国際的潮流などの影響があったとされている。1986年の「中小企業の促進に関する決議」は，インフォーマルセクターの発展の重要性を位置づけ，インフォーマルセクターにおける起業家と自営業者の推奨を重視するというものであった（中小商工業研究所編，2000，pp.21-32）。

3．受給資格者創業支援助成金の概要

では，日本の創業支援政策としての受給資格者創業支援助成金が施行されるまでの経緯である。中小企業を対象とした失業者対策に，「中小企業における労働力の確保及び良好な雇用の機会の創出のための雇用管理の改善の促進に関する法

律（平成三年五月二日法律第五七号）」（以下，中小企業労働力確保法）があった。同法は1998年12月に改正され，1999年1月，中小企業雇用創出人材確保助成金事業が開始された。中小企業雇用創出人材確保助成金とは，創業や異業種進出や経営革新に伴って労働者を新たに雇い入れた場合，労働者平均賃金の四分の一が助成されるものであった。さらに，同助成金を支給条件に組み込む形で，1999年1月，受給資格者創業特別助成金が始まるが，2001年3月で廃止されてしまう。こうして，2002年4月に雇用保険二事業として開始されたのが受給資格者創業支援助成金事業である。

3.1 目的及び支給条件

厚生労働省（2012c）によれば，受給資格者創業支援助成金とは，失業者自らが創業し，創業後1年以内に継続して雇用する労働者を雇い入れ，雇用保険適用事業の事業主となった場合に創業に要した費用の一部を助成し，失業者の自立を積極的に支援するものであった。まず，①雇用保険の適用事業の事業主であること，②法人等を設立する以前に，当該法人等を設立する旨をその住所又は居所を管轄する都道府県労働局（以下，管轄労働局）長に届け出た受給資格者で，法人等を設立した日の前日に該当受給資格の支給残日数が1日以上であるものが設立した法人の事業主であること，③創業した受給資格者が該当法人等の業務に従事していること，④当該法人等の設立日以後3ヵ月以上の事業の継続を有していること，⑤当該法人等の設立日から起算して1年以上を経過する日までの間に，一般被保険者を雇い入れて，その人を助成金の支給後も引き続き相当期間雇用することが確実であると認められる事業主であること，⑥法人等を設立する前に管轄労働局に「法人等設立事前届」を提出した者，としている。助成対象となる費用は，①法人設立の準備や設立後3ヵ月以内の運営にかかる経費，②職業能力開発にかかる経費，③雇用管理の改善に要した経費となる。

3.2 支給額及びその内容

支給額については，2010年に支給額が見直された。2002年から2009年の支給額は，上限200万円で費用の合計額の1／3に相当する額とし，創業受給資格者が特定地域進出事業主である場合，支給額を上限300万円で合計額の1／2まで引き上げられた。しかし，2010年から2012年については，支給額は，上限150万円

で費用の合計額の1／3に相当する額とし，法人設立後1年以内に2人以上の労働者を雇い入れた場合に50万円を上乗せするものになる。つまり，2010年以降は支給上限も減額され，地域を限定しない単なる失業対策となってしまったのである。

3.3　支給申請及びその手続き

支給申請については，①事業開始前に「法人等設立事前届」を創業受給資格者の住所若しくは居所を管轄する公共職業安定所へ提出，②「法人等設立事前届」の受理，③法人等の設立（法人の場合は，法人登記を行った日，個人の場合は，事業開始日が設立にあたる），④雇用保険の一般被保険者である労働者の雇い入れ，⑤雇用保険の適用事業の事業主，⑥助成金の支給申請，⑦支給申請書の内容の調査および確認，⑧支給若しくは不支給が決定され申請事業主に通知書が送付される，となる。

また，申請期間については，①第1回目の支給申請として「雇用保険の適用事業の事業主となった日の翌日から起算して3ヵ月を経過する日以降，当該日から起算して1ヵ月を経過する日までの間」，②第2回目の支給申請として「雇用保険の適用事業の事業主となった日の翌日から起算して6ヵ月を経過する日以降，当該日から起算して1ヵ月を経過する日までの間」としている。また，2010年以降の上乗せ分の支給については，「2人目の対象労働者を雇い入れた日の翌日から起算して6ヵ月を経過する日以降，その日から起算して1ヵ月を経過する日までの間」となる。次に，受給資格者創業支援助成金の実績について整理する。

3.4　受給資格者創業支援助成金による創業支援実績

受給資格者創業支援助成金は2003年2月からの事業であり，雇用保険の適用事業主となった日から起算して3ヵ月後に1回目の申請を行われる。そのため，2002年4月からの事業ではあるものの，2003年3月までの支給実績はない。表1のように受給資格者創業支援助成金事業の創業実績については，2002年度から2012年度末までの10年間で13,794社としている（表1）。

次に，受給資格者創業支援助成金の政策的な実績を①雇用労働者数，②事業の継続割合の2点から整理したい。①雇用労働者数とは，本助成金の支給を受けた事業主が，法人等の設立から1年経過後に，雇用している労働者数の平均値の

2005年から2012年までの間の推移，②事業の継続割合とは，本助成金の支給を受けた事業主が，法人等の設立から1年経過後に事業継続している割合のことをここでは指す。①の平均雇用労働者数は2.1人（平均値），②の事業継続割合については，97.6％（平均値）となっている。設立1年経過後の事業継続割合が際立って高い（図2）。こうした受給資格者創業支援助成金による実績は平均雇用労働者数2.1人，事業継続割合97.6％であった。

表1　受給資格者創業支援助成金の支給実績

年度	支給件数（件）	予算額（円）	支給金額（円）
2003年	577	1,821,000,000	592,000,000
2004年	1,641	3,084,000,000	2,224,000,000
2005年	1,605	5,986,000,000	2,380,000,000
2006年	1,222	4,001,000,000	1,709,000,000
2007年	1,147	2,777,000,000	1,680,000,000
2008年	1,074	2,035,000,000	1,591,000,000
2009年	1,390	1,391,000,000	1,967,000,000
2010年	1,709	1,367,000,000	2,299,000,000
2011年	1,656	2,406,000,000	2,167,000,000
2012年	1,773	2,707,000,000	2,229,000,000
2013年	—	1,750,000,000	2,172,000,000
2014年	—	136,000,000	279,000,000
2015年	—	53,000,000	6,000,000

（出所：厚生労働省［2003］［2007］［2009］［2010］［2012a］［2014］［2016a］，総務省［2008］，厚生労働省回答資料及び元厚生労働大臣長妻昭氏提供の厚生労働省資料に基づいて筆者作成）

図2 創業1年後の雇用労働者数平均値及び事業継続割合の推移

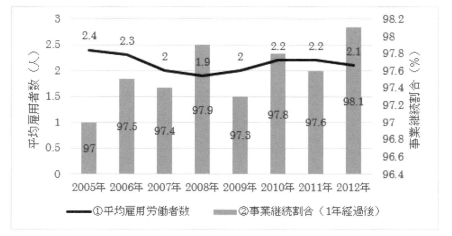

(出所:厚生労働省［2003］［2007］［2009］［2012a］に基づいて筆者作成)

4 事例研究

これまでは，先行研究のレビュー及び厚生労働省の資料による調査に基づいて整理を進めてきた。そうした整理から本助成金の実績に基づけば，その効果は十分に期待できるものであった。そこで，本助成金の活用実態から効果と課題について検討を進める。調査方法は，本助成金を利用して創業した創業経営者に対し，ヒアリング調査を2016年7月から12月に実施した。

①F社（代表取締役社長K・K氏）

K・K氏は，大学中退後，2000年4月に人材派遣会社（請負業会社）へ入社した。創業を考えはじめたのは2012年頃，本助成金を知ったのは，SNSの情報だった。ハローワークの対応については，会話に矛盾を感じ，また，特に何の説明もなく，よく分からなかったと話す。そうした，ハローワークにおける経営指導については，何もなく不満だとした。本助成金の申請総額は80万円，資金の用途は，リース，物品購入であった。従業員の雇い入れについては感謝する一方で，雇い入れ方など知っている人なら誰でも不正受給できた点を指摘した。また，本助成金を

利用する機会が無かった場合でも創業していたと話した。

②T社（代表取締役社長S・M氏）
　S・M氏は，2000年頃から創業を考えていた。だが，退職に際しては，退社の理由はあるが，事業選択の決定までは至らなかった。本助成金については，2003年1月の日本経済新聞の朝刊に掲載された記事で知った。ハローワークの対応については，何も知らないように感じたという。本助成金の申請総額は，200万円であり，資金の用途はオートコールシステムの導入費用とした。従業員の雇い入れについては，半年間の勤務実態が必要で，従業員に月給10万円を支払っている。本助成金については，新制度でタイミングがよく，労働者を雇用することやオートコールシステムの導入の後押しになっている。しかし，一方で，中途半端な使い方になる気がしたと話した。

　この2事例から，K・K氏は従業員に感謝しており，また，S・M氏も設備の導入や雇用への後押しに繋がったとし，本助成金の活用による効果が窺えた。しかし，本助成金によって創業意思が促されることは無く，また，K・K氏もハローワークの対応で矛盾を感じるなど，本助成金の制度的な課題について浮き彫りになった。

5　本助成金の抱える根本的矛盾とその論点

　では，本助成金の制度的な課題について考察する。厚生労働省（2010）によれば，本助成金の支給件数は堅調な伸びを示している。また，震災の影響による厳しい雇用情勢から事業継続の必要性を指摘した。ところが一転，その翌年には事業仕分けにより廃止となる。その理由について，第1点目にハローワークの創業支援に対する能力不足，第2点目は，受給資格者創業支援助成金の不正受給者問題，第3点目は，本助成金の目的に対する意識ギャップ問題が挙げられている。また，本助成金は失業保険の受給相談と，創業後に本助成金が支給されないための支給要件の相談を同時的に処理することがハローワークに求められた。しかし，こうした制度上の根本的矛盾は，1980年代のイギリスや2000年代のフランスにおける創業支援政策では見られない（谷口［2017］）。

6　おわりに

　1990年代以降の日本の創業支援政策は，経済産業省が研究開発促進を目的とする創業支援に関する諸制度やその支援策の整備が進められた。一方で，厚生労働省によって雇用機会確保を目的とした受給資格者創業支援助成金が実施されていた。しかし，本助成金は1980年代のイギリスや2000年代のフランスでの創業支援制度と比べると，財源上の用途の制約，施行機関の能力的制約，利用者の条件的制約があった。しかし，こうした制約は，本助成金が雇用保険財源であったことや単なる失業者対策の延長に止まっていることに由来し，制度自体に根本的矛盾を抱えたものであった。よって，受給資格者創業支援助成金は，廃止されてもやむを得なかった。しかし，そうした課題は，雇用保険財源によるものであり，雇用機会確保を目的とした創業支援政策としての受給資格者創業支援助成金の目的や意味，意義までは否定されるものではなかった。今後の研究課題としては，現在，経済産業省が創業補助金を実施しているが，本稿は対象としておらず，こうした課題について今後取り組みたい。

〈参考文献〉
1　清成忠男（2009）『日本中小企業政策史』有斐閣
2　黒瀬直宏（2006）『中小企業政策』日本経済評論社
3　経済産業省（2014）『ベンチャーを支援する日本の産業政策』
4　厚生労働省（2003）『平成15年8月実績評価書』
5　厚生労働省（2007）『平成19年8月実績評価書』
6　厚生労働省（2009）『平成21年8月実績評価書』
7　厚生労働省（2010）『行政事業レビューシート：事業番号636』
8　厚生労働省（2012a）『平成24年実績評価書』
9　厚生労働省（2012b）『厚生労働省行政事業レビュー（公開プロセス）』
10　厚生労働省（2012c）『厚生労働省行政事業レビュー（公開プロセス）添付資料』
11　厚生労働省（2012d）『平成24年行政事業レビューシート：事業番号564』
12　厚生労働省（2014）『平成26年行政事業レビューシート：事業番号485』
13　厚生労働省（2016a）『平成28年度行政事業レビューシート：事業番号0498』
14　国民生活金融公庫総合研究所（1993）『新規開業白書平成5年版』中小企業リサーチセンター
15　国民生活金融公庫総合研究所（2004）『自営業再考』中小企業リサーチセンター
16　総務省（2008）『厚生労働省が実施した政策評価についての個別審査結果』

17　谷口彰一（2017）「創業支援政策としての受給資格者創業支援助成金制度に関する一考察～欧米諸国と日本の自己雇用者に対する創業支援の変遷を中心に～」『嘉悦大学研究論集』第60巻1号
18　中小企業総合研究機構（1997）『先進各国の中小企業政策に係る調査研究』
19　中小企業総合研究機構（1998）『先進各国の中小企業の現状と中小企業政策に関する調査研究報告書』
20　中小企業事業団・中小企業大学校，中小企業研究所（1988）『中小企業施策の国際比較研究（EC加盟国・フランス編）』
21　中小企業総合事業団（2000）『主要国にみる創業環境の国際比較～英国，ドイツ，フィンランド，イスラエル，台湾』
22　中小企業総合事業団（2001）『主要国における創業支援策の実際～英国，フランス，ドイツ，韓国～』
23　中小企業総合事業団（2002）『主要国における創業支援活用の実際～スウェーデン，デンマーク，ノルウェー，フィンランド，オランダ，EU（欧州連合）～』
24　中小商工業研究所編（2000）『現代日本の中小商工業』新日本出版社
25　中小企業庁（2014）『2014年版中小企業白書』
26　三井逸友（1989）「英国における『中小企業政策』と『新規開業促進政策』（1）（2）」『駒沢大学経済学論集』第20巻4号，21巻1号
27　三井逸友（2018）「創業支援への今日的な課題とはなにか」『信用金庫』第72巻2号
28　百瀬恵夫（1998）「日英の中小企業とアントレプレナーに関する比較研究」『政経論叢』第67巻1号，第67巻2号
29　渡辺俊三（2010）『イギリスの中小企業政策』同友館
30　Birch, David L.（1979）*The job generation process*, M.I.T. Program on Neighborhood and Regional Change
31　OECD（2000），*Employment Outlook*, OECD
32　Stanworth, J.& Gray, C.（eds.）（1991）*Bolton 20 Years On*, Paul Chapman Publishing　三井監訳（2000）『ボルトン委員会報告から20年』，中小企業総合研究機構

（査読受理）

「副業起業」は起業家の幅を広げるか

日本政策金融公庫　村上義昭

1．問題意識

　近年，起業の一つの形態として，勤務しながら副業として起業する形態（以下「副業起業」という）が注目されている。例えば，中小企業庁『2014年版中小企業白書』では，起業の新たな担い手を創出するに当たって起業後の生活・収入の安定化が課題の一つであるとし，その対応策として，起業のセーフティーネットの構築とともに兼業・副業を促進することを挙げている。また2016年9月に設置された「働き方改革実現会議」においても，副業・兼業を通じた創業等の推進が主張されている。

　このような指摘がなされる前提として，①副業起業は「起業におけるリスクを軽減する」（中小企業庁，2014，p.226）こと，②起業のリスクが軽減される結果，リスクテイク志向が相対的に弱い人であっても起業に踏み切りやすくなることが想定されている。しかしながら，これら二つの前提は，わが国において必ずしも検証されているわけではない。そこで日本政策金融公庫総合研究所では副業起業に関する調査を行い，副業起業は起業家の幅を広げるかどうかを探った。

　同調査を分析した村上（2017）では，上記の前提のうち①を検証し，副業起業は失敗のリスクを低下させることを推計によって示した（後掲「4．主な調査結果」を参照）。したがって，本稿が主として論じるのは，前提②，すなわち副業起業は起業家の幅を広げるかどうかである。リスクテイク志向が相対的に弱い人にも起業の可能性が広がれば，より多くの人が起業家として顕在化するであろう。

　以下では，先行研究（2節）を概観したうえで，調査の枠組み（3節）と主な調査結果（4節）を示し，リスク選好度と起業意向との関係を推計する（5節）。そして最後にまとめを行う（6節）。

2．先行研究

海外では，副業起業に対応する概念として，part-time entrepreneurまたはhybrid entrepreneurという用語が使われることが多い。

part-time entrepreneurは時間や収入を基準として定義されることが多い[注1]。一方，hybrid entrepreneurはたんに仕事の主従によって定義されるようである[注2]。本稿では，「勤務しながら起業すること」を副業起業としており，hybrid entrepreneurに近い（あるいはそれよりもやや広い）概念である。先行研究を概観するに当たり，本節では"hybrid entrepreneur"という用語を用いる。

海外でhybrid entrepreneurが注目されるようになったのは，2000年代前半である。それまでは，自営業者と賃金労働者とは重なり合うことのない，対立する概念としてとらえられていた。このため，自営業に参入するかどうかの意思決定は"all or none"，すなわち自営業者になるか勤務者にとどまるかのどちらかであるとみなされていた（Folta, Delmar, and Wennberg 2010）。しかし，起業活動に関する大規模な国際調査であるGlobal Entrepreneurship Monitor（GEM）が，起業した人の80％が同時に職をもっているという結果を示したこと（Reynolds et al. 2004, p.41）などをきっかけとして，hybrid entrepreneurに関する研究が本格化した。

それらのうち本稿の問題意識に関連するものを取り上げる。

一つは，なぜhybrid entrepreneurという形態を選ぶのか，という点である。Folta, Delmar, and Wennberg（2010）はその理由として，次の3点を指摘する。第1は収入の補完である。自営業の仕事は時間や仕事の内容などに柔軟性があることから，2番目の仕事として望ましい。第2は非金銭的な便益を獲得することである。主たる仕事では得られない充実感などを得るために，2番目の仕事を始めるというものである。第3は，フルタイムの自営業者へ移行する前段階としての位置づけである。起業には事業の先行きや自らの適性などに不確実性が伴うが，hybrid entrepreneurは勤務を続けながら起業を経験することで，このような不確実性をコントロールしているのである。

もう一つは，hybrid entrepreneurの業績である。hybrid entrepreneurは勤務をしながら，事業がうまくいくかどうかを確認したり，事業内容を修正したりすることができる。また，市場や顧客などに関する情報やノウハウを得ることもで

きる。このようにして起業に伴うリスクが抑えられるのであれば，フルタイムの自営業者に移行すると良好な業績を挙げられるであろう。実際にRaffiee and Feng（2014）は，勤務者から直接フルタイムの自営業者になった起業家[注3]と比べて，hybrid entrepreneurからフルタイムの自営業者に移行した起業家[注4]は生存率が高いという実証結果を得ている。

3．調査の枠組み

調査は，インターネットを用いて事前調査と詳細調査の2段階に分けて行った。

事前調査では，18歳から69歳までの人を対象として，性別，年齢階層（10歳きざみ），地域（8ブロック）を総務省「国勢調査」（2015年）の人口構成に合わせて回収した。したがって，インターネットの利用者であるというバイアスは残るものの，全国の18歳から69歳までの人口が母集団であるとみなしてよいだろう。

表1　調査対象の分類

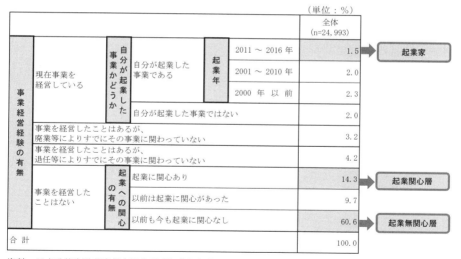

資料：日本政策金融公庫総合研究所「起業と起業意識に関する調査」（2016年）（以下同じ）
(注) 1　実際の人口構成を反映した事前調査による分類である。
　　 2　小数点第2位以下を四捨五入して表記していることから，構成比の内訳の合計は必ずしも100％になるとは限らない（以下同じ）。

事前調査では，2011年以降に自分で事業を起業し，現在も経営している人を「起業家」，経営経験がなく，現在起業に関心がある人を「起業関心層」，経営経験がなく，以前も今も起業に関心がない人を「起業無関心層」とした。

実際の人口構成を反映している事前調査を基に起業意識の分布を見ると，表1のとおりである。起業無関心層は全体の60.6％を占め，最も多い。一方，起業家は1.5％，起業関心層は14.3％である。起業に関心のない人が過半を占めるものの，起業に関心を持つ人は起業家の約10倍にも当たる。起業を増やすことが大きな政策課題となっている現在，多数存在する起業関心層から多くの起業家を顕在化させることが求められている。したがって，副業起業が起業家の幅を広げる方策となりうるかどうかを検証することは，政策的に重要だといえるだろう。

詳細調査では，事前調査で抽出した起業家，起業関心層，起業無関心層に対して，副業起業のほかに，起業や起業意識に関する詳細な質問を行っている[注5]。

以下では，起業パターンによって起業家を類型化する（図1）。勤務者が起業する場合，勤務をやめてから起業するのが一般的である。このような起業家を「専業起業者」と定義する（図1の起業パターン①）。一方，勤務しながら起業するパターンに該当する起業家を「副業起業者」と定義する（同，起業パターン②及び③）。また副業起業者のうち，調査時点でも勤務しているパターンを「副業継続者」（同，起業パターン②），調査時点では勤務を辞めて事業を専業としているパターンを「専業移行者」（同，起業パターン③）と定義する。

図1　起業形態による起業家の類型化

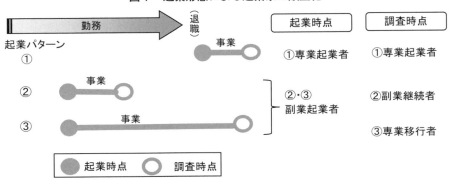

4．主な調査結果

村上（2017）では，主な調査結果として次の3点を指摘している。
① 副業起業者は起業家のうち27.5％を占める（図2）。また，調査時点でみると，専業移行者は14.9％，副業継続者は12.6％を占める。つまり，副業として起業した人のうち，その後専業に移行した人は半分以上にのぼる。

副業として起業した理由を分類すると，「勤務者としての不安・不満」は65.6％にのぼる（図3）。次いで「本格的な起業の準備」も56.0％と高い。副業起業者の多くは，収入の補完をはじめ，勤務先に対する不安・不満を解消するためだけではなく，事業経営のノウハウなどを学んだり，事業経営への適性を確認したりするといった，本格的な起業の助走期間として副業起業を位置づけている。

② 計量モデルによる分析を行い，起業形態と業績（①事業が軌道に乗っているか，②年収に対する満足度）との関係を確認したところ，専業移行者は専業起業者よりも良好な業績を挙げているという有意な結果を得た（表2）。したがって，副業として起業し，助走期間を経て専業に移行することで，起業における失敗のリスクを低下させられるといえる。その背景として二つの要因が考えられる。一つは，助走期間中に事業について学んだり顧客を開拓したりすることで，事業が成功するポテンシャルが高まることである。そしてもう一つは，事業として成り立ちそうもないことが分かれば撤退の判断も下しやすいことであ

図2　起業形態の構成比

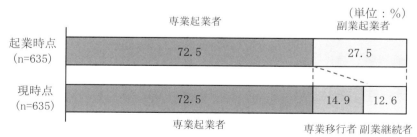

（注）1　ウェート値による重み付けを行った集計である（n値は原数値，以下同じ）。
　　　2　起業家のうち，起業直前に勤務者であった者について集計したものである（図3も同じ）。

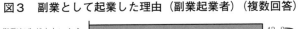

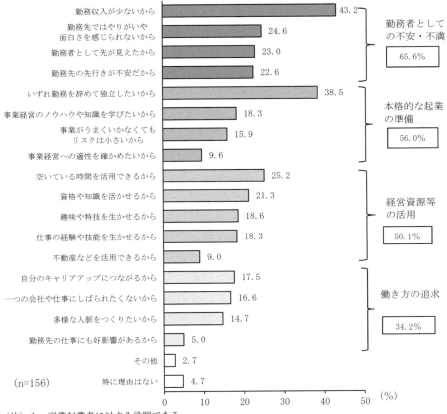

図3 副業として起業した理由（副業起業者）（複数回答）

表2 業績の決定要因

			推計1		推計2	
			係数	標準誤差	係数	標準誤差
推計モデル			順序プロビットモデル（ウェイト付き）			
被説明変数			事業は軌道に乗っているか（当てはまらない=1、どちらともいえない=2、当てはまる=3）		年収に対する満足度（不満=1、どちらともいえない=2、満足=3）	
説明変数	事業の属性	従業者数（起業時） 1人（該当=1、非該当=0）	（参照変数）		（参照変数）	
		2〜4人（同上）	0.108	0.136	0.179	0.144
		5〜9人（同上）	0.349	0.272	0.497	0.264 *
		10人以上（同上）	1.080	0.346 ***	1.030	0.403 **
		業種（13業種）	（省略）		（省略）	
		業歴（年）	0.064	0.030 **	0.015	0.030
		同業他社と比べた事業の新規性の有無	0.239	0.123 *	-0.062	0.126
	起業家の属性	性別（女性=1、男性=0）	0.065	0.129	-0.081	0.149
		起業時の年齢（歳）	-0.007	0.005	-0.009	0.006
		勤務企業数（社）	-0.010	0.019	-0.038	0.022 *
		斯業経験の有無（あり=1、なし=0）	0.218	0.118 *	0.139	0.123
		管理職経験の有無（あり=1、なし=0）	0.087	0.107	0.065	0.112
		起業パターン 専業起業（該当=1、非該当=0）	（参照変数）		（参照変数）	
		副業継続（同上）	-0.130	0.159	0.221	0.169
		専業移行（同上）	0.321	0.150 **	0.274	0.164 *
	起業費用	自己資金割合（100%＝1、100%未満=0）	-0.020	0.124	-0.081	0.131
		起業費用調達額に対する満足度 希望どおり調達できた（該当=1、非該当=0）	1.002	0.253 ***	0.964	0.254 ***
		少し不足した（同上）	0.537	0.278 *	0.614	0.284 **
		かなり不足した（同上）	（参照変数）		（参照変数）	
閾値1			0.474	0.422	0.349	0.420
閾値2			1.527	0.426 ***	1.177	0.422 ***
観測数			624		624	
F値			3.71 ***		2.77 ***	

（注）標準誤差欄の＊＊＊は有意水準が1％、＊＊は5％、＊は10％であることを示す（以下同じ）。

る。すなわち、失敗しそうな人が副業から専業へ移行するのを妨げるということである。

③ 副業起業を促進するに当たっての課題は、副業起業に関する環境を整備すること、副業起業を希望する人に対して自己管理能力を高めることが重要であると周知することである。

5．リスク選好度と起業意向の関係

村上（2017）では、副業起業は失敗のリスクを低下させることを推計によって示した。ではリスクが低下することで、果たして副業起業は起業家の幅を広げられるだろうか。次にこの点について分析を行うことにしたい。

ここでは、勤務者のリスク選好度と起業意向との関係を探る。副業起業は失敗

のリスクを低下させるのであれば、リスク回避志向を持つ人であっても副業として起業する可能性が高まり、その結果、起業家の幅が広がると考えられるからである。

図4は、勤務者を対象に将来の起業希望の有無と起業形態を尋ねたものである。「専業で起業する」は8.1％に過ぎないが、「副業で起業する」は19.5％を占める。副業起業という選択肢がなければ、起業希望者は勤務者の1割を下回る程度しか存在しないことになる。なおこの設問は、勤務先において副業が禁止されている場合には、かりに副業が認められるようになったと想定して回答を求めたものである。したがって、副業を禁止されている勤務者が多ければ、たとえ副業希望者が2割近く存在しているとしても、副業起業を実現できる人はごく一部に限られてしまう。

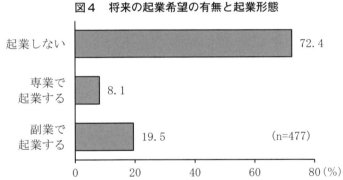

図4　将来の起業希望の有無と起業形態

(注) 1　「起業関心層」「起業無関心層」のうち、勤務者に尋ねた設問である（以下同じ）。
　　 2　勤務先において副業が禁止されている人には、かりに副業が認められるようになった場合を想定して回答を求めた（以下同じ）。

勤務者のリスク選好度は、「ローリスク・ローリターンよりもハイリスク・ハイリターンのほうに魅力を感じるか」という設問に対する回答を用いる（図5）。それによると、「そう思う」と回答する割合は3.9％、「どちらかといえばそう思う」は14.1％を占め、両者を合計しても18.0％に過ぎない。一方、「どちらかといえばそう思わない」(37.9％)、「そう思わない」(44.1％) の合計は82.0％にのぼる。この二つの回答者を「リスク回避志向」とみなす。

図5　ローリスク・ローリターンよりもハイリスク・ハイリターンのほうに魅力を感じるか

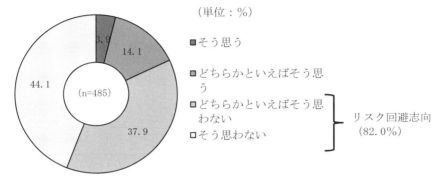

　では、リスク回避志向を持つ勤務者でも副業起業という選択肢を選ぶ可能性はあるのだろうか。計量モデルによってこの点を検証する。

　被説明変数は起業希望の有無と起業形態である。3値であることから、「専業で起業したい」をベースとする多項ロジットモデルを用いて推計する。

　説明変数は、リスク回避志向のほか、勤務者の属性（性別、年齢）、職歴（勤務した企業数、管理職経験の有無、営業職経験の有無、雇用形態、勤務先の従業者規模）を用いる。さらに、村上（2017）が指摘したように勤務者としての不安・不満が副業起業の大きな要因であることから、収入に対する満足度、仕事に対する満足度も説明変数に加えてコントロールした。

　推計結果は表3のとおりである。本節で注目している「リスク回避志向」をみると、「副業で起業したい」「起業するつもりはない」のいずれも、有意な正の係数である。リスク回避志向を持つ人が「起業するつもりはない」を選ぶ確率は専業起業を希望する場合と比べて高いのは当然のことであるが、副業起業を希望する確率も専業起業を希望する場合と比べて有意に高い。これは次のように解釈できる。すなわち、リスク回避志向を持つ人は「専業起業」と「起業しない」という選択肢を比較すると後者を選ぶ確率は高い。しかし、リスク回避志向を持つ人の一部には、専業起業には躊躇していても「副業起業」という選択肢があれば副業起業を選ぶ人は存在しうる。したがって、副業起業はリスク回避志向を持つ人に対して、起業の可能性を高めるといえそうだ。

　なおリスク回避志向以外に有意な変数をみると、「営業職の経験」は「副業で

起業したい」に対して正の係数，勤務先の従業者規模「300人以上」は「副業で起業したい」「起業するつもりはない」のいずれも正の係数である。営業職の経験がある人，大企業に勤務している人は副業起業を希望する確率が高くなるといえる。

表3　起業意向の推計

推計方法		多項ロジットモデル（ウェート付け）			
		係数	標準誤差	係数	標準誤差
被説明変数	起業意向（「専業で起業したい」＝ベース、「副業で起業したい」「起業するつもりはない」）	副業で起業したい		起業するつもりはない	
説明変数	性別（女性=1，男性=0）	-0.059	0.417	0.619	0.348
	年齢（歳）	-0.018	0.018	0.017	0.016
	勤務した企業の数（社）	-0.004	0.031	0.006	0.043
	管理職経験の有無（あり=1，なし=0）	-0.020	0.422	-0.440	0.407
	営業職経験の有無（同上）	1.086	0.439 **	-0.055	0.436
	雇用形態（正規=1，非正規=0）	0.324	0.410	0.322	0.398
	勤務先の従業者規模　19人以下（該当=1，非該当=0）	（参照変数）		（参照変数）	
	20～299人（同上）	-0.115	0.494	0.520	0.453
	300人以上（同上）	1.227	0.522 **	1.221	0.515 **
	公務員（同上）	-0.019	0.811	0.526	0.747
	収入に対する満足度　不満（該当=1，非該当=0）	（参照変数）		（参照変数）	
	どちらともいえない（同上）	-0.493	0.439	-0.111	0.421
	満足（同上）	-0.676	0.537	0.147	0.539
	仕事に対する満足度　不満（該当=1，非該当=0）	（参照変数）		（参照変数）	
	どちらともいえない（同上）	0.244	0.474	0.831	0.437
	満足（同上）	0.155	0.440	0.574	0.427
	リスク回避志向（該当=1，非該当=0）	**0.882**	**0.401 ****	**1.766**	**0.382 *****
	定数項	0.314	0.896	-1.275	0.862
	観測数	439			
	F値	3.08 ***			

6．まとめ

これまでの分析によって，副業起業は起業におけるリスクを軽減すること，その結果，リスク回避志向を持つ人であっても起業に踏み切る確率が高まることを示した。副業起業は起業家の幅を広げ，その結果，起業する人が増加することが期待できるといえるだろう。そこで最後に，今後副業起業を促進するための課題を考えたい。

先にみたとおり，勤務者の２割近くが副業起業を希望している（前掲図４）。しかしながら，これは勤務先から副業することが認められた場合を想定して回答を求めたものである。実際には，勤務先から副業を禁止されている場合が少なくない。

勤務先における副業の禁止状況をみると，「禁止されている」とする割合は38.1％，「原則的に禁止されているが，一定要件等を満たせば例外的に認められる」は6.3％，「禁止されていない」は37.9％である（図６）注6。これを勤務先の従業員規模別にみると，規模の大きな企業の勤務者ほど「禁止されている」とする割合が高い。前節の分析によって大企業勤務者は副業起業を希望する確率が高いことを示したが，副業起業を希望してもそれを実現できない勤務者が，大企業を中心に多く存在すると思われる。

そこで，副業起業の希望者に対して，副業として起業する際にはどのようなことが問題になりそうかを尋ねたところ，「勤務先が副業を禁止している」と回答する割合が33.9％と最も高かった（図７）。次いで，「体力や気力が続きそうにない」（29.2％），「勤務先の仕事がおろそかになりそう」（28.8％），「家庭生活との両立が難しい」（27.7％）と続く。これらから次の二つが指摘できる。

図６　勤務先における副業の禁止状況（勤務先の従業員規模別）

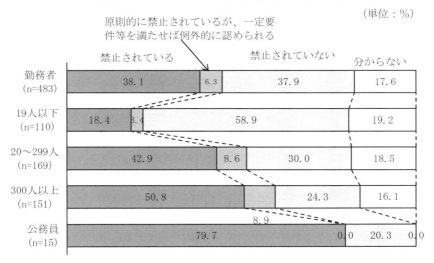

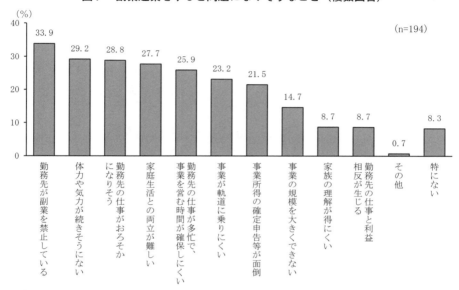

図7　副業起業をすると問題になりそうなこと（複数回答）

（注）副業起業の意向がある人に対する設問である。

　一つは，勤務先による副業禁止が副業起業に対して大きな制約となっている，ということである。そしてもう一つは，勤務，副業，家庭生活における時間配分や仕事量などの調整に伴う問題も大きい，ということである。だとすれば，起業家自身の自己管理能力も重要だといえる。

　したがって，副業起業を促進するための課題としては，村上（2017）と同様，副業を禁止する社則の緩和など副業起業に関する環境を整備すること，副業起業を希望する人に対して自己管理能力を高める必要があると助言することの2点が重要であると指摘できる。

〈注〉
1 Petrova(2005)は, part-time entrepreneurを「ある時間を通常の賃金労働に従事し, 残りの時間を自らの事業に従事する個人」と定義し, Wennberg, Folta, and Delmar(2006)は,「総収入の半分を下回る自営業収入を得ている個人」と定義する。
2 Folta, Delmar, and Wennberg(2010)は, hybrid entrepreneurを「主たる仕事として賃金労働に従事しながら, 同時に自営業を営む個人」と定義する。
3 本稿の「専業起業者」(後述)に相当する。
4 本稿の「専業移行者」(後述)に相当する。
5 詳細調査における起業家, 起業関心層, 起業無関心層の性別・年齢階層別構成比は, 実際の人口構成を反映している事前調査と比べて偏りが生じている。そこで, 詳細調査の集計に当たっては, 事前調査の性別・年齢別構成比に近似させるために, ウエート値を設定した。以下の図表では, ウエート値による重みづけを行った集計を示す。ただし, n値(サンプル数)は原数値を示した。
6 「分からない」を含む回答である。

〈参考文献〉
1 中小企業庁(2014)『2014年版中小企業白書』日経印刷
2 Folta, Timothy B., Frédéric Delmar, and Karl Wennberg (2010). "Hybrid entrepreneurship." *IFN Working Paper*, No.825
3 村上義昭(2017)「副業起業は失敗のリスクを小さくする―『起業と起業意識に関する調査』(2016年度)より―」『日本政策金融公庫論集』第35号 pp.1-19
4 Petrova, Kameliia (2005) "Part-time entrepreneurship and wealth effects: New evidence from the panel study of entrepreneurial dynamics." *50th ICSB Conference*, Washington, pp.15-18
5 Raffiee, Joseph, and Jie Feng (2014) "Should I quit my day job?: A hybrid path to entrepreneurship." *Academy of Management Journal*, 57(4), pp.936-963
6 Reynolds, Paul D., William D. Bygrave, Erkko Autio, and Others (2004) *Global Entrepreneurship Monitor 2003 Executive Report*
7 Wennberg, Karl, Timothy B. Folta, and Frédéric Delmar (2006) "A real options model of stepwise entry into self-employment." *Frontiers of Entrepreneurship Research*, Vol.26: Iss. 6, Article 3, Babson College

(査読受理)

民間の視点による中小企業診断士資格の成立過程に関する考察
― 1950年代の資格をめぐる論争を中心に ―

関西外国語大学　川村　悟

1. 緒言

1.1　中小企業診断士の概要[注1)][注2)]

　太平洋戦争後，1948年に中小企業庁が設置され，1952年に中小企業診断員（診断士の前身）の登録制度が始まった。1963年に政策理念を示す中小企業基本法が制定され，診断指導政策としては中小企業指導法が同年施行された。これを契機に，現在の国家試験につながる制度が整備され，診断従事者の選抜が始まり，資格として成立した。なお，1969年には現在の中小企業診断士へと改称された。

　また，1999年には中小企業基本法が改正された。旧同法の基本理念は中小企業を画一的に弱者と捉えた格差是正であったが，改正により中小企業を日本経済のダイナミズムの源泉と位置づけた。それに伴い，2000年に中小企業指導法は中小企業支援法へと名称が変わり，内容も変更される。中小企業庁（2005）によれば，大きな変更点の1つとして診断士の対象者が挙げられる。従前は公務員を想定した制度であったが，民間コンサルタントを対象とした能力認定制度とされた。

1.2　研究の枠組み

　詳細は後述するが，診断士の史的先行研究は，通商産業省（現在の経済産業省）・中小企業庁などの行政側の視点に偏重している。換言すれば，民間側の視点を欠く。一方，社会情勢を踏まえれば，2000年の中小企業支援法を契機に診断士の対象者が公務員から民間へと変わった点は見逃せない。したがって，新たに民間（例えば，資格者など）の視点による考察を要すると考えている。そこで，行政ではなく民間（資格者）の視座にたち，本研究では関連事実を整理していく。

1.3 資格者の資格に対する認識

資格者には資格に不満を持つ者が存在する[注3]。その一因として法的独占業務を有しない点を挙げる[注4]。例えば，税理士は税務代理，公認会計士は監査業務，社会保険労務士は社会保険法令に基づく申請書作成などの法的独占業務を有する。一方，診断士には法的独占業務は無いと一般的に理解されている。

この不満の背景には受験難易度もあるだろう。資格取得専門学校等によれば，一次試験を通過する割合が約2割，二次試験も約2割で，診断士試験の合格率は4％程度と定説的に説明される。一方，法的独占業務を有する社会保険労務士の合格率は約6％との説明がある[注5]。難易度の面で診断士は他資格と遜色がない。学習期間も短くなく，合格者の半数程度が2年超の学習期間を費やしている[注6]。したがって，難易度は同等でも法的独占業務の面では他資格に劣り，資格者の不満を形成する要因ともなっている。これ以外に他よりも知名度が十分ではないとの声もある。いずれにせよ，他資格より劣位にある点が不満を喚起している。

1.4 研究の背景

診断士が法的独占業務を有しない点について，「診断士は能力認定の資格だから」等と一般的に説明されることがある[注7]。この論点には，より動態的な説明が必要だと考えるべきだろう。つまり，「診断士は他の資格と異なる」と現時点の違いを述べるにとどまらず，「なぜ診断士は能力認定の資格となるに至ったのか」，過去からの成立過程を含めて論じるべきではないだろうか。

それが明らかになれば，資格者の不満を緩和できるかもしれない。現在，資格者数は2万人を超え，資格試験には毎年2万人前後が臨んでいる[注8]。診断士に対する社会的関心は非常に高い[注9]。

1.5 行政と民間による認識の乖離

なぜ診断士は能力認定の資格となるに至ったのか，その成立過程を明らかにするにあたり，社会が感じている疑問をリサーチ・クエスチョンに変換していきたい。これに関連して，2000年頃に生じた資格者に驚きを与えた事実を紹介したい。

先述の通り，1999年に中小企業基本法が改正された。それに紐づき，2000年に中小企業指導法は中小企業支援法と名称が変わり，内容も見直された。この当時の行政（中小企業庁）からの発表を紹介する。中小企業政策審議会ソフトな経営

資源に関する小委員会（2000）によれば，新しい診断士制度の主な改正点を3つに集約し，説明した。その1つに「中小企業診断士試験は法律上の国家試験」（中小企業政策審議会ソフトな経営資源に関する小委員会，2000，p.19）と挙げたのだが，これに類する説明が資格者に驚きを与えたのである。

　なぜなら，民間の認識では，診断士資格は改正前の過去から国家資格であり，国家試験であった[注10]。一般的に診断士は「経営コンサルタント唯一の国家資格」と説明され，これが過去からの民間の認識となっている[注11]。したがって，2000年の「中小企業診断士試験は法律上の国家試験」という行政の説明に対して，「過去の資格は何だったのか」と困惑する資格者も存在した。換言すると，行政の主張は「過去は国家試験ではない」とも捉えられるからである。

　行政の視点に基づき，中小企業診断協会（2001）によって法改正前後の診断士試験を説明するなら，中小企業指導法（2000年以前）では通商産業省令に基づく試験だったが，中小企業支援法（2000年以降）では同法に基づく国家試験へと改正されたと言える。なお，省令とは各省大臣が発する命令である。民間の認識では法律も省令もいわゆるお上が定めたという点に違いはないが，法的根拠としては大臣からの省令よりも国会の議決を経て制定された法律が上である。

　なお，省令から法律に基づく試験となった背景には，2000年前後に実施された行政改革がある。戦後，国家資格の数が増え，数百種類にも及ぶとも言われる（辻，2000）。この動きが行政構造を複雑にし，天下りの温床にもなっている等の批判があり，国家資格の見直しが行われた。具体的には，法律で規定されているとは言い難い国家資格は民間資格へと見直され，多くが行政の手から離れた[注12]。診断士も見直しの対象となったが，行政を中心に検討された結果，当時の動きとしては例外的に法律で規定された。省令による資格が法的根拠を得たという実質的な格上げで落ち着いたのが，行政の視点による顛末である。したがって，「中小企業診断士試験は法律上の国家試験」と行政が述べた理由には，診断士を民間資格にさせないという意味も込められていたのである。

　しかし，このような行政の動きや背景を完全に理解した資格者ばかりではなかった。後藤（2012）は資格者として法改正当時を以下のように振り返る。「旧制度では中小企業診断士は公的診断（公的機関が行う中小企業診断）を担当するものを選抜するという位置づけ（国家試験ではない）だったのですが，新試験制度では，民間の経営コンサルタントの能力認定試験（国家試験）ということにな

りました。診断士の中でも，ここで初めて，自分の資格は国家資格ではなかったのかと気づいたという，笑えない話もあります」（後藤，2012）。このように行政と民間による診断士制度に対する認識の乖離が露見したのである。

1．6　リサーチ・クエスチョン

筆者は法律の専門家ではないが，その門外漢がみても診断士と他資格には明らかな違いがある。根拠法があいまいなのである。その理由として，第一に税理士には税理士法，公認会計士には公認会計士法があり，資格の定義や役割が明確である[注13]。例えば，税理士法では，第一条に税理士の使命，第二条にその業務が明記されている。しかし，診断士に中小企業診断士法という法律は存在しない。他資格と比べ，定義や役割が明確とは言えない。第二に，診断士の法的根拠は1963年施行の中小企業指導法，2000年の改正後は中小企業支援法と言われるが，これら法律に「中小企業診断士（あるいは中小企業診断員）」という言葉は一切登場しない[注14]。民間の認識は診断士を国家資格としているが，これらを考慮するとはたして国家資格と言いきれるのか，疑問を禁じ得ない。

他方，2000年に診断士は法律上の国家試験と行政から明言された。そこで，「1952年の中小企業診断員制度発足以来，なぜ半世紀近くも法的根拠があいまいなまま診断士資格が存続することとなったのか？」をリサーチ・クエスチョンと設定し，論を進めていく。

2．先行研究

診断士の史的記述に関する研究を中小企業分野から概観する。まず行政による政策史を挙げる。例えば，通商産業省（1963），通商産業省（1991a），通商産業省（1991b），通商産業政策史編纂委員会（2013）等がある。これらは経済産業政策を広範にとらえる枠組みで，中小企業支援における診断士制度や関連政策などを記述している。そのほかに松島（2013），中谷（1994）などがあるが，これらも行政経験者によって制度や政策を中心に記述されたものである。したがって，診断士に関わる史的研究は行政の視点に偏重している。そのほかに資格という切り口で診断士をとらえた研究が存在する。診断士と他資格を比較した研究として，今野・下田（1995），辻（2000）などがある。

先行研究を踏まえた課題だが，診断士は公務員から民間コンサルタントとその位置づけが変わったにも関わらず，中小企業分野では研究の視点が行政に偏重している。また，中小企業と資格分野のいずれも本稿で挙げたリサーチ・クエスチョンに迫る研究は見当たらない。

3．研究方法

研究方法として歴史的方法論を参考とした記述的研究を用いる。記述には参考文献に挙げた史料を根拠としている。詳細は後述するが，本稿は1950年代を1つの転機と捉えており，この時期を除く記述は割愛している。

ここで表題に掲げた民間の視点について補足する。行政の視点に基づく先行研究と異なるものを目指し，民間の視点という言葉を使うが，その意図は2つある。第一に，資格の成立過程を扱う以上，法令や国会会議録などの行政関連史料を用いるが，新聞記事や雑誌等による民間の認識も交えて記述を図る点である。第二に，本研究が貢献を目指す対象として，民間（資格者）に重きを置く点である。これは行政を軽視する意味ではなく，中小企業支援法を契機に診断士の対象者が公務員から民間とされた以上，現場で活動するそれらの人々に貢献したいからである。多くの資格者は，先述のように診断士資格の地位等に疑問を持つが，なぜそうなったかという観点を含め，資格の成立過程を論じることを試みる。したがって，一連の事実関係の評価や結論については，民間（資格者）を重視し，それらの人々に説明しうる認識と解釈を以降で示していく。

4．認識と解釈

4.1　中小企業庁と中小企業診断員制度の黎明期

戦後の日本経済は混乱を極め，時の吉田茂内閣は1946年に傾斜生産方式を導入し，限られた資材や資金を鉄鋼・石炭等の産業に重点投入した。それ以外の産業は資材・資金不足に直面し，大企業よりも体力が劣る中小企業は窮状に陥った。この中小企業問題に対応するため，政府はその対策に関する方針を示した中小企業対策要綱を1947年に閣議決定した。そして，芦田均内閣のもとで1948年に中小企業庁設置法が施行され，中小企業庁が創設された。商工省（通商産業省を経て

現経済産業省）の外局として設置された。中小企業庁設置法第四条第八項には「中小企業の経営に関する診断及び助言」と所管事項が明記され，当時から行政側が中小企業診断の政策的な展開を明確に企図していた点が窺える。

その後の経緯を引用する。「昭和23年（筆者注：1948年）『審査制度確立に関する措置』が定められ，これが中小企業診断制度創設の基となったのである。（中略）昭和23年8月1日，中小企業庁発足とともに（中略）診断制度の開始準備が急速に進められることになり，同年11月には従来の『審査』が『診断』と呼び名を変えて『中小企業診断実施基本要領』の制定をみ，各地方通商産業局および都道府県，六大市による中小企業診断制度が発足した」（中谷，1978，pp.27〜28）。

そして，1948年には工場診断，1949年に商店診断および組合診断が実施される。傾斜生産方式により困窮を極めた中小企業にも1950年の朝鮮動乱が特需をもたらし，景気も回復していく。診断指導も高度化し，個別企業では扱えない問題に対応するため，1951年から産地診断，1952年から系列診断が実施される。系列診断が行われた同年，昭和27年4月通商産業省告示第76号によって，中小企業診断登録規定が公布され，地方自治体の職員等を対象に中小企業診断員として登録が開始された[注15]。これが現在の診断士の前身である。

4.2　1950年代を主な記述対象とする理由

リサーチ・クエスチョンに迫るため，以降は診断士の法的根拠に絞り論述する。行政の視点による複数の先行研究から，1963年の中小企業指導法と2000年の中小企業支援法が制度の転換点であると言える。一方，中小企業診断協会の団体史には，1956年12月に「中小企業診断制度の法制化についての懇談会開催」（中小企業診断協会，2004，p.30），1957年9月に「中小企業診断士法（仮称）起草小委員会開催」（中小企業診断協会，2004，p.32），1958年1月に「中小企業診断士法（案）の説明会開催」（同前）との記述がある。中小企業診断協会（2004）にこれ以上の記述は存在しないが，このことから1950年代に上述以外の転換点があったのではないかと推測し，この年代を中心に記述していく。

筆者が中小企業診断協会（2004）に注目したのは理由がある。現在の同協会は民間の運営による組織と言える。一方，1950年代は公的な色が強かった。例えば，中小企業庁内に所在していたし，要職には中小企業庁長官，同庁指導部長，同庁振興部長らが名を連ねた。したがって，現在は存在しない「中小企業診断士法」

の記述が団体史にあったのは，何らかの法整備を進める行政の意向が働いたのではないかと推測したからである。また，通商産業省（1991a）には，中小企業庁が中小企業診断士法案を作成したが成立には至らなかった旨が簡潔に一文で記述されており，上述の同協会における動きとの関連を検証すべきと考えたからである。

4.3　経営士をめぐる法制化の動き

1950年代には診断士以外にもコンサルティング関連資格の法制化について議論があった。1951年に経営士の法制化要否が議論された。経営士とは，日本で最初の経営コンサルタント資格と呼ばれ，現在も民間資格として存続している。

平井（1952）は経営士について次のように述べた。「最近戦後の所謂底の浅い我が国の産業界を建て直す為には『経営コンサルタント』というようなものを積極的に発達させる必要がある。又，何とか制度的にする必要がありはしないかという事が各方面から感ぜられるようになって来た。殊に，官庁側に於いても，経済安定本部（筆者注：現内閣府）及び通商産業省は，夫々の角度からこの点に関心を持ち，機会をもって勧奨を行っていたのであるが，昭和二十六年に至って，『経営士』という形をとって，一応経営コンサルタントが我が国にも新しい形によって発足することとなった。尤も，後に述ぶるが如き理由により，現在，直ちに法律をもって職業規制を行うことを避け，取り敢えず政府の勧奨の下に，社団法人日本経営士会というものを創設することとなり，自治団体として先ずこの業務の発達を図り，職業の規制を行うこととなった」（平井，1952，pp.10～11）。

この一連の経緯が，経営コンサルタント関連資格の法制化に関する初めての議論と推測される。ちなみに，荒木（1972）によれば，1950年代の時点では公的診断は診断士，民間診断は経営士という棲み分けがあったことが窺える。上述のように，以下に述べる理由で経営士法制化の議論は見送りという結果に終わった。

平井（1952）が主張した「後に述ぶるが如き理由」，換言すると経営士法制化見送りの理由の1つには，経営上の事柄は多面的で部分的に専門家の参加を要するため，排他的に経営士に一任できるものではなく，弁護士，公認会計士，税理士など他士業との棲み分けが困難であった点が読み取れる。

4.4　診断士をめぐる法制化の動き

1957年11月の毎日新聞には，中小企業診断士法を通商産業省が検討している事実が明らかとなった記事が掲載された。以下の通り，記事からの引用を行う。

「国家試験と登録制　中小企業診断士法，次国会へ

通産省では中小企業診断制度に大きな効果を持たせるため『診断員』の育成強化に乗り出すこととなり，このため診断士法（仮称）を通常国会に提出したい意向である。現在までの診断件数は約三万件に達し，その大半が診断後の企業経営に相当な効果を上げている。また毎年企業診断を求める中小企業家数が増加しているが，この要求をみたすだけの政府の指導員がおらず，この不足を補うため最近では民間の有料診断員が激増しており，昨年から有料診断員の都道府県への登録制度を実施している。したがって通産省はこの種の診断員の育成強化をする必要に迫られているわけで，現在同省では国家試験と都道府県への強制登録などを考えている」（毎日新聞，1957，p.4）。先述の通り，中小企業診断協会（2004）によれば，1957年9月に中小企業診断士法（仮称）起草小委員会を開催しており，この直後に全国紙にも診断士法制化の動きが表面化したわけである。

中小企業診断協会（2004）には，1958年1月に中小企業診断士法（案）の説明会が開催された記述があるとすでに述べた。その詳細に関する記事を資格者の機関誌から発見した。企業診断編集部（1958）の要旨を述べる。1958年1月に大阪と東京で，中小企業庁の川合診断課長が中小企業診断協会向けに法案の説明を行った。法案の目的は，官庁による診断では330万とも言われる中小企業の数に追いつかないので，民間経営コンサルタントに法律による資格を与え，官庁による無料診断を民間による有料診断へと切り替えるためと述べた。そのため，法案を国会に提出し，成立させたい意向を中小企業庁が有していることを明かした。

この説明会に対して，企業診断編集部（1958）における反応は興味深い。全面的な賛成ではなく，法案に対する疑問が示されたのである。第一に現行制度以上の成果を上げ，民間による有料診断へと円滑に移行できるのか，次に診断士を机上の試験で選抜できるのか，第三に公認会計士，税理士，計理士等の既存勢力との棲み分けをどう考えるのか，第四に民間において経営診断業務を行っている経営士との混同を除去すべきではないかなどが挙げられた[注16]。

なお，企業診断編集部（1958）には法案の条文も掲載されている。紙幅の関係で割愛するが，第1条から第3条は総則，第4条から第15条は試験など，第43条

までにわたって詳述され，中小企業支援法のような簡略な記述ではない。資格制度を明確に定めている点で公認会計士法や税理士法などと構成が似ている。ただし，法案の条文を見るかぎり，法的独占業務に関する記載は見当たらなかった。この理由の1つとして，平井（1952）では他士業との棲み分けが困難であると述べたが，経営士における議論を行政が参考にしたのではないかと推測しうる。

企業診断編集部（1958）では，この法案は通商産業省の省議を経ておらず，変更も予想されるとあったが，後に法案を国会に提出しようという動きは正式に通商産業省全体のものとなる[注17]。1959年2月16日の省議を経て法案を国会に提出する予定である旨が通商産業調査会（1959）に掲載された。また，1959年11月12日に国会で行われた参議院商工委員会において，小山雄二中小企業庁長官は法案を法制化したい意向を表明している。

4.5 診断士法制化に関する論争

この通商産業省・中小企業庁の法案を推進する一連の動きに異を唱える利害関係者が登場した。公認会計士，税理士，計理士の会計3団体およびこれらを所管する大蔵省（現財務省）が法案に反対の意を示した[注18]。会計3団体が反対する主な理由は，自分たちは過去から中小企業の実務指導を行っており，職域を侵害される恐れがあるためであった。国会における第31回衆議院商工委員会（1959年2月24日）にて，全国計理士連合会は中小企業診断士法制定反対に関する陳情書を提出し，反意を国政の場で示した。また，複数の税理士向け雑誌においても，法案の状況に関する記事が掲載されるなど，当時の関心の高さが窺える[注19]。大蔵省もこの法案が行政機構を複雑にするとの理由で反対し，公認会計士法の改正で十分との意向を外部に示した。

これら反対者に推進派の中小企業庁も黙っていなかった。渡辺（1959）は中小企業庁診断課として法案の意義を説くとともに，反論を行った。まず，「1 職業会計人は，中小企業診断を行う能力を有する」（渡辺，1959，p.20）という論点に対する同庁の見解を引用する。「このことは，診断員養成基礎研修の修了者から提出されたアンケートの結果から見て明らかに妥当性を欠くものであることがわかる。すなわち基礎研修に出席した会計人の殆ど大部分が診断研修を非常に有意義なりとし，多大の感銘を受けたと答えていることからしても，明らかに相異なる業務であると明言出来るのである」（同前）。

次に,「2 中小企業診断士が職業会計人の職域を侵害する恐れがある」(同前)という論点への同庁見解である。「彼らの職域は大きく分けて,公認会計士の監査,証明業務と税理士の税務代行,相談業務のごとく法的に業務が独占されているものと,計理士の検査調査,企画,立案業務等の非独占業務とに分けられるのであるが,非独占業務については計理士或いは公認会計士の名称を用いなければ何人が行ったにせよ,これを問題とするのはむしろ不当であると考える。独占業務については,独り中小企業診断士のみが法を侵すがごとく考えるのは如何なる根拠によるのか理解に苦しむのである。むしろそれらの法規の不備取締の不行届の責を故意に診断士に負わせしめているがごとき感を受けるものである」(同前)。
　さらに渡辺(1959)は以下のようにまとめている。「以上は表面上の反対理由であるが,隠された理由の一つとしては,いわゆる会計業務は単なる事務代行的なものであり近年次第に自由職業としての比重を失いつつある一方,年々増大する同業者の過当競争との両面からの圧迫により,その経営に困難を感ずるに到っており,新規職業分野として企業診断業務を行わざるを得ない実情にあり,この新規業務を試験を受けることなく,無償で手中に納めんとするところにその本心があるように感ぜられるのである」(同前)。このように,公認会計士,税理士,計理士の名称を挙げ,彼らの意見を批判した。同時に,「法規の不備取締の不行届の責」に表されるように,名前こそ挙げていないが,会計資格者を所管する大蔵省を意識した反論を展開した。通商産業省・中小企業庁による法案推進の主張,大蔵省・会計3団体による既存体制維持の主張,2つの陣営に分かれ,意見が対立したのである。法案をめぐる論争は両陣営による政争の様相を帯びていった。
　この論争は1960年1月に幕が引かれることとなった。以下は読売新聞の説明である。「中小企業診断士法提出取りやめ(中略)通産省は二十日の幹部会で通常国会に提出する同省関係法律案の取り扱いについて検討した。この結果当初提出を予定していた中小企業診断士法案は業界内の意見が一致しないためとりやめる方針をきめた」(読売新聞,1960b,p.4)。このように通商産業省・中小企業庁の推進側が法案を取り下げ,矛を引くかたちで事態は収束したのである。以降,中小企業診断士法は現在に至るまで成立することはなく,まぼろしのものとなる。

4.6　その後の診断士

　法案取り下げ後,診断士の法的根拠に関わる事項について,筆者の推測を交え

つつ列記していく。法案取り下げから約3年後，政策理念を示す中小企業基本法が1963年に成立し，同法に紐づき，診断指導政策に関して中小企業指導法が同年施行された。これを契機に中小企業診断員の試験・養成といった選抜・育成制度が開始されるが，同法の条文には一切「中小企業診断員」（あるいは「中小企業診断士」）という文言は記載されなかった。通商産業省は選抜・育成に関わる事項を同法ではなく省令に記載した[注20]。法律で明記すれば，会計3団体と意を一にする大蔵省との調整を要するからであろう。これを避けるため，通商産業省・中小企業庁は自らの裁量が大きい省令を選択し，大蔵省との衝突を回避したものと思われる。さらに，1969年には「中小企業診断員」から「中小企業診断士」へと名称が変わるが，これも省令による変更であった[注21]。

当然ながら，1960年代の時点では，2000年前後の行政改革による国家資格見直しは誰も想定していない。これ以降，診断士の法的根拠は中小企業指導法によるとの認識が定着する一方，法案をめぐる論争は忘却に至ったのが民間の認識であろう。そして，2000年前後に国家資格が見直されるにあたり，診断士資格の取扱いが議論される段になって，診断士が法律ではなく省令で規定された点が社会的に注目されることとなった。長きにわたる民間の認識では，法案をめぐる論争は多くの人々に忘れ去られたうえに，「診断士は法律で定められた国家試験」と硬直的に考えられていたのであろう[注22]。そのため，2000年に行政が「診断士は法律上の国家試験」と宣言した背景にはこれまで筆者が述べてきた事実を含んでいたのだが，多くの資格者の理解を超えており，先述の後藤（2012）のように戸惑いを覚える者も存在したのである。

5．結言

リサーチ・クエスチョンについては，すでに述べた通り法案を推進したい通商産業省・中小企業庁に対して，大蔵省・会計3団体を交えた反対論者が待ったをかけたためと説明できる。「歴史に『もしも』はない」と決まり文句として一般に口にされるが，もしも中小企業診断士法が成立していたら，診断士は現在と異なる運命を辿っていたと思えてならない。おそらく2000年の中小企業支援法における「中小企業診断士試験は法律上の国家試験」に帰結する議論も存在しなかったのではないか。また，後藤（2012）のように資格の位置づけに戸惑う者もいな

かったのではないか。診断士資格成立の岐路が利害関係者との駆け引きであった点は，実に人間らしく生々しい現実であると言えよう。

既存研究と異なる本研究の見解は，第一に法案不成立の事実を詳述したこと，第二にそれが現在における資格の地位にも影響を及ぼす転換点であったとの解釈を示したこと，第三に法案不成立（1950年代）から中小企業指導法（1963年），中小企業支援法（2000年）までの法的根拠の変遷を説明したことである。

政策的含意，本研究の意義としては，診断士制度における行政と民間による認識の乖離を指摘し，その原因を資格の成立過程に遡って解明したことにある。同制度が有効に機能するためには，行政と民間が同一の認識のもと，協働しなければならないが，本稿が双方の乖離を埋める一助になりうると考えている。

今後の課題を述べる。戦後，中小企業の復興を企図して始まった診断士には半世紀を超える歴史がある。本稿で述べた診断士の法的根拠に関する記述はその一部を構成するに過ぎない。民間（資格者）ならではの歴史観に貢献しうる別の事実についても今後記述を続けていきたい。

〈注〉
1 　以降，「中小企業診断士」を「診断士」と略す場合がある。
2 　本節は主に中小企業診断協会（2014）を参考とした。
3 　筆者は診断士資格が資格者に総じて不満を与えるとは考えないが，本稿ではあえて資格者に見られる負の側面に触れている。
4 　本稿は産業廃棄物処理業関連の診断業務を法的独占業務と認識していない。
5 　ユーキャンによる。
　　http://www.u-can.co.jp/%E7%A4%BE%E4%BC%9A%E4%BF%9D%E9%99%BA%E5%8A%B4%E5%8B%99%E5%A3%AB/exam/（2017年11月18日閲覧）
6 　LECによる。http://www.lec-jp.com/shindanshi/about/shiken/data_goukaku.html
（2017年11月18日閲覧）
7 　今野・下田（1995）は診断士を能力認定資格として分類した。また，「経営の診断及び助言の業務を行う者の能力認定制度」（中小企業庁，2005，p.2）とも記載されている。
8 　2016年度末の資格登録者数（休止者除く）は21,624人で（出所：中小企業庁），2017年度の一次試験申込者数は20,118人である（出所：中小企業診断協会）。
9 　日本経済新聞の調査（2016年1月12日号朝刊）では，取得したいビジネス関連資格の首位に診断士が挙がるなど，その社会的関心は非常に高い。
10　診断士を国家資格と定義するか否かは議論の余地があるが，本稿では一般的な資格

の認識にしたがい，国家資格と記しておく．
11 例えば，以下では「経営コンサルタント唯一の国家資格」に類する記述がある．福岡県中小企業診断士協会：http://shindan-fukuoka.com/（2017年8月17日閲覧）
12 国家資格から民間資格とされた例として，産業カウンセラーやインテリアコーディネイターなどがある．
13 税理士法：http://law.e-gov.go.jp/htmldata/S26/S26HO237.html
公認会計士法：http://law.e-gov.go.jp/htmldata/S23/S23HO103.html
（上記全て2017年8月17日閲覧）
14 中小企業指導法：http://www.shugiin.go.jp/internet/itdb_housei.nsf/html/houritsu/04319630715147.htm
中小企業支援法：http://law.e-gov.go.jp/htmldata/S38/S38HO147.html
（上記全て2017年8月17日閲覧）
15 以降，「中小企業診断員」も「診断士」と略して表記する場合がある．
16 計理士とは公認会計士の前身にあたる資格で，現在は廃止されている．
17 省議とは各省の会議や議決のことを指す．
18 毎日新聞朝刊1959年2月17日号，朝日新聞朝刊1959年2月17日号，読売新聞朝刊1960年1月7日号など，複数の全国紙にその旨の記載がある．また，衆議院商工委員会議録（1959年9月9日）にも類似の記述がある．
19 税経セミナー1958年3月号および1959年1月号，税経通信1958年3月号などに記載がある．
20 昭和38年（1963）の通商産業省令第百二十三号による．
21 昭和44年（1969）の通商産業省令第四十三号による．
22 資格受験産業は長らく診断士を「経営コンサルタント唯一の国家資格」と喧伝してきた．筆者はこれが民間側の認識に多大な影響を与えたと考えている．

〈参考文献〉
1 荒木東一郎（1972）『実践経営学：続能率一代記』同文館出版
2 朝日新聞（1959）「通産省 提出方針きめる 『中小企業診断士』法案」『朝日新聞朝刊』1959年2月17日号p.4
3 中小企業庁（2005年2月）「中小企業診断士制度の見直しについて（研究会報告書のポイント）」pp.1-16
http://www.meti.go.jp/committee/materials/downloadfiles/g50215a41j.pdf
（2017年8月12日閲覧）
4 中小企業政策審議会ソフトな経営資源に関する小委員会（2000年6月）「新しい中小企業診断士制度について」pp.1-44
http://www.meti.go.jp/report/downloadfiles/g00710aj.pdf（2017年8月15日閲覧）
5 中小企業診断協会（2001）『新しい中小企業診断士制度（改訂版）』同友館
6 中小企業診断協会（2004）『創立50周年記念誌』中小企業診断協会

7　中小企業診断協会（2014）『中小企業診断士制度の変遷』中小企業診断協会
8　後藤博（2012年9月）「診断士試験　今昔物語」
　　http://www.lec-jp.com/shindanshi/support/history/（2017年8月17日閲覧）
10　平井泰太郎（1952）『経営コンサルタント』東洋書館
11　今野浩一郎・下田健人（1995年）『資格の経済学』中央公論社
12　企業診断編集部（1958）「中小企業診断士法（案）に対する声」『企業診断』1958年2月号pp.25-30
13　毎日新聞（1957）「国家試験と登録制　中小企業診断士法，次国会へ」『毎日新聞朝刊』1957年11月7日号p.4
14　毎日新聞（1959）「通産省，提出きめる　中小企業診断士法」『毎日新聞朝刊』1959年2月17日号p.4
15　松島茂（2013）「中小企業庁の設立と診断指導政策」尾高煌之助・松島茂編著『幻の産業政策 機振法 実証分析とオーラルヒストリーによる解明』pp.213-241
16　中谷道達（1978）『中小企業とコンサルティング新版』ビジネス教育出版
17　中谷道達（1994）「中小企業診断制度」日本経営診断学会編『現代経営診断事典』pp.757-767
18　参議院（1959年11月）「参議院商工委員会会議録」第3号pp.1-11
19　衆議院（1959年2月）「衆議院商工委員会議録」第18号pp.1-7
20　衆議院（1959年9月）「衆議院商工委員会議録」第5号pp.1-32
21　辻功（2000）『日本の公的職業資格制度の研究』日本図書センター
22　通商産業調査会（1959）「中小企業診断士法制定の必要性について」『通産省公報』1959年2月17日号p.2
23　通商産業政策史編纂委員会（2013）『通商産業政策史1980-2000　第12巻　中小企業政策』経済産業調査会
24　通商産業省（1963）『商工政策史　第12巻』商工政策史刊行会
25　通商産業省（1991a）『通商産業政策史　第7巻』通商産業調査会
26　通商産業省（1991b）『通商産業政策史　第15巻』通商産業調査会
27　渡辺敏美（1959）「診断行政の方向と中小企業診断士法案」『月刊中小企業』第11巻第3号pp.19-20
28　読売新聞（1960a）「振興法案に異論続出　通産省　中小企業対策行き悩む」『読売新聞朝刊』1960年1月7日号p.4
29　読売新聞（1960b）「中小企業診断士法提出取りやめ　通産省」『読売新聞朝刊』1960年1月21日号p.4
30　税経セミナー（1958）「中小企業診断士法案について」『税経セミナー』1958年3月号pp.32-33
31　税経セミナー（1959年）「中小企業診断士法案」『税経セミナー』1959年1月号pp.51-52
32　税経通信（1958）「中小企業診断士法案成るか」『税経通信』1958年3月号p.22

（査読受理）

協力会によるサプライヤ組織化
―三菱自動車柏会(名古屋)の1960年代後半から70年代の事例より―

慶應義塾大学 経済学部　植田浩史

1　問題意識と課題

　日本の多くの大企業や中堅企業には，下請企業（協力企業）やサプライヤを組織した協力会が存在している。協力会について西口敏宏は，社史等で協力会や下請企業管理について確認したとしたうえで，「日本の自動車産業における戦後の協力会制度は，1950年代にその構成企業に目覚ましい成果をもたらすようになった。1960年代にアセンブラーと下請企業の関係がより緊密になるにつれ，こうした下請企業の協力組織は一層重要な存在になっていった」としている（西口敏宏，2000，p85）。しかし，確認したとされる社史等の史料批判が行われておらず，評価も過度に単純化しており，再検討が必要である。また，浅沼萬里も著書の中で，「協力会」を多用し，会員企業を「基幹的なサプライヤー」（浅沼萬里，1997，p170），「衛星型サプライヤー」（同，p283）と表現し，会員内部の相違，自動車メーカーの協力会による相違には関心がなく，協力会企業に対して平板な見方をしている。本稿は，こうした過度な単純化，平板な見方では自動車産業の協力会の歴史的な特徴と役割は説明できず，1次資料に基づく具体的な活動の検討が求められており，そこから改めて協力会とは何だったのか，考えていく必要があると考えている[注1]。

　協力会については，発注企業と下請企業の情報交換の場，下請企業の学習の場としての役割，協力会メンバーの固定化，といった特徴が指摘されてきた[注2]。しかし，これらの特徴の具体的な内容やその形成プロセス，形成にあたっての各協力会組織固有の条件などの点について十分に検討されているとは言えない。

　本稿では，この点を意識し，三菱自動車工業株式会社（以下三菱自動車または三菱と略）名古屋自動車製作所（以下適宜名自と略）の協力会である柏会名古屋

支部（名自柏会）の活動について三菱自動車柏会名古屋支部『名古屋支部ニュース』（1981年4月，冊子化された縮刷版）を用いて，1960年代後半から70年代を対象に分析する（以下引用は『‥号』とする）[注3]。『ニュース』には，三菱の購買方針，名自支部の活動や先進的企業の事例が紹介され，会員企業の情報共有に重要な役割を果たしていたと考えられる。

分析対象である三菱自動車名古屋自動車製作所と対象時期について，以下の点を確認しておく。①トヨタ，日産の先発自動車メーカーと比べると対象となる三菱は後発であり，生産規模も小さかった[注4]。なお，三菱は，乗用車以外のバス，トラックなどの生産も多かったが，名自に関しては乗用車中心の工場であった。②乗用車に関しては1966年に年産5.3万台から80年には30万台まで量産規模を急拡大させる時期になる。また，乗用車の生産車種もコルトからコルトギャラン，さらにニューギャラン，ギャランΣと高機能化している。③60年代後半は貿易自由化，資本自由化，そして70年代にはドルショック，オイルショックとその後の不況による国内市場の伸び悩み，海外市場のウェイトの高まりなど，自動車産業をめぐる環境の変化が大きかった。

以上の点を踏まえ，本稿では次の点を課題とする。第1に，後発自動車メーカーである三菱自動車の協力会（名自柏会，柏会名自支部）の，1960年代後半から70年代という量産の確立から様々な課題を克服していく時期の活動を通して，後発自動車メーカーの協力会の当時抱えていた課題と克服のプロセスを描き出すことである。第2に，後発メーカーである三菱自動車の協力会会員の構成に着目し，協力会の活動にどのような影響を与えていたのか，検討することである。第3に，この時期の協力会の活動が，発注側（三菱自動車）と会員企業との関係，互いに競争相手である会員企業間の関係をどのように調整し，全体として発注企業を中心とする「生産共同体」の発展に結びつけようとしていったのか，明らかにすることである。

以下，名自柏会の組織の特徴について触れた後，活動の内容について詳しく分析を行い，最後に上記の課題について総括する。

2 三菱自動車工業と協力会

2.1 三菱の自動車生産と協力会

　敗戦後，旧三菱重工業株式会社は分割され，戦後の三菱の自動車事業は各分割会社で始められた（名古屋，京都，水島，東京）。そのため，協力会の組織化過程も複雑であった。1950年代から60年代初めにかけ，京都，水島，東京では工場単位で協力会（柏会）が組織されたが，名古屋は当初機器など他の部門と同じ組織であったが，65年12月に部門ごとに分離独立し，自動車関係の下請企業については「名自柏会」が発足する。そして，66年4月には各自動車製作所の「柏会」の連合体として「三菱自動車協力会」（253社）が結成された。これらは，各自動車製作所の近くに所在するプレス，板金，樹脂などの加工外注メーカーが中心の組織である。

　一方，自動車の生産には様々な機能部品が必要になるが，三菱はこうした部品は独立系や大手自動車メーカー系の専門部品メーカーから購入した。専門部品メーカーについては，1950年代末から組織が存在していたようだが，本格的には66年に発足した「三菱柏会」が最初である。なお，66年の名自柏会には，専門部品メーカーの多くが賛助会員として参加していた（多くは「三菱柏会」会員）。

　「三菱自動車協力会」と「三菱柏会」は，三菱重工業から1970年三菱自動車工業の独立を機に合同し，「三菱自動車柏会」となる。再編にともなって賛助会員（特別会員）はなくなり，三菱自動車柏会には，第一部会（主要専門メーカー，95社）と第二部会（加工メーカー，134社）の二つの部会がおかれ，名自柏会は，「三菱自動車柏会名古屋支部」（以下名自支部）と名称変更した[注5]。

　その後，1970年代の石油危機以降の環境変化に対応して三菱自動車では購買本部が設置され（74年6月），購買業務の集中化が図られた。これに対応して，後に79年5月三菱自動車柏会は支部中心の活動から本部中心の活動に移行した（日本自動車部品工業会，1979，p77）。それにともなって『ニュース』は103号で廃刊となった。

2.2 三菱自動車の部品調達

　三菱自動車の部品調達の特徴として，以下の点を指摘できる。第1に，後発である三菱は，取引関係や資本関係の深い系列部品メーカーを育てるのではなく，

他のメーカーの系列部品メーカーや独立系部品メーカーを調達先に組み込むことで安定的な調達を図ろうとした（山国保廣，1973，pp.144-147）。部品メーカー側にとって三菱への納入比率は数％から10数％という水準が多かったが，三菱の生産は年々拡大しており，企業規模拡大にとっての意味は大きかった。また，トヨタや日産にとっても，三菱の仕事は追加的，補完的であり，系列部品メーカーの経営にとってプラスならば，問題にならなかったと思われる。三菱にとっても，部品メーカーにとっても，トヨタや日産にとっても「相乗り」的な関係は基本的には好都合であった。第2に，専門部品以外の加工部品については，工場周辺の中小メーカーを中心に発注しており，こうした加工外注メーカーのレベルアップが課題として強く認識されていた（小林良平，1978，pp.135-136）。

このように，専門部品メーカーと加工外注メーカーという，事業の内容，規模，技術・管理・経営のレベル，三菱との関係，などにおいて大きな違いのある二つの層のサプライヤを，その特徴に応じて調達先として有効に活用していくことが，特に後発であり，先行メーカーと比較すると生産規模が小規模であった三菱自動車に求められたサプライヤ管理の課題であった。

こうした特徴は，各自動車メーカー協力会会員企業の他協力会への加入状況から確認できる（表1参照）。第1に，三菱の協力会会員（三菱自動車柏会）が

表1　自動車メーカー協力会会員企業の他協力会加盟状況

自動車メーカー（協力会）	他自動車メーカー協力会加盟率（％）										協力会会員数	平均協力会加入数	1協力会のみ加入（％）
	トヨタ	日産	三菱	東洋工業	いすゞ	富士重工業	ダイハツ	日野	鈴木	日産ディーゼル			
トヨタ（東海・関東・関西協豊会）	—	22.6	41.3	0.0	24.5	8.4	34.8	33.5	0.6	1.3	155	2.7	39.4
日産（宝会・晶宝会）	22.7	—	33.1	0.6	27.9	11.7	22.7	25.3	0.6	8.4	154	2.5	45.5
三菱（柏会）	18.7	14.9	—	1.5	17.0	5.6	18.1	17.5	0.0	4.1	342	2.0	60.2
東洋工業（東友会協同組合）	0.0	1.2	6.0	—	2.4	0.0	1.2	2.4	0.0	1.2	84	1.1	91.7
いすゞ（協和会）	17.0	19.2	25.9	0.9	—	6.3	16.1	20.1	0.4	4.0	224	2.1	60.7
富士重工業（三鷹・群馬協力会）	9.5	13.1	13.9	0.0	10.2	—	8.8	10.2	0.7	4.4	137	1.7	67.2
ダイハツ（協友会）	39.1	25.4	44.9	0.7	26.1	8.7	—	30.4	0.0	2.9	138	2.8	39.1
日野（協力会）	33.3	25.0	38.5	1.3	28.8	9.0	26.9	—	0.0	8.3	156	2.7	35.3
鈴木（鈴自協力協同組合）	1.2	1.2	0.0	0.0	1.2	1.2	0.0	0.0	—	0.0	83	1.0	96.4
日産ディーゼル（弥生会）	3.0	19.7	21.2	1.5	13.6	9.1	6.1	19.7	0.0	—	66	1.9	54.5

注1）トヨタ協豊会（東海，関東，関西），日産宝会・晶宝会，富士重工業協力会（三鷹，群馬）はそれぞれ1つとした。
　2）本田技研には協力会がない。二輪車メーカーの協力会は含まれない。
出所）（社）日本自動車部品工業会・（株）オート・トレード・ジャーナル共編『日本の自動車部品工業　昭和47年版』（オート・トレード・ジャーナル，1972年）より作成。

1972年時点で自動車産業の中で最も多いことである。第2に，トヨタ協豊会，日産宝会・晶宝会，ダイハツ，日野の会員の3～4割が三菱の会員となっているなど，他の協力会会員が多く参加している。後述するように，この多くは旧三菱柏会会員企業（その多くが三菱自動車柏会では第一部会構成メンバー）になる。第3に，その一方で三菱のみの会員（多くは加工外注メーカー）も6割以上存在している。こうした二つのタイプの会員を抱えているのが三菱の協力会の組織の特徴であり，活動内容とも強く関係する。

3　名自の協力会の組織と活動

3．1　名自柏会（1965～69年）
①発足初期の組織と会員

名自柏会は，前述したように1965年12月に発足した。発足の目的は「一，会員相互の経営基盤の強化ならびに技術向上。二，製品の品質向上ならびに原価低減。三，情報交換ならびに販売協力など。」とされ，発足直後の会員数は104社であった（『創刊号』1966年3月1日）。発足直後の座談会では，それまでの親睦中心から「事業方針に沿った新しい生産協力体として一体感を打ち出す」ことが組織の急務であるとされた（同）。

新たな活動として重視されたのは3つの委員会である。各委員会の活動内容は表2にあるように，発足の目的を直接実行するものであった。各委員会にはそれぞれ担当会員企業が決められ，名自の担当部署と「協力」して様々な活動を進めていた。

名自柏会発足から2年後の1968年の会員状況を見ると次のようになっている（自動車部品工業会・自動車ジャーナル共編（1969）より作成）。会員構成は，賛助会員46社，乗用車部会機械分科会15社，同板金分科会16社，同部品分科会12社，農機部会機械・鋳物分科会11社，同板金・塗装分科会11社，バス分科会20社，総数131社，重複を除いた会員数は115社になる。なお，賛助会員のうち37社は三菱柏会会員であり，9社は名自柏会の賛助会員のみである。また，三菱柏会会員だが賛助会員ではなく，部会に所属している企業はイクヨ化学工業，今仙電機，立川スプリング，東海理化販売の4社である。これらの企業は，協力会活動に積極的に関わっている企業ということになる。

表2 名自柏会の各委員会（1965年12月発足時）

委員会		活動内容
経営管理委員会 28社		1. 年間テーマ「原価計算の標準化」
		2. 具体的テーマ
		a. 経営トップに原価計算の効用を知らせるには如何するか
		b. Cost Down と原価計算
		c. 実際的な原価計算
		d. 限界式を従業員に徹底させるには
		e. 原価計算の機械化
管理技術委員会 48社	QCグループ 16社	1. QC体制をとらえ会員会社を巡回、その結果を討議
	VAグループ 14社	1. VA展示会及び発表会
		2. 生産前VAの研究
		3. 会員会社の見学による相互診断
	IEグループ 18社	1. 生産同期化の研究（PERT手法と関連実施）
教育宣伝委員会	教育企画グループ 9社	1. 各種教育の企画、実施
	新聞宣伝グループ 9社	1. 名自柏会ニュースの発行（隔月1回）

出所）『ニュース』創刊号、1966年3月1日、より作成。

この115社のうち、1972年時点でも会員だった元賛助会員41社、元部会会員64社について、72年時点の協力会加盟数（三菱含む）、日本自動車部品工業会会員状況、機振法助成企業数（1回以上）を比べると、前者がそれぞれ3.9、27社（65.9％）、18社（43.9％）であるのに対し、後者は1.3、7社（10.9％）、6社（9.4％）であり、明らかにタイプが異なることがわかる（データは表1出所と同じ）。

②発足初期の活動

名自柏会の総会での事業報告や事業方針案などから、活動の重点を確認する（表3）。前述したように、経営管理委員会や管理技術委員会を通じてレベルアップを図ろうとしたが、乗用車、バス、農機の違いが問題になったようで、67年に組織再編が行われ、乗用車関連の会員を対象の中心にするよう修正される。68年度から70年度までは貿易自由化、資本自由化を背景に、「経営基盤の強化と国際競争力の確保」が目標として掲げられた。69年度、70年度は目標管理、品質向上ならびに原価低減、生産管理技術の向上が重視された。また、69年度、70年度は、三菱などとの情報交換、三菱製品の拡販が事業展開として取り上げられている。

こうした方針のもとに、乗用車部会の会員を中心的な対象として、管理技術委員会のQC、VA、IE各委員会の下で様々な活動が行われる。また、活動の実績は毎年名自によって評価され、表彰は名自柏会の総会の場で行われ、『ニュース』

表3 名自柏会（柏会名自支部）の事業活動（1967〜78年度）

年度	内容	引用
1967	本格的国際競争化時代にそなえて、三菱事業部の方針の徹底と会員会社の経営基盤の強化を図り、名自の生産協力体制としての機能を発揮するためその体制を生産形態管理方式で異なる乗用車、バス、農機の各部会に再編成し、積極的、且つ効率的な事業活動の展開を図った。 　名自幹部との懇談会は従来の名自幹部と役員間にとどまりがちであったのを改善し、各部会総会において懇談会要旨を説明し、また逆に会員の要望、意見を部会を通じて反映されるように相互理解と伝達の徹底を図ってきた。…	1967年度事業報告草案、第15号、1968年5月10日
1968	『経営基盤の強化と国際競争力の確保』を大目標として幾多の事業を推進してきた。特に重点的に取り上げたテーマは、一、目標による管理の推進、二、経営幹部対象のグループダイナミクスの研修、三、中堅層対象の管理技術の研修があげられよう	1968年度事業報告、第27号、1969年5月10日
1969	経営基盤の強化と国際競争力の確保（個性ある企業づくり）」を目標に、①経営管理技術の向上　②製品の品質向上ならびに原価低減　③生産管理技術の向上　④三菱製品の拡販に協力　⑤情報の交換、の5項目に対して事業を展開	1969年度事業報告、第38号、1970年4月15日
1970	目標　経営基盤の強化と国際競争力の確保（個性ある企業づくり） 展開項目　①製品の品質向上ならびに原価低減　②経営管理技術の向上　③生産管理技術の向上　④目標による管理の推進　⑤三菱その他関係団体との情報交換と広報活動　⑥三菱製品の拡販に協力	1970年度事業方策案、第36号、1970年2月10日
1971	事業目標　「経営基盤の強化と国際競争力の確保（個性ある企業づくり）」 事業方針　①製品の品質向上ならびに原価低減　②経営管理技術の向上　③情報交換ならびに伝達　④工場公害対策の促進　⑤三菱製品の拡販に協力	役員会決定事業計画案（1971年4月9日）、第50号、1971年4月20日
1972	事業目標　「品質保証体制の確立」 事業方針　①製品の品質向上ならびに原価低減　②経営ならびに生産管理技術の向上　③工場公害対策の推進　④情報交換ならびに伝達　⑤三菱自動車の販売に協力	1972年度事業方針、62号、1972年5月30日
1973	事業目標　「発想の転換による経営基盤の強化」 事業方針　（昨年度と同じ）	1973年度事業方針、第68号、1973年5月25日
1974	事業目標　「発想の転換による経営基盤の強化」 事業方針　（昨年度と同じ）	1973年度事業方針、第74号、1973年5月25日
1975	事業目標　「発想の転換による経営基盤の強化」 事業方針　（昨年度と同じ）	1975年度事業方針、第80号、1975年5月25日
1976	事業目標　「経済構造の変化に対応できる柔軟且強靭な企業体質づくり」 事業方針　①企業体質の向上　②製品の原価低減ならびに品質の向上　③工場公害に関する研究　④情報交換ならびに伝達　⑤三菱自動車の拡販に協力	1976年度事業目標、第86号、1976年5月25日
1977	事業目標　「総意を結集し、強靭な企業体質づくり」 事業方針　（昨年度と同じ）	1977年度事業方針、第92号、1977年5月25日
1978	事業目標　「在庫の縮減と品質向上を」 事業方針　（昨年度と同じ）	1978年度事業方針、第97号、1978年5月25日

出所）『ニュース』各号より作成。

に必ず掲載された。総会は名自から直接すべての会員企業に情報を伝える重要な場でもあった。

　QC，VA，IE活動については，協豊会や宝会では1960年代前半には活動の柱になっており，賛助会員の一部はすでに一定の経験と実績があった。例えば，名自の柏会会員に対するVA提案の優良表彰では66年から70年にのべ58回，36社が表彰されているが，そのうち24回が三菱柏会会員または名自賛助会員（18社）となっている。これは同じ時期の納期優良会社表彰のべ65回に対し三菱柏会会員または賛助会員が15回と比較すると，比率が高い。VA活動で先行している賛助会員企業の先行事例を表彰することで他の会員へのインセンティブとしていたと思

われる[注6]。賛助会員の先行的，先進的な事例を活用した対応は，QC，IEに関する発表会，企業訪問などでも見られる[注7]。

VAについては，1966年6月に名自と名自柏会共催でVA部品展示会を開催し，54社から165点が出品され，その内訳はVA提案前提66点，参考出品50点，過去の提案事例49点だった（『3号』1966年7月5日）。67年も5月に開催され，72社450点が展示され（『8号』1967年5月25日），その後も毎年開催された。展示会については，66年，67年はニュースで詳細に報告され，その後も必ず名自からのコメント付きで言及されるなど，名自，名自柏会にとってVAを広げ，定着させていくうえで重視されていた。

③部品保証購入制度

一方，品質管理については，名自から1966年9月に，10月から部品メーカーを対象に部品保証購入制度の導入が伝えられた（『4号』1966年9月5日）。部品保証購入制度とは，三菱側での受入検査を省略し，納入された部品をそのまま組付ける制度であり，そのための品質保証体制の確立を供給側に求めるものである。手続きとしては①協定書の締結，②保証監査の実施，③必要書類の提出，④三菱側の許諾決定，⑤採用されたメーカーとの保証部品個別協定書の締結と実施，となる。

部品保証購入制度は，当面は専門部品メーカーを対象としたが，制度の導入を契機に協力会全体で「品質保証体制の確立」が強調された。上記の記事掲載直後には，これまでQCグループの活動はグループ内にモデル工場を選定して，グループ討議を行って来たが，今後はさらにチェック項目を限定して調査研究を進め，「いかにすれば自主的な品質保証体制が確立できるか。QCグループの諸活動は，これらの多くの諸問題を抱え，一つずつ解明していかねばならぬと思われる。」という記事を掲載している（『5号』1966年11月10日）。

また，品質保証体制の確立のために重視されたのがQC体験発表会（年によりQC発表会，QC事例発表会）である。1966年から70年までに開かれた4回の発表企業のべ27社のうち賛助会員は2社のみであり，正会員を対象にした発表会であったことがうかがわれる。発表会には，名自側から資材部長など担当者も参加し，発表内容へのコメントなどを述べていた（『23号』1969年1月10日）。

会員企業は，実際の発表会に参加し，他の会員企業がどのような品質管理を実

施しているのか，名自側の評価のポイントを知ることができた。さらに，ニュースによって情報がさらに参加しなかった企業や社内の関連する人間たちにも広がっていくことになる[注8]。

3.2 三菱自動車柏会の発足と名自支部（1970～78年）
①組織と会員
　前述したように，1970年6月の三菱自動車工業株式会社の設立と合わせて，三菱自動車協力会と三菱柏会が合同し，三菱自動車柏会が発足した。三菱自動車柏会の結成総会は10月に開かれ，11月10日に三菱自動車柏会名古屋支部が誕生した。組織再編について，村田名自所長は「自工分離以前の『三菱柏会』と『三菱自動車協力会』が併存していたのを一本化し，組織運営の効率化を図ったこと」「自工分離後，当社の購買体制が事業所中心より，事業部中心に転換することになりこれに対応するように再編成を図って，よりよい協力体制づくりを意図したこと」をあげていた（『45号』1970年11月20日）。購買の集中化に対応するとしているが，実際に集中化が進むのは前述したようにもう少し後のことになる。

　三菱自動車柏会発足時の第一部会（主要専門メーカー）は95社，第二部会（加工メーカー）は134社で加工メーカーの方が多い。なお名古屋支部は全体が134社，専門メーカーの多い第1分科会は75社と半分以上を占め，名自柏会の賛助会員数と比べると数が多い。部品部会会員の一部が第1分科会に組み込まれたようである。

　なお，1973年5月の総会で決定された名自支部の組織には名自柏会時代の経営管理研究会，生産管理研究会，広報委員会に加え，公害対策委員会，拡販協力委員会が追加された。これらは後述するように，名自支部の事業方針が変わるのに対応して設けられた委員会である。

②事業目標，事業方針
　名自支部となることで組織形態に変更があったものの，活動自体は大きくは変わらなかった。しかし，1971年度以降の事業目標は，前掲表3にあるように経済環境や三菱側の重点方針によって変化している。事業目標には変化が見られたが，70年代の事業方針の5項目は，順番や表現には違いあるものの，内容的にはほぼ踏襲された。60年代にも重視されていた品質向上・原価低減，経営管理技術

の向上，情報交換ならびに伝達に加え，60年代末から取り上げられていた三菱車の拡販，そして公害対策が新たに加えられた。

1970年代も「品質保証体制の確立」が強調されるが，内容は少し変化し，QCサークルが重視される。名自支部のQCサークル活動の特徴の第1は，柏会支部（名自柏会）で開催されるQCサークル交流会では，名自から必ず担当者が参加し，コメントを述べ，それがニュースに掲載されるなど，最初から名自側の関与が強いことである。第2に，協豊会，宝会では1970年代以前からQCサークルが重視されており，70年代初めには先行していた部品メーカー（旧三菱柏会会員など）の事例を有効に活用した。72年以降のQCサークル大会発表会で発表した会員企業はのべ35回確認できるが，旧三菱柏会会員企業の発表は22回を占め，QCサークル大会の位置づけが，先行企業の事例を学び，吸収する場になっている。

なお，名自支部（名自柏会）は1970年以降，品質管理，IEなどについて様々な講習会，研修会を開き，のべ82社が参加したが，そのうち旧三菱柏会会員企業は9社のみで，講習会，研修会は，底上げの意味を持っていた。また，参加企業名が『ニュース』に掲載し，業種や仕事内容が近い会員の情報をオープンにすることは，会員間の競争のインセンティブとして機能したと考えられる。

4　会員類型と協力会活動

名自柏会の会員は発足時が104社（うち賛助会員39社），三菱自動車柏会が発足時の名自支部の会員は137社で，その後増減がありながら数は増えているが正確な数字は不明である。名自支部の会員企業は，当初の賛助会員など専門部品メーカーと，部会会員であった加工外注メーカーに大別できるがさらにここでは1970年代後半の状況をもとに4つに類型化する。

A類型は，専門部品メーカーの中で，三菱との取引に積極的で，納入率は1960年代から70年代に上昇し，約10～20％となっている場合が多く，一部は三菱がメインとなっている。会員数は約20社。

B類型は，専門部品メーカーの中でA類型以外のもので，納入率では数％程度にとどまっているものが多い。会員数は約30社。

C類型は，加工外注メーカー，三菱との関係は戦前から，あるいは自動車の量産開始時からと古く，1970年代後半には百～数百人規模になっているところが多

い。中小企業合理化モデル工場指定，中小企業合理化優良企業表彰を受けたりしているところもある。一部は，加工外注メーカーから部品メーカーとなっている。会員数は約20〜30社。

D類型は，C類型以外の加工外注メーカーで，規模的には数十人レベルのところが多い。会員数は，約40〜50社である。

なお，表4は，『ニュース』に表彰，発表，研修参加などで記載されている会員の記載回数を記したものである。時期によって記載状況が異なるので，単純に順位は比較できないが，すべてが協力会の活動に積極的に関わっている会員であり，A類型，C類型である。A類型の会員の先行性を活用しながら，加工外注の中でC類型の企業のレベルアップを図り，それに応えたC類型企業は規模拡大し三菱との関係を強化させた。同時にA類型の会員は，協力会に積極的に協力しながら，三菱への販売を増やし，経営基盤の拡大につなげている[注9]。量産化を進めていく三菱にとっても安定的な部品調達の仕組みを，協力会会員の構成の特徴を活用しながら構築していったのである。

表4　『ニュース』に表彰、発表、訪問先、講習・研修参加等で社名が掲載された回数

回数	企業名
20回以上	半谷製作所（27）、矢嶋工業（25）、フタバ産業（21）、◎日本電装（20）
15〜19回	◎白木金属工業、瑞浪精機（19）、東洋工機（18）
10〜14回	菱和金属(14)、富士高工業（13）、安成工業、クラタ産業（12）、＊名古屋螺子工業、協栄鉄工所（11）、立松製作所、名古屋精密工業（10）
8〜9回	＊東海理化電機、荒川工業、片山工業（9）、＊今仙電機、＊立川スプリング、△池田物産、△名古屋インテリア、ウツノ、東郷製作所（8）

注1）◎は1968年時点で三菱柏会会員及び名自柏会賛助会員、＊は三菱柏会会員及び部会会員、△は三菱柏会会員のみを指す。他は部会会員。下線を引いた企業は、1972年時点で三菱自動車柏会以外の協力会にも加盟している。
2）東海理化電機は、東海理化販売を含む。
3）名古屋インテリアは、1967年6月に乗用車用シートの開発設計を目的に、三菱重工業40%、立川スプリング40%、富士高工業10%、丸菱工業10%出資により設立された合弁会社。
出所）『ニュース』、『日本の自動車部品工業』より作成。

5　結論

本論の最初に示した課題に対する結論は次のとおりである。

第1に，三菱自動車の協力会は，1960年代以降の自動車の量産化と競争力強化

を課題として，協力会企業，特に加工外注メーカーに対する生産管理技術能力の向上が課題となっていた。協力会では，さまざまな活動や広報を通じて三菱側の抱えている課題や購買方針，求められる生産管理技術能力の内容などについて情報提供し，情報や課題意識の共有が積極的に図られてきた。

第2に，生産管理技術に関する具体的な情報については，他社協力会に所属し，先行していた専門部品メーカー会員を有効に活用し，その事例を表彰，事例発表会や大会などで共有することを通じて，三菱の協力会にしか所属していない三菱系の会員に学習する機会が与えられた。後発自動車メーカーである三菱には自社系列のモデルになる部品メーカーが存在せず，調達だけでなく，この点でも「相乗り」が行われていた。一方，協力する部品メーカーにとっても成長する三菱からの需要は企業規模拡大にとって魅力的であった。但し，三菱からの需要の拡大は，三菱系への移行を意味していなかった。このことは，先発自動車メーカーも，三菱も認識していた。協力会の重なり，「相乗り」は，国内の自動車産業が全体として拡大する中で，三菱，先発自動車メーカー，専門部品メーカーのいずれにとっても効果的であった。なお，専門部品メーカーには積極的に協力会に関わり，三菱との関係を強化させていこうとする会員（類型A）とそうでない会員（類型B）に分かれていたが，違いは企業としての戦略であったと考えられる。

第3に，協力会で実施される行事に，どのような会員が参加し，場合によってはどのような評価を受けているのかまで『ニュース』などを通じて情報はオープンにされており，競合先の多い加工外注メーカーは，競合先の状況を日常的に認識している。協力会は，こうした情報をオープンにすることで，三菱への「協力」に対する日常的な競争状態を創出させ，全体のレベルアップを図ろうとしている。そして，「協力」をめぐる競争から前述した類型Cと類型Dが分かれていく。

第4に，三菱の協力会は，本稿で見たように発足後十数年をかけて徐々にその機能を形成してきたのであり，一朝一夕にでき上がったものではなかった。また，協力会会員企業も一様な性格の企業だけではないし，協力会の意味も会員によっては一様ではない。

名自の協力会は，後発乗用車メーカーとしての課題を克服するため，後発型の組織を活用し，部品調達の仕組みを整備し，加工外注メーカーのレベルアップを実現させてきた。後発型協力会の特色を生かした形での，後発メーカーに求められる「協力」競争の管理や生産管理技術力のレベルアップが図られている。協力

会を特定のモデルに基づいて過度に一般化すること，協力会会員企業を安易に一面化することは，日本の自動車産業やサプライヤシステムの展開のダイナミズムを看過しかねないことには留意すべきだろう。

〈注〉
1 　参考文献にも紹介した協力会史は，重要な情報を提供するが，記述内容の正確さに問題があるなど，利用に際しては適切な資料（史料）批判が必要である。
2 　自動車産業の協力会については，Sako,M.(1996)，中山健一郎（2004），李在鎬（2007），佐伯靖雄（2016）などがある。
3 　縮刷版には，『名自柏会ニュース』（1966年3月〜79年3月，1〜103号，なお，70年11月，第45号から『三菱自動車柏会名古屋支部ニュース』へと名称変更）が含まれている。『ニュース』は，名自柏会（名自支部）内の教育宣伝委員会（のちに広報委員会）が編集し，4面編成（1面三菱自動車の動き，2〜3面名古屋自動車製作所及び名自支部の動き，4面娯楽欄など）で毎月ないし隔月で刊行された。発行部数は78年頃で1300部とされ，三菱側の担当者，名自支部会員などに配布されていた（『100号』1978年9月25日）。
4 　1970年のトヨタ自動車工業の乗用車生産台数は約107万台，自動車全体で約161万台，日産自動車の乗用車生産台数は約90万台，自動車全体で約137万台，これに対し三菱自動車工業は乗用車生産台数約25万台，自動車全体で約47万台であった。
5 　柏会再編成の意義について，名自側から「自工分離以前の『三菱柏会』と『三菱自動車協力会』が併存していたのを一本化し，組織運営の効率化を図ったこと」「自工分離後，当社の購買体制が事業所中心より，事業部中心に転換することになりこれに対応するように再編成を図って，よりよい協力体制づくりを意図したこと」と説明されていた（『45号』1970年11月20日）。
6 　なお，1971年から78年にかけてはのべ148回，58社がVAについて表彰されたが（74年からはVE表彰に），そのうち元三菱柏会会員または名自柏会賛助会員はのべ57回，23社となっており，66年から70年までの比率より低下した。VA（VE）能力の向上とともに，表彰の対象が広がっていった，と考えらえる。
7 　例えば，1966年8月22日，23日に実施されたIE委員会の同期化実験の研究討議では，賛助会員の日本ラヂエーター，片山工業所を訪問した（『4号』1966年9月5日）。どちらも日産系であり，日産では同期化実験は63〜65年度に行われていた。
8 　保証購入制度は，72年には「購入品に限定せず外製品全般（含む鋳鍛素形材，原材料，副資材）」にまで適用範囲を広げて整備が進められた（『第64号』1972年9月20日）など，その後も追及された。
9 　A類型の典型的な会員企業が，関東のシートメーカーの立川スプリング（現タチエス）である。同社は，三菱からの要請で1960年代初めから納入を始め（最初は間接納入），65年に名古屋出張所開設，67年に開発・設計を担う合弁会社設立，さらに77年

に愛知工場設立，といった形で三菱向け生産を拡大していった（タチエス（2004））。

〈参考文献〉
1 　浅沼萬里（1997）『日本の企業組織革新的適応のメカニズム』東洋経済新報社
2 　自動車部品工業会・自動車ジャーナル共編（1969）『日本の自動車部品工業 1968年版／1969年版』自動車出版
3 　小林良平（三菱自動車工業取締役購買本部副本部長）（1978）「部品調達の姿勢は一段ときびしくなる」㈳日本自動車部品工業会㈱オート・トレード・ジャーナル共編『日本の自動車部品工業昭和53年版』オート・トレード・ジャーナル
4 　協豊会（1994）『協豊会50年のあゆみ』
5 　協豊会（1967）『協豊会のあゆみ』
6 　李在鎬（2007年3月）「サプライヤーシステムでのプロセス蓄積における信頼，学習，組織化の意義—協豊会の生成発展過程の考察を通じて」『経済論叢』第179巻第3号，pp.195-212
7 　三菱自動車柏会名古屋支部（1981）『名古屋支部ニュース』（縮刷版）
8 　三菱自動車工業株式会社（1993）『三菱自動車工業株式会社史』
9 　中山健一郎（2004年3月）「日本自動車メーカー協力会組織の弱体化」『経済と経営』第34巻第3・4号，pp.73-111
10　西口敏宏（2000）『戦略的アウトソーシングの進化』東京大学出版会
11　佐伯靖雄（2016年9月）「中堅完成車メーカーの協力会組織分析—マツダと三菱自の系列取引構造—」『社会システム研究』第33号，pp.155-172
12　Sako, M.（1996）Suppliers' associations in the Japanese automobile industry: collective action for technology diffusion, *Cambridge Journal of Economics*, 20, pp.651-671
13　タチエス（2004）『タチエス50年史』
14　宝会（1993年）『宝会記念誌—33年の歩み—』
15　山国保廣（三菱自動車工業取締役）（1973）「安定供給が当面の重要な課題」㈳日本自動車部品工業会㈱オート・トレード・ジャーナル共編『日本の自動車部品工業昭和43年版』オート・トレード・ジャーナル

（査読受理）

中小企業研究の方法的立場
―中小企業概念の系譜とデザインの方法―

山口大学　平野哲也

1．はじめに

　本研究の目的は，学際研究の方法の視点から中小企業概念（small business concept）の系譜を再検討し，中小企業概念の方法論的基礎をデザインすることにある。本研究のきっかけとなった三井（2013）は，日本の中小企業研究における理論・本質論研究について，「『中小』企業に『本質』という概念を当てはめるのはかえって理解を遠ざけ，『現実』の現象実態から目を背け，十分な『実証的』研究と議論を深めるうえでの障害となる危うさはないだろうか」(p.7)，「『異質多元』である『中小企業』を一つの層として取り上げる原点は普遍的に維持できるのであろうか？」(p.22) といった問いを提示する。これは，現在のアメリカ流研究スタイルの国際標準化のなかで，研究方法の「(国・地域のもつ) 固有性のゆらぎ」から顕在化した問いであると考えられる。この問いにこたえること，つまり「『異質多元』である『中小企業』を一つの層」として探究する方法の意義を定式化するには，日本の学説の絶対視をこえ，社会科学（とくに学際研究）と海外の中小企業研究の視点から方法を相対化するなどその方法論的検討が必要となる[注1]。もとより，本研究で概観するが，国際的な研究動向においても中小企業概念についてその多様性を射程とした十分な検討がなされているとはいえない。本研究は中小企業の概念規定，つまり中小企業という存在の「問い方」を国際比較し，中小企業概念の方法論的基礎をデザインしたい。

　そこで，本研究は次の2つの課題からこの問いを検討する。第1に，中小企業概念の規定方法の俯瞰と国際比較をおこなう。視点としての学際研究の方法を整理し，日本と海外の中小企業概念の研究史をレビューする。両者の共通点と差異を明らかにしたうえで，三井（2013）の指摘する日本の概念規定の限界のロジッ

クと帰結を解明する。第2に，中小企業概念の方法論的基礎をデザインする。

2．視点

　まず，中小企業概念を捉える視点として学際研究の方法を提示する。社会科学（social science）は大きく，ディシプリン（discipline）と応用科学（applied（social）science），学際研究（interdisciplinary research）に分類できよう。まず，公理論（一般理論）を探究する経済学に対して，もっとも自然科学から距離をとり，かつ定量分析や社会構築主義などの「方法論の歴史」をもつ社会学などのディシプリンの領域がある。次に，ディシプリンの多様な視点を応用しつつ，分析対象で定義される経営学や法学などの応用科学の領域に区分できる（cf. 盛山, 2011; 佐藤, 2011; 伊藤, 2012）。そして，中小企業・アントレプレナーシップ研究など学際研究はディシプリンや応用科学の視点を横断し，固有性を獲得していく領域に位置づけられよう[注2]。本研究では，学際研究の方法を「複雑・細分化した社会科学の体系のなかで，ディシプリンの学際性を軸としながら，特定の理論的・実践的課題の解決のため，立脚する認識論的視点（実証主義，解釈主義など）にもとづき，対象に対して最適な方法を創造すること，およびその指針となるもの」と定義する。

　次に，その視点の中心となる考え方をみていきたい。具体的には，社会学の「価値自由」の考え方である。「価値自由」とは社会科学の客観性に関わる概念で，社会科学の営みは特定の価値を前提にしていること，そのことを自覚することを意味する（Weber, 1904; 盛山, 2011）。そのうえで，（社会）科学は経験的（実証的）な問いにこたえるとする立場をとるウェーバー（Weber）と特定の価値を実現するための学問という立場をとるマルクス（Marx）にわけられる（玉野編, 2008）。本研究では，視点の中心となる考え方として「価値自由」を採用し，日本と海外の中小企業概念の規定方法を概観する。

3．方法

　本研究の方法について触れたい。まず，本研究では国際的に共通する方法で検討するために，中小企業を経営現象の1つとして「大企業よりも規模の小さな企

業およびそのビジネスをおこなう主体」と定義する。そして，上記のように定義される中小企業に対して，中小企業概念がどのように形成されてきたかを検討する[注3]。本研究では，中小企業概念を中小企業という存在に対して，どのような「問い方」が体系化されてきたかを意味するものとする。

次に，レビューの方法についてである。日本においては中小企業という用語が用いられることが一般的だと考えられるが，中小企業関連国際主要ジャーナルにおいて中小企業をさす用語はSMEs（e.g. Curran, 2006）やsmall business（e.g. Grant and Perren, 2002），small firms（e.g. Blackburn and Kovalainen, 2009）などがある。それらを中小企業概念の視点から包括的に捉える研究はない。本研究では，以上の関連する議論を日本と中小企業関連主要国際ジャーナルを範囲としてレビューしたうえで，中小企業概念の規定方法の俯瞰と国際比較をおこなう。また，具体的なレビューの方法として，本研究では分析対象に対する質的な理解を目指すナラティブレビューをおこなう。なお，レビューの範囲として，日本については中小企業本質論など中小企業研究の総論（主に中小工業論本史（尾城, 1960）から現在），海外については中小企業関連国際主要ジャーナル6誌ほか（成立の1960年代から現在）における議論とする[注4]。

4．中小企業概念の研究史：俯瞰と国際比較

4.1　中小企業研究の方法的特徴

中小企業概念の規定方法をレビューするにあたって，中小企業研究の方法的特徴として以下の5点を概観したい。第1に，学際性である。これは学際研究として横断的に新しいインパクトをうみだす一方で（Zahra and Newey, 2009），パラダイムの共約不可能性（Watkins-Mathys and Lowe, 2005）も指摘され，「ごちゃ混ぜ」（Shane and Venkataraman, 2000）とも評される要因となる点である。第2に，中小企業視点（small business perspective）である。学際性のもと，中小企業は「中小企業理論」といった「大きな物語（grand theory）」ではなく，経済学や社会学など様々なディシプリンから考察され，なおかつ「大企業を小さくした存在ではない」中小企業独自の視点を確立する必要性をさす。第3に，概念規定のジレンマである。中小企業視点によって把握される中小企業は，大企業の規定と相関する相対概念であると同時に，そのなかでも多様性のある存在であ

る。1つの視点から概念規定をおこなうことができず，「個」と「全体」のデザインが困難であることをさす。第4に，研究目的の多義性である。中小企業を考察するにあたって，グローバル・普遍的な経営現象として探究する方法もあれば，国・地域（固有の政策など）の課題解決とリンクすることをさす。第5に，政策科学のジレンマである。政策科学としての方向性として，中小企業をあつかう政策は経済政策と社会政策の両義性（後藤，2014）を有し，その成果は何らかの価値とリンクすることとなる。上記5つの視点が影響し合い，中小企業の概念規定がおこなわれてきたと考えられる。

4.2　日本の中小企業概念の研究史：その内容と特徴

日本の中小企業概念の研究史をみていく。前史からつづく歴史のなかで，第1に挙げられるのが中小企業の「問題性」アプローチである。小工業研究を起点とする日本の中小企業研究は，大企業の概念と対置される「中小」概念を規定するために量的規定および質的規定にもとづく概念規定が展開されたが，いずれも過不足なく捉えることは困難であることから（瀧澤，1992; 植田，2004），第2次大戦前後以降，問題性中小企業認識論が展開された（瀧澤，1985）。中小企業を一括して把握することは，「中小企業が共通の問題性を持ち，その問題が意識化される」（瀧澤，1985）という中小企業問題に対応することをさす。日本の中小企業研究の本質は中小企業の異質多元性を前提とし，その問題性の国民経済構造における「統一的理解」を目指すことにある（山中，1948）。第2に，中小企業の「積極性」アプローチである。具体的には1960年代以降の中小企業の技術水準の向上や中堅企業の輩出等を背景として展開された貢献型中小企業認識論などをさす（瀧澤，1992）。中小企業の成長発展の視点や構造的把握[注5]の対抗軸である一方，独占論に立脚し，輸入学問の色彩がある（三井，2011）。第3に，中小企業の「地域性」アプローチである。これは，池田（2002）による「地域中小企業論」が代表的である。具体的には，1970年代以降の自治体中小企業政策の高まりを背景として，中小企業の本質規定の抽象化のプロセスで欠落した「地域」の視点から概念規定の再考を試みる視点である。第4に，中小企業の「個」のアプローチである。これは中小企業の経営戦略などに関するアプローチである。1990年代以降，中核企業の競争力，経営者の役割，組織管理に焦点を当てる研究（磯辺，1998）や自律型下請企業への発展と中小企業ネットワークに注目する研究（池田，2012），下

請中小企業の中小企業ネットワーク（中小企業連携）をつうじた発展プロセスを描く研究（関，2011）などが体系化されてきた。

4.3　海外の中小企業概念の研究史：その到達点と課題

海外の中小企業概念の研究史をみていく。中小企業関連主要国際ジャーナルにおいてはメタ理論およびパラダイムの考察もあり，2000年代以降，海外の多くの研究が実証主義[注6]に依拠している点が指摘されている（Grant and Perren, 2002; Watkins-Mathys and Lowe, 2005）。そのなかで，中小企業概念の研究は発生期（1965年～1975年），基礎確立期（1975年～1985年），「統合」アプローチ（1980年代半ば～1990年代初期），「変性」アプローチ（デナチュレーション）（1990年代半ば～）にわけられる（山口，2006）。

発生期では，企業規模をめぐって，大企業との規模基準を絶対変数とする「インター・ティピック」アプローチと組織類型にもとづいて中小企業の類型ごとに規模の影響度を測定する「イントラ・ティピック」アプローチがみられた。基礎確立期では，以上の流れをくみつつ，第1に中小企業の大企業との規模に対する特殊性を前提とするアプローチ（普遍的アプローチ）と，第2に中小企業の中小企業群における多様性を前提とするアプローチ（条件適合的アプローチ）へと展開していく。1980年代半ば～1990年代初期においては，上記の特殊性と多様性を同時に発展させる「統合」アプローチが試みられた。「統合」アプローチは，「中小企業フォルム」という1つの理念型のなかで，中小企業の特殊性と多様性を同時に把握する視点である。1990年代半ばからは「変性」アプローチ（デナチュレーション）が展開された。これは，特殊性の把握を1つの枠組みのなかでおこなう「統合」アプローチに対し，逸脱するケースを捉え（反中小企業概念；表1），中小企業の特殊性を条件適合的（コンティンジェンシー）に，いかなる条件のもとでどの範囲まで中小企業は従来の特殊性の枠組みを逸脱しないのかを明らかにするアプローチである。デナチュレーションの背景として，普遍原理として大企業と対置される特殊性（specificity）が主流となったものの，その特殊性はイデオロギー，議論の余地のない教義になった（Gibb, 2000）。そののち，スモール・ビジネス・マネジメント（small business management）が展開されるが，断片的（fragmented），曖昧な方法（fuzzy form）（D'Amboise and Muldowney, 1988）をもつことが課題となる。その特殊性と多様性を調和させるために，デナ

チュレーションが提案された（Volery and Mazzarol, 2015）[注7]。

4.4　小括

日本・海外の中小企業概念の研究史を整理したい。共通点として両者とも大企業との対置による特殊性（specificity）および多様性としての異質多元性（SME heterogeneity）がその基底をなしているといえる。日本・海外ともに大企業と対置される「中小」のもつ意味とその多様性は共通であると考えられる。一方で，差異として日本の研究史は日本という国の動向とリンクして，中小企業の「問題性」「積極性」といった価値論にもとづく規範科学的な視点[注8]から中小企業群・層に関する「構造的」な把握による中小企業の概念規定が主流とされてきた。日本では，「個」のアプローチはニッチでフロンティアという見方が強い（細谷,2014）。一方，海外の研究史は実証科学をベースとし，中小企業の普遍性あるいは条件適合性をめぐって中小企業の概念規定がおこなわれてきたといえる。そして，その中心は現在主流となる量的研究を方法とする実証研究の潮流である。つまり，日本の中小企業概念の規定方法には「規範科学バイアス」があるのではないか。一方で，海外の中小企業概念の規定方法は「実証科学バイアス」が考えられる。

では，三井（2013）の問いとリンクさせ，日本の概念規定の限界のロジックと帰結を考察したい。ここでは，中小企業の「概念規定の硬直化」のプロセスとして説明する。社会科学の研究の方向性を理論，歴史，政策（価値）の３点から規定できるとすれば[注9]，日本の中小企業研究は規範科学バイアスと中小企業の個別具体性（植田，2004）および政策的研究の性格（大林，2015）から中小企業概念の範囲を価値の視点から理論化する方法が体系化されてきたのではないか。戦略論を例にとれば，戦略論の体系から中小企業という対象をみる実証的問いに対して，中小企業のあるべき姿という理念的存在の視点から戦略論をみる規範科学の方法によって中小企業が規定されてきたと考えられる。その中心となる視点が「問題性」「積極性」といった価値であることが読みとれる。

そして，メタ理論のレベルでは規範科学の理論化として中小企業本質論が体系化された。ディシプリン・理論のレベルでは中小企業の（あるべき）理念から構造としての把握の体系がなされ，最適規模論，不完全競争論，企業間関係論などおよびその体系としての中小企業存立論（佐竹，2008）といった経済学ディシプ

リンが日本の経済成長，政策（論）と対応した。方法のレベルでは本来，多様性をもつ中小企業に対して構造的把握がおこなわれるため，中小企業を捉える「個」と「全体」のデザインがなく，方法（論）的断層が生じる。方法・対象のレベルでは，理念として構造的に中小企業を把握することと方法（論）的断層から，単一事例を成功事例や特殊事例として扱う傾向につながった。結果として，多様な存在として発展させるべき中小企業概念に対する「個」と「全体」のデザインの不在と方法論の合意形成の難しさへつながったと考えられる。これが「『中小』企業に『本質』という概念を当てはめる」中小企業の「概念規定の硬直化」のプロセスと考える。

5．展望

5．1　三井（2013）の問いの解釈

一方で，海外の研究史が採用するデナチュレーションにも課題が指摘できる。中小企業は類型化になじまない多様な存在であるが，ここでは逸脱するケース（アンチテーゼ）として「反中小企業概念（The Anti-Small Business Concept）」の類型とマネジメントや戦略，市場のみから中小企業概念の特定をおこなおうとしている（表1；Torrès and Julien, 2005）。Curranは中小企業を捉える多様な認識論や指標の不足を指摘し，デナチュレーションに対して多様な類型の把握に失敗（fail）であるとコメントしている（Curran, 2006）。中小企業の範囲を捉える

表1　中小企業概念とアンチテーゼとしての反中小企業概念

中小企業概念 （The Small Business Concept）	反中小企業概念 （The Anti-Small Business Concept）
スモール・サイズ	スモール・サイズ
集中管理	分散型マネジメント
低い労働専門性	高い労働専門性
直観・短期の戦略	明示的・長期の戦略
シンプル，インフォーマルな企業内外の情報システム	複雑，フォーマルな企業内外の情報システム
ローカル・マーケット	世界市場

出所：Torrès and Julien（2005）より筆者作成

方法としてシンプルであるものの，表1の類型をみる限り，やや安易で単純な類型化がおこなわれている。状況は異なるが，中小企業概念における「個」と「全体」のデザインが十分に確立されているとはいえない。学際研究としての中小企業研究の概念規定は「認識の不充足」と「輪郭の曖昧さ」にその課題があるといえる。

あらためて，三井（2013）の問いを検討したい。現在の中小企業研究においては，その主流である実証研究の流れのなかで，中小企業の諸相を断片化し，研究がおこなわれている。中小企業研究における概念規定において，学際研究としての特徴や方法（論）の多様さ，そして中小企業の異質多元性といった特徴があり，ある一面を捉えたと思ってもすぐに違う一面が顔をのぞかせる。結果として，研究成果をバランスよく体系化することは難しい（e.g. Gartner, 2001）。三井（2013）は前者のコメントにおいて日本の概念規定に関する方法論的な限界を示唆しつつ，後者のコメントにおいて実証研究のみの体系による断片化に対する疑問と「中小企業」を1つのまとまりとしてみる意義の再定義の必要性を指摘していると考えられる。本研究では，これまでの考察と三井（2013）の問いの解釈を踏まえ，中小企業概念の方法論的基礎のデザインを検討したい。

5.2　中小企業概念の方法論的基礎

中小企業を把握するうえで，国際的に共通し，もっとも「中小企業らしさ」を表現するのは中小企業の異質多元性（SME heterogeneity）であろう[注10]。中小企業概念における「個」と「全体」のデザインは，規範的問いおよび実証的問いのいずれか一方のみによって規定されるべきではない。重要な点は，規範科学が前提とする価値や実証科学が前提とする成長や業績ではない視点をその軸に置くことである。ここでは，実践（practice）を検討したい。実践は「ある特定の状況下で行われている行動」（cf. 髙木, 2007）と定義されるが，実践には価値や成長，業績といった「上下」の視点はない。

そして，実践を媒介としつつ，中小企業の多様性を捉える以下の4つの視点を整理したい。第1に，多様な「個」の視点である。Curranも指摘するように，デナチュレーションの方法の課題として質的研究の貢献の重要性が指摘できるが（Curran, 2006），中小企業には，国際化や戦略論のみならず，ジェンダー，マイノリティ，障がい者の起業など多様な類型が指摘できよう。それらを捉えてはじ

めて中小企業の多様性を捉えるスタートとなる。第2に，その多様な「個」を捉えるためには，方法の拡大が必要となる。経済学ディシプリンのみならず，学際性や方法論的多様性が求められる。学際性は単一分野にはない包括的な理解の構築のため（Repko, 2012），また方法論的多様性は，例えば質的研究は実証研究とは異なる意義や役割が存在する（平野, 2015）。第3に，そうやって産出された知識の正当性について，実証研究といった法則性を探究する普遍化認識にはない成果の視点と産出される知識の多様性が求められる。中小企業研究は学界への貢献のみならず，実践家への貢献などより広く捉えられるべきである（cf. van Burg and Romme, 2014）。以上から，中小企業の「既知」と「未知」の領域を明確にすることで，捉えられる中小企業の多様性の視野を拡大していくことができる。

そして，第4にそれら3つの視点を統合するのが価値の視点である。本研究では断片化した中小企業の諸相を包括する「全体」のデザインとして，日本の中小企業研究がよりつちかってきた価値の視点を導入したい。価値は人々の社会的実践へ積極的な関与（三谷, 2012）による公共圏（盛山, 2012）の形成によって問われるべきであるとされる。実証研究によって特定された中小企業の多様性の範囲を踏まえたうえで，「中小企業とは何か」を問うべきである。以上によってより広く中小企業の多様性の視野を特定しつつ，実証科学との価値の相対化の視点を組み込むことができる。以上を中小企業概念の方法論的基礎として提案したい（図1）[注11]。

図1　中小企業概念の方法論的基礎のデザイン

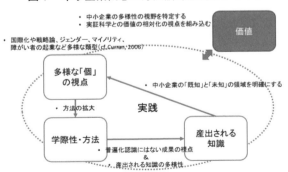

出所：筆者作成

6．おわりに

　本研究の貢献として，以下の2点を提示したい。第1に，日本・海外の中小企業概念の研究史を方法論の視点から整理した点である。中小企業概念の方法論的課題が明らかにならなければ，それぞれの「問い方」の限界を把握することはできない。中小企業研究のみならず，規範的問いは実証的問いをこえて総括的に，また実証的問いは規範的問いをスルーして断片的な傾向となる可能性がある。本研究は中小企業研究の「問いのたて方」と「説明の範囲」を整理するための補助線となる点を強調したい。第2に，中小企業概念の方法論的基礎の検討である。本研究では，より広く中小企業の多様性の視野を特定しつつ，実証科学との価値の相対化の視点を組み込むことによって，断片化した中小企業概念の包括的な全体像を捉えるための方法論的基礎を検討した。デナチュレーションのもつ中小企業を捉える多様な認識論や指標の不足および三井（2013）が指摘する「『中小』企業に『本質』という概念を当てはめる」方法の課題を克服する。以上によって，中小企業の概念規定における問いの偏在と遍在，つまりローカルな研究コミュニティにおける規範的問いの偏在と国際的な研究コミュニティの発する実証的問いの遍在の課題を意識した「中小企業とは何か」を問う方法論の基礎的な研究をさらに進めることができる。より政策的インプリケーションと関連づければ，実証研究によって産出されたエビデンス・ベースの研究成果を政策や価値に落とし込む方法論の体系化の進展が見込まれる。

　一方で，本研究の課題として，以下の3点を提示したい。第1に，本研究を踏まえた中小企業概念のデザインを検討することが必要となる。本研究では，中小企業概念について方法論の視点から必要となる方法論的基礎を検討するにとどまっている。いかにデザインを実現するかさらなる検討が必要である。第2に，中小企業研究におけるさらなる学際研究の方法論の基盤が必要である。より具体的に中小企業研究がどのようにしてその固有性を獲得するのかについて，組織論や戦略論など他の学際研究との比較研究が求められる。第3に，日本・海外の中小企業研究の範囲をより明確に特定すべきである。日本においても中小企業に関する実証研究の潮流はあり，また海外においても構造的理解をベースとする研究は存在するだろう。ここではナラティブレビューの結果から，それぞれの方法論には特定の方法的バイアスが存在すると判断した。より網羅的な方法，量的な理

解を目指すシステマティックレビューを検討課題として挙げたい。以上を踏まえて，今後どのような中小企業概念のデザインが可能となるかを明らかにしたい。

〈注〉
1 日本の中小企業研究において，学説史は多数存在する一方（三井，2011），方法論研究の相対的な少なさが指摘できる（渡辺，2008）。方法論研究は現在，パラダイムやメタ理論から実践的な調査法まで数多く存在する一方（平野，2015），より広く学際性や社会科学の視点からの検討の必要性が指摘されているものの（Gartner, 2001），中小企業の概念規定に関する十分な検討は確認できない。
2 より具体的には，学際研究は「疑問に答え，課題を解決し，単一の専門分野で適切に扱うには広範すぎるもしくは複雑すぎるテーマを扱うプロセスである。より包括的な理解の構築のために知見を統合するという目標を持ち，学際研究は専門分野を利用する」（Repko, 2012）と定義される。
3 概念（concept）とは，他の関連する現象と区別するために，その現象の特徴，属性あるいは特質を特定する「認知的シンボル（あるいは抽象語）」（Podsakoff et al., 2016）などと定義される。
4 本研究では，それぞれの中小企業概念の研究史の概観のみをおこなう。とりわけ，日本の中小企業研究は前史（尾城，1960）から現代に至る歴史をもつことはいうまでもない。ここでは紙幅の関係から，瀧澤（1985）など主に1970年代以降の議論からその体系を整理する。もちろん，それぞれの研究史のレビューと詳細の検討は別稿にて検討予定である。
5 社会構造は社会の「変異と変化をとらえる概念」である（『現代社会学事典』）。日本の中小企業研究における構造的把握は日本という国の国民経済構造における中小企業群・層の動向や変化を捉えることをさす。
6 実証主義は客観性や一般性を志向し，法則性を探究する実証研究と親和性が高い（中小企業研究における方法論レビューは平野（2015）を参照のこと）。
7 デナチュレーションについてはフランスの中小企業研究との関連の強さが指摘され（山口，2006），海外の研究史におけるその一般性については十分に検討できていない。本研究では，*International Small Business Journal*に収録されている点（Torrès and Julien, 2005）や翌年のCurranのコメント（Curran, 2006），近年のコンティンジェンシー・アプローチとしての検討（Volery and Mazzarol, 2015）を考慮し，その方法について検討した。そして後述するようにCurranと同様，その定式化には課題があると判断した。
8 規範科学（normative science）は「対象の当為 Sollen ＝あるべき姿を問題にする」方法であり，実証科学（empirical science）は「対象の存在 Sein ＝あるがままの姿を問題にする」方法である（『現代社会学事典』）。
9 社会科学の方法について，本研究では，理論を現象と学問的知識との参照点，歴史

を現象とその過去の姿との参照点，政策（価値）を現象と実現すべき社会構想との参照点として想定する。
10 日本において，異質多元性は「中小工業は，同質的一體であると云うよりは，異質的な群であり，一元的であるよりは，多元的なのである」（山中，1948）にもとづく。また，海外において，SME heterogeneityは中小企業の特殊性（specificity）に対する多様性（diversity）を意味する（Torrès and Julien, 2005）。
11 この中小企業概念の方法論的基礎のデザインは，これまで日本の研究が本質としてきた中小企業の問題性や不利性，積極性などを無視するものではない。中小企業の本質として，それらを大前提として当てはめるのではなく，実証研究による研究成果と相対化して中小企業概念をデザインすべき点を強調している。いうなれば，「方法としての」実証科学，「結果としての」規範科学を目指すための方法論的考察である。

〈参考文献〉
1 Blackburn, R., and A. Kovalainen (2009), Researching small firms and entrepreneurship: Past, present and future, *International Journal of Management Reviews*, 11, pp.127-148
2 Curran, J. (2006), 'Specificity' and 'Denaturing' the small business, *International Small Business Journal*, 24, pp.205-210
3 D'Amboise, G., and M. Muldowney (1988), Management theory for small business: Attempts and requirements, *Academy of Management Review*, 13, pp.226-240
4 Gartner, W. B. (2001), Is there an elephant in entrepreneurship? Blind assumptions in theory development, *Entrepreneurship Theory and Practice*, 25, pp.27-39
5 Gibb, A. (2000), SME policy, academic research and the growth of ignorance, mythical concepts, myths, assumptions, rituals and confusions, *International Small Business Journal*, 18, pp.13-35
6 後藤康雄（2014）『中小企業のマクロ・パフォーマンス』日本経済新聞出版社
7 Grant, P., and L. Perren (2002), Small business and entrepreneurial research: Meta-theories, paradigms and prejudices, *International Small Business Journal*, 20, pp.185-211
8 平野哲也（2015）「中小企業・アントレプレナーシップ研究における質的研究―解釈主義アプローチを中心に―」『星陵台論集』第48巻第1号，pp.31-54
9 細谷祐二（2014）『グローバル・ニッチトップ企業論―日本の明日を拓くものづくり中小企業―』白桃書房
10 池田潔（2002）『地域中小企業論―中小企業研究の新機軸―』ミネルヴァ書房
11 池田潔（2012）『現代中小企業の自律化と競争戦略』ミネルヴァ書房
12 磯辺剛彦（1998）『トップシェア企業の革新的経営：中核企業の戦略と理念』白桃

書房
13 伊藤秀史（2012）『ひたすら読むエコノミクス』有斐閣
14 三谷武司（2012）「システム合理性の公共社会学　ルーマン理論の規範性」盛山和夫・上野千鶴子・武川正吾編『公共社会学Ⅰ　リスク・市民社会・公共性』東京大学出版会，pp.71-86
15 三井逸友（2011）『中小企業政策と「中小企業憲章」―日欧比較の21世紀』花伝社
16 三井逸友（2013）「理論・本質論的研究」中小企業総合研究機構編『日本の中小企業研究〈成果と課題〉』同友館，pp.3-26
17 大林弘道（2015）「中小企業研究における調査・分析の新たな地平」『立教経済学研究』第69巻第2号，pp.97-123
18 尾城太郎丸（1960）「日本中小企業論史―問題意識における本質論の形成と発展―」楫西光速・小林義雄・岩尾裕純・伊東岱吉編『講座 中小企業 第Ⅰ巻 歴史と本質』有斐閣，pp.193-224
19 Podsakoff, P. M., S. B. MacKenzie and N. P. Podsakoff (2016), Recommendations for creating better concept definitions in the organizational, behavioral, and social sciences, *Organizational Research Methods*, 19, pp.159-203
20 Repko, A. F. (2012), *Interdisciplinary research: Process and theory*, London: Sage
21 佐竹隆幸（2008）『中小企業存立論―経営の課題と政策の行方―』ミネルヴァ書房
22 佐藤俊樹（2011）『社会学の方法―その歴史と構造―』ミネルヴァ書房
23 盛山和夫（2011）『社会学とは何か―意味世界への探究―』ミネルヴァ書房
24 盛山和夫（2012）「公共社会学とは何か」盛山和夫・上野千鶴子・武川正吾編『公共社会学Ⅰ　リスク・市民社会・公共性』東京大学出版会，pp.11-30
25 関智宏（2011）『現代中小企業の発展プロセス―サプライヤー関係・下請制・企業連携―』ミネルヴァ書房
26 Shane, S., and S. Venkataraman (2000), The promise of entrepreneurship as a field of research, *Academy of Management Review*, 25, pp.217-226
27 髙木俊雄（2007）「組織研究における「実践」の意義」『経営学研究論集』第26号，pp.1-13
28 瀧澤菊太郎（1985）「「本質論」的研究」中小企業事業団・中小企業研究所編『日本の中小企業研究〈成果と課題〉』有斐閣，pp.1-38
29 瀧澤菊太郎（1992）「「本質論」的研究」中小企業事業団・中小企業研究所編『日本の中小企業研究〈成果と課題〉』同友館，pp.1-21
30 玉野和志編（2008）『ブリッジブック社会学』信山社出版
31 Torrès, O., and P. A. Julien (2005), Specificity and denaturing of small business, *International Small Business Journal*, 23, pp.355-377
32 植田浩史（2004）『現代日本の中小企業』岩波書店
33 van Burg, E., and A. G. L. Romme (2014), Creating the future together: Toward a framework for research synthesis in entrepreneurship, *Entrepreneurship Theory*

and Practice, 38, pp.369-397
34　Volery, T., and T. Mazzarol (2015), The evolution of the small business and entrepreneurship field: A bibliometric investigation of articles published in the International Small Business Journal, *International Small Business Journal*, 33, pp.374-396
35　渡辺俊三 (2008)「中小企業論研究の成果と課題」『名城論叢』第8巻第4号, pp.121-141
36　Watkins-Mathys, L., and S. Lowe (2005), Small business and entrepreneurship research: The way through paradigm incommensurability, *International Small Business Journal*, 23, pp.657-677
37　Weber, M. (1904), *Die Objektivität sozialwissenschaftlicher und sozialpolitischer Erkenntnis*（富永祐治・立野保男訳，折原浩補訳 (1998)『社会科学と社会政策にかかわる認識の「客観性」』岩波書店）
38　山口隆之 (2006)「中小企業の経営学的研究におけるジレンマ―二つの研究視点の対立―」『商学論究』第53巻第4号, pp.89-115
39　山中篤太郎 (1948)『中小工業の本質と展開―国民経済構造矛盾の一研究―』有斐閣
40　Zahra, S. A., and L. R. Newey (2009), Maximizing the impact of organization science: Theory-building at the intersection of disciplines and/or fields, *Journal of Management Studies*, 46, pp.1059-1075

　　　　　　　　　　　　　　　　　　　　　　　　　　　　　　（査読受理）

中小企業の存立条件に関する一考察
―「残存部門の新部門への転化」の検討から―

岐阜経済大学　大前智文

はじめに

　本研究は「中小企業とはどのような存在であるか」という中小企業の本質について，競争論に基づく中小企業の存立条件を理論化することからアプローチを試みる。具体的には，中小企業の存立条件論について，A.マーシャルを源流として，J.ロビンソン，A.ロビンソン，J.スタインドル等により継承された規模の経済の取り扱いを再検討し，基本的な分析視角を導出する[注1]。続いて，拙稿（大前智文，2017年）において類型化した，不利性を有する中小企業が存立・発展しうる諸条件について，「残存部門の新部門への転化」の視点から分析・考察する。このことから，停滞が続く中小企業の存立条件論に関する理論研究の歩を進める。

1.　中小企業の存立条件論に関する基本的な分析視角の導出

1.1　A.マーシャルによる問題提起

　競争に基づく小企業の存立を論じたのはA.マーシャルである。マーシャルは『経済学原理』において規模の経済に限界を設定し，完全競争に基づく一般均衡理論を構築した。しかし，現実には生産規模あるいは企業規模の拡大が費用の削減につながることを認識しており，規模の経済と小企業の存立との矛盾した関係について課題を残した。

　マーシャルは規模の経済の限界，換言すれば企業規模の拡大を規制する要因として，①企業家の能力に関わる困難，②株式会社の意思決定に関わる困難を挙げた。これらは『経済学原理』第4編第12章「産業上の組織続論　企業経営」，第4編13章「結論　収益逓増と収益逓減の傾向の相関」ならびに，『産業と商業』第2

編第8章「企業組織。株式会社の発達とその影響」，第2編第10章「企業組織。課題と必要とされる能力」において論じられた。

1.2　J.ロビンソン，A.ロビンソンによる理論の展開

規模の経済と小企業の存立に関する議論を主導したのは，J.ロビンソンならびにA.ロビンソンの夫妻であった。J.ロビンソンは『不完全競争の経済学』において，競争的かつ独占的な市場に基づく「不完全競争」論を構築するとともに，規模の経済については附録「収益逓増と収益逓減」のなかで曖昧な態度を示した。

A.ロビンソンは『産業構造の基礎理論』において，「管理上の不経済」に基づく規模の経済の限界から，「最適規模」論を構築した。またECONOMIC JOURNALに掲載された"The Problem of Management and the Size of Firms"では，①生物学的分析（森の木の比喩），②不完全競争に基づく分析，③最適規模に基づく分析に大別して，小企業の存立に関する分析の系譜をまとめた。

しかし，これら規模の経済の限界については，後年に修正が加えられた。A.ロビンソンは『産業構造の基礎理論』第13章「エピローグ」を1952年に加筆した。第4節「不変費用の水平部分」ではU字型の費用曲線について，「規模についての深刻な不経済は全てかなり大規模に達した後に限って生ずる…（中略）このような場合には，その産業の大多数の企業が含まれるほどかなり広い規模の範囲内で，ほとんど不変な費用の水平部が存在しうるだろう」（黒松嚴訳，1958年，pp.209〜210）と述べ，「管理上の不経済」による費用の増加について慎重な態度を示した。これはL字型の費用曲線について，その現実的な妥当性を認めるものであった。また，第6節「多角生産企業」では産業部門間を自由に移動し，新規参入を繰り返す多角生産企業の存在について言及し，現実における巨大資本の存在とその理論的な有利性を認めた。

J.ロビンソンは1973年に発表した『ロビンソン 現代経済学』第9章「成長：企業，産業，国家」において，「マーシャルは，産業生産は寡占化の傾向をもつという考えには反対した…（中略）企業を創業した大老人のあとを引きついだ相続人は贅沢に育ってしまって，創業者の成功をもたらした能力も野心も持ち合わせない。このようにして，企業は3代目には成長しつづけられなくなる」（宇沢弘文訳，1976年，p.300）というマーシャルの主張に対して，「産業諸国のどの国にも，何世代も繁栄しつづけてきたものも多い…（中略）成功している同族会社

を株式会社に変えて，その稼所得資産を株主に売って，売上を生産設備に投資し，成長しつづけることができる」（宇沢弘文訳，1976年，pp.300～301）と反論した。加えて，「マーシャルは，株式会社は停滞する傾向をもつと主張した…（中略）巨大会社は，技術的な動脈硬化を起こしてしまっていて，もっとも良い，新しいアイデアが個人によって展開させられるというのは正しいかもしれない。しかし，会社はそのようなアイデアを買い入れることができる…（中略）大きな魚が小さな魚を食べてしまう池の中の方が，森林の中の木よりは適切な比喩である」（宇沢弘文訳，1976年，pp.300～301）と論じ，マーシャルが提示した企業規模の拡大を規制する要因を否定し，規模の経済を是認した。

規模の経済に対するロビンソン夫妻の認識の変遷をサーベイすることから，規模の経済による寡占・独占を前提とした不完全競争に基づき，その具体的な不完全競争のあり方について分析・考察を進める必要性を確認することができる[注2]。

1.3　J.スタインドルの意義と課題

ロビンソン夫妻に先んじて規模の経済を是認するとともに，不完全競争に基づく小企業の存立に注目したのはJ.スタインドルである。スタインドルは1947年に発表した『小企業と大企業』の冒頭において，「マーシャルのいわゆる『森林』のなかでは，大企業が大規模の経済の利益を享受しているという事実にもかかわらず，小企業が大企業とともにならんで存在し，なおたんに存在するだけでなく，成長しさえするのはどうしてか」（米田清貴・加藤誠一訳，1956年，p.8）と基本的な命題を提起した。これに続く『アメリカ資本主義の成熟と停滞』では，競争産業から寡占・独占産業への構造変化，寡占・独占に基づく資本主義の長期的かつ内生的な成長理論の構築を試みた。

スタインドルは不完全競争に基づく寡占・独占の成立を論じるとともに，その表裏一体にある不利や圧迫を前提とした小企業の存立について着目した。しかし，具体的な不完全競争のあり方については，輸送費のような合理的要因，慣行・無知・不精等の不合理的要因，「のれん」に代表される信用，労働市場の不完全性等を列挙したのみであり，その理論構築は進まなかった[注3]。また後年には，技術進歩は生産費用を押し下げるだけでなく，新たな投資の誘発要因として作用することを認め，規模の経済が技術進歩を伴いつつ貫徹するメカニズムを素描した。これは，『小企業と大企業』第七章「技術的進歩と企業の規模」における「大

規模で，しかも成長中の会社は，より大きくなった規模を有利にするような手段を自由に利用」（米田清貴・加藤誠一訳，1956年，p.8）する方法のひとつとして，競争下において巨費を投下して研究開発や企業買収を進め，技術的な優位性を獲得するという大企業のあり方に注目していたことを意味する。

1.4 中小企業の存立条件論に関する基本的な分析視角の導出

　スタインドルの意義と限界を正しく認識し，中小企業の存立・発展については競争に基づき，当該産業部門の緩慢な発展に加え，寡占・独占による圧迫や不利を前提とする必要がある。また，スタインドルは競争について体系的に論じることはなかったため，基本的な競争の概念を整理し，規定する必要がある。

　中小企業の存立条件論が前提とする競争は，部門内競争と部門間競争である。寡占・独占化が進んでいない競争産業では当該部門内において，より高い利潤率を獲得するための大規模な新生産方法の導入競争が展開される。このために部門内には大規模な新生産方法が普及し，供給が拡大することから製品価格が低下する。そして，製品価格の低下に耐えられない企業の廃業・淘汰が進むために，当該部門の標準的な企業規模が拡大する。このような競争の過程から，資本の集積・集中と利潤率の階層化が生じる。ただし，このようなメカニズムは各産業部門において一律かつ一挙に進行するものではない。

　資本主義の発展により，各産業部門では資本蓄積と企業規模の拡大が進行し，製品価格の低下が生じ，限界生産者（費用＝価格）となる企業規模は大きくなる。これは最低必要資本量の増大を意味する。最低必要資本量は各産業部門の参入障壁として機能し，部門間競争による資本移動を制限する。また参入障壁は法制度や独自の技術等によっても形成される。このために，各産業部門には不均一な参入障壁が形成される。そして，資本の集積・集中を経て，最低必要資本量に対応した利潤率の階層構造が形成される。他方で，参入障壁が低く，部門間競争による資本移動が生じる場合には，その限りにおいて産業部門の利潤率が均等化される。そのような産業部門では利潤率は低く，常に事業の危険を伴う熾烈な競争が繰り広げられる[注4]。

　産業部門が寡占・独占的となった場合には最低必要資本量も大きくなり，新規参入や部門間競争が阻害される。また，寡占・独占的な産業部門における競争は企業規模の拡大に基づく単純な価格引き下げ競争ではなく，技術進歩に基づく新

生産物や新生産方式の開発・導入を伴う複雑なものに変容する。

　資本主義の運動法則に基づく競争が展開されることにより，大企業との相対的関係から，中小企業は中小企業であるがゆえの問題性を有し，その発展は阻害されるという基本的な性質を有する。このような基本的な分析視角に基づき，次節では非独占部門において展開される具体的な不完全競争のあり方から，中小企業の存立・発展のメカニズムに関する分析・考察を進める。

2. 不完全競争の状態を自ら獲得・整備する中小企業のあり方

　不完全競争は完全競争に相対する概念であるとともに，現実の経済・社会そのものである。多種多様な競争の不完全性について，拙稿（大前智文，2017年）では技術進歩に注目して，不完全競争の状態を自ら獲得・整備する中小企業の事例分析を行った。具体的には，渋井康弘氏の整理（渋井康弘，2010年）を援用し，①「新生産方法の率先的導入」，②「製品差別化」，③「新部門形成」を実現し，高利潤率を獲得することにより，次段階における存立・発展の諸条件の獲得・整備を繰り返しているという動態的な中小企業の存立・発展のあり方を確認した[注5]。

　しかし，事例分析を進めるなかで，技術進歩から上記の三つに腑分けすることができない中小企業の存立・発展の実態があった。それは「残存部門の新部門への転化」である。「昔ながら」，「時代遅れ」の製品や生産方法・生産技術が現代的に再評価されることを契機として，あたかも「製品差別化」や「新部門形成」を達成するような事例を確認することができた。それはスタインドルが素描したように規模の経済が技術進歩を伴い貫徹するという単純なものではなく，複雑かつ多様なあり方が存在することを示唆している。

　ある産業部門内の小規模企業・資本の淘汰が進行するとともに，部門あるいは市場として縮小した残存部門において，新たな需要が喚起される場合には，製品や生産方法・生産技術それ自体には新規性は存在しない。しかし，旧来の生産方法や生産技術はほとんど失われてしまっているために新規参入には困難が伴う。これは「新部門形成」とほぼ同じメカニズムにより，一時的な寡占・独占を形成し，高利潤を獲得する可能性を有する。

　もちろん特定の産業部門の残存者となる企業はごく少数である。また，企業規

模が大きければ大きいほど，企業としての資金力・体力が大きくなり，残存部門を形成するとともに新部門に転化する可能性は高くなる。そして，大企業が参入障壁を突破した場合には，その優位性や高利潤率が消滅する可能性がある。そのために中小企業の存立・発展は動態的な過程の一局面である。

以下では，不完全競争の状態を自ら獲得・整備しようとする中小企業3社の事例分析を進める[注6]。対象とした中小企業の業界・業種は多岐にわたるが，それぞれが独自のビジネスモデルに基づき存立・発展をしている点に注目するとともに，その理論的な把握を目的とする。

2.1　事例分析

事例A社：愛知県豊田市に立地し，伝統的な「愛知の豆味噌」の製造・販売を営むA社。数少ない「本物の味噌を醸造する（育てる）」企業である。

1928（昭和3）年に創業。1950年代以降，味噌醸造業界において「速醸法」に代表される大量生産技術の開発・普及が進むなかで，杉や檜の大桶による天然醸造という古来の方法を堅持することを決断。約400本を数える使い込まれた木桶，酵母が住み着いた味噌蔵，緻密な石積みの技術など，味噌の醸造・熟成に欠かせない部分を「変えないこと」として位置づけ，全量天然醸造にこだわる。一方，味噌の本質を侵さない部分は「変えること」として自動化・機械化を推進した。

近年では，近代的な食品加工場を新設するとともに，消費者への情報発信や食育事業を継続的に実施。ネットショップを開設するとともに，積極的なイベントへの参加や見学者の受け入れ等から，自社の存在を広く宣伝する。また，自社の根幹である木製の大桶を数十年ぶりに自前で新調し，次代に備えている。天然醸造の重要な生産要素である木製の大桶は生産者がほぼ途絶えているため，今後も全量天然醸造を継続するための独自の取り組みに注力する。

事例B社：愛知県一宮市に立地し，日本独自の紡績技術「ガラ紡」による綿糸紡績ならびにガラ紡糸を使用した各種綿製品の企画・製造・販売を営むB社。衰退傾向が続く尾州毛織物産地のなかで，再起を果たそうとしている。

1895（明治28）年に創業。毛織物を中心とする中小規模の婦人服地メーカーとして特殊品の量産を志向するものの，1990年ごろをピークに経営環境が悪化。2006年には毛織物からの全面的な撤退を決断した。新たな事業活動を模索する中，着目したのが毛織物のために試験的に導入したガラ紡機だった。「ガラ紡」

とオーガニック・コットンの落ちワタを組み合わせた綿糸と綿織物に新たな活路を求めた。「肌に優しく地球にも優しい」を合言葉に，糸紡ぎ，染め，織り，縫製に創意工夫を施し，現代的な生活様式に適応した製品を開発。自社ショールームやネットショップを開設し，消費者との直接的なやり取りから徐々に支持を集め，事業は軌道に乗りつつある。

事例C社：愛知県日進市に立地し，映像・音響機器，自動車用電子機器・アクセサリー，LED電球・照明機器の企画・設計，製造，販売を営むC社。自動車の純正オーディオ・カーナビを交換する際に必要となる専用アダプターを主力製品としながら，豊富な製品ラインナップから顧客の豊かな生活を彩っている。

1991（平成11）年に映像・音響，体感オーディオ機器の専門企業として設立。その後，電子制御システムが搭載された自動車の純正オーディオ・カーナビを交換したいという顧客の要望に対応。電子回路の専門知識とノウハウに基づき，専用アダプターの開発・製品化に成功した。続けて，将来の自動車アフターパーツ市場の縮小を予測し，LED事業にも進出。LED電球の光の陰影やデザイン性を追求した製品などを企画・開発し，自社ネットショップで販売。加えて，LEDの新たな利用方法や可能性の研究・開発に注力する。

2016年には「車載用カセットテープデッキ」を企画・開発し，新発売した。大手メーカーが生産を終了した「時代遅れ」の製品が再評価され，堅調な販売実績をあげているという。映像・音響機器，自動車用品，LED照明機器までの幅広い事業を次々に展開する背景には「今の世の中にないものをつくる」という社風が存在する。同社は特許を毎月1，2件の頻度で幅広く出願を続けている。

2.2 製品，生産方法・生産技術から見る「残存部門の新部門の転化」

3社の事例から「時代遅れ」，「昔ながら」の製品や生産方法・生産技術が残存し，あたかも「製品差別化」や「新部門形成」を達成していることが確認できる。

A社は味噌醸造業界において開発・普及が進んだ「速醸法」の導入を拒否し，天然醸造の根幹を成す技術的な要素を保存・更新しつつ，その生産を継続している[注7]。「速醸法」とは温度管理によって高温を維持することから，急速に発酵を促し，天然醸造の約四分の一の速度で大量生産することができる生産方法である。これは戦後食糧難の解決を目的として日本全国に普及するとともに，比較的大規模かつ機械的な設備を必要とするため，各企業の企業規模は拡大した。しか

し、「速醸法」により味噌本来の風味は変化し、塩、酒、うま味調味料等を添加して調整する必要が生じたという。これは新生産方法の導入により製品それ自体が変質するという事例である。

B社は「ガラ紡」による綿糸紡績に活路を求めた。ガラ紡機は1876年に臥雲辰致により考案された日本独自の紡績機械である。紡がれる糸には太さむらがあり、紡績速度も遅いため、早期に近代的な機械紡績には太刀打ちできなくなり衰退したという歴史がある。現代の紡績業界では全行程をコンピューターが管理する全自動紡績システムが普及しており、高速化と省力化を実現した規格品の大量生産方法が採用されている。一方で、旧来の方法で紡がれるガラ紡糸には手紡ぎに近い素朴な風合い、繊維長の短い綿を原料として利用できるなどの利点がある。競争に敗れ、歴史の中に埋もれた生産技術が現代的に復活しているのである。

C社は研究開発型企業であり、その事業方針は「今の世の中にないものをつくる」である。しかし、それは技術進歩に基づく「新しいもの」だけではない。自動車用アフターパーツ業界は技術進歩の影響が顕著に現れるため、自動車部品は複雑化、電子化している。また、車載用音楽メディアは磁気テープからディスクを経て、メモリへと代替されながら変遷してきた。過去に存在し、現在では廃れてしまった技術や製品であっても、それは「今の世の中にないもの」であり、「車載用カセットテープデッキ」の企画・開発ならびに新発売はその好例である。

2.3　再認識・再評価，市場化から見る「残存部門の新部門の転化」

事例分析から、「残存部門」となる過程のなかで、中小企業が不完全競争の状態を自ら獲得・整備しようとするあり方を見ることができた。ただし、事例においては「残存」から「転化」の過程、つまり、再認識・再評価され、市場化されていることが所与されている。

旧来の製品や生産方法・生産技術に基づき、特定の独自性を有する製品を生産することが可能である、ということは、そのような製品が再認識・再評価され、「残存部門の新部門への転化」を実現することとは異なる。「残存部門の新部門への転化」には、「残存部門」を構成する新規性は存在しないものの独自性を有する製品や生産方法・生産技術という要素だけではなく、そのような製品や生産方法・生産技術に対する再認識や再評価が必要不可欠である。

残存する技術が有する特殊な要素が有効に作用するような市場の発見・開拓に

ついて，A社，B社，C社とも消費者との直接的な関係の構築や情報発信の充実を図るなどの活動を進めている。また，3社ともインターネットの利活用に注力している。このことから技術的な要因から「残存部門への新部門への転化」が生じたというだけではなく，再認識・再評価を獲得するためのアプローチ，換言すれば，新市場を発見・開拓するという要素の重要性を確認することができる。

2.4 「残存部門の新部門への転化」のメカニズム

事例分析に基づき，「残存部門の新部門への転化」のメカニズムについて考察する。理論的には図1のように，平均費用曲線はL字型になる。そして，新生産方法の開発・導入により，旧来の生産方法は淘汰・廃棄される。新生産方法の開発・導入と旧来の生産方法の淘汰・廃棄が繰り返され，図2のようにL字型の平均費用曲線は更新され，規模の経済が貫徹する。競争を通して規模の経済が貫徹することにより，一般的な生産規模ならびに企業規模は拡大し，寡占・独占が形成される。これはロビンソン夫妻が想定した寡占・独占が生じる不完全競争であり，中小企業の存立条件論における基本的な命題である。

中小企業の存立条件論としては，完全競争に対する不完全競争だけではなく，寡占・独占による圧迫や不利を前提とした中小企業の存立のあり方について目を向けなければならない。それは競争のなかで，自らに有利になる不完全競争の状態を整備する，換言すれば「新生産方法の率先的導入」，「製品差別化」，「新部門

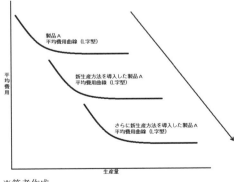

図1　平均費用曲線（L字型）　　図2　新生産方法の導入による平均費用の逓減

※筆者作成　　　　　　　　　　　※筆者作成

形成」により，一時的な高利潤率を自ら獲得するための行動である。

ただし，図3のように旧来の生産方法が淘汰・廃棄されずに残存し，その生産方法に起因する製品の変質から，あたかも「製品差別化」のように，あるいは「新部門形成」のように，差別化された製品や新しい製品として再評価・再認識される場合がある。技術進歩に基づく新生産方法の導入を繰り返すことにより，ほんの些細な変化が繰り返され，まったく別の製品となってしまう場合も同様である。

事例分析ではA社やB社が該当する。A社の製品は天然醸造という生産技術・生産方法により，他の製品とは決定的に異なった風味に特徴がある。B社はガラ紡機という生産技術・生産方法により，独自の風合い，オーガニック・コットンの落ちワタを組み合わせた綿糸と綿織物に特徴がある。味噌，綿糸・綿織物とい

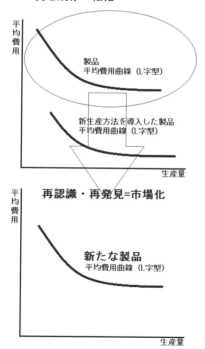

図3　新生産方法の導入による製品の変質と残存→転化

※筆者作成

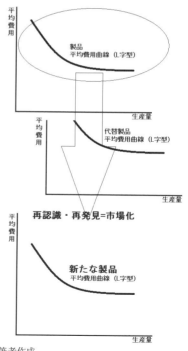

図4　新製品による旧製品の代替と残存→転化

※筆者作成

う製品であっても，あたかも「製品差別化」や「新部門形成」を達成している。そして，これらは新しいものではなく，「時代遅れ」，「昔ながら」の生産技術・生産方法に基礎を置いている。

　一方，製品・加工がもたらす用役や効果が他の新たな製品・加工によって代替される場合がある。図4は新製品による旧製品の代替と旧製品の新部門への転化を表す。新製品による代替，旧製品の淘汰・廃棄が完全には行われない場合には，転化のメカニズムが作用する可能性がある。そして，これらの製品や生産方法・生産技術には新規性が存在しない。

　事例分析ではC社が該当する。C社は「今の世の中にないものをつくる」という社風から，「車載用カセットデッキ」の企画・開発，新発売を実現した。現代的な機能性に富む新製品による代替が生じるなかで，旧製品として淘汰されずに「残存」し，新部門として「転化」した事例である。

　旧製品，旧来の生産技術・生産方法に基づく「残存」は，再認識・再評価を契機として，あたかも差別化された製品や新製品として「転化」する可能性がある。「残存部門の新部門への転化」から，自らに有利になる不完全競争の状態を整備し，一時的に高利潤率を獲得するとともに，次段階におけるその存立・発展の諸条件を得ようとする中小企業の存立・発展のあり方を見出すことができる。

2.5　「残存部門の新部門への転化」の理論的意義

　中小企業の存立条件における「残存部門の新部門への転化」の理論的意義について考察する。事例Aでは味噌醸造業界において「速醸法」の導入・普及による大量生産ならびに企業規模の拡大が進行した。それは旧来の天然醸造では対抗し得ないような変化を生じさせ，天然醸造に基づく味噌醸造企業は市場での競争を通じて淘汰され，企業数ならびに市場が縮小し，「残存部門」となった。しかし，「速醸法」と天然醸造の風味の差異や，天然醸造の独自性が再認識・再評価されることにより，あたかも「新部門」であるかのように「転化」しようとしている。事例Bの「ガラ紡」も同様である。事例Cは新製品による代替が進行するなかで，音楽を聴くという用役を有する旧製品である「車載用カセットテープデッキ」の開発・生産技術が失われていなかったことに加え，旧製品そのものが有するアナログな特殊性が再認識・再評価され，「残存」から「転化」が生じている。

　これら事例は競争を勝ち抜くための経営戦略やビジネスモデルとして見ること

ができる。3社という事例は決して十分ではないが，様々な産業部門において新しい製品や生産方法・生産技術の開発・普及が進むと同時に，そのような技術進歩に限定されない中小企業の存立・発展のあり方を確認することができる。事例分析にあるように，過去に存在したものが「今の世の中にない」という市場性や，旧来の技術的基礎に起因する製品の特殊性から，規模の経済に基づく中小企業の不利性を克服する要素として成立する場合がある。そして，このようなメカニズムは技術進歩に基づく新規性を伴わないものの，あたかも「製品差別化」や「新部門形成」を達成しているため，「残存部門の新部門への転化」と独自に定義する必要がある。

　これはマーシャルならびにケンブリッジ学派に基づく中小企業の存立条件論の歩を進める知見である。規模の経済に基づく中小企業の不利性のひとつには企業規模に基づく研究開発費や企業買収費の格差が存在する。企業規模が大きければ大きいほど研究開発や企業買収に投下することができる費用も大きくなる傾向がある。しかし，本研究から，新規性を伴う製品や生産方法・生産技術の開発だけではなく，過去に存在したが現在では失われた，あるいは失われつつある製品や生産方法・生産技術が，再認識・再評価を契機として，「現在では失われた・失われつつある」という意味において特性を有し，あたかも新しいものであるかのように「転化」するメカニズムが存在することが解明された。このために，企業規模に規制される研究開発費の格差を前提としながら，一時的にではあるが，中小企業がその不利性を克服し，新たな活路を拓く可能性を見出すことができる。

2.6　小括

　中小企業の存立・発展について，「残存部門の新部門への転化」に関わる事例分析からその実態を確認した。加えて，「残存部門の新部門への転化」のメカニズムについて考察を進めた。技術進歩と生産力発展のなかで，新生産方法の導入により製品に変化が生じる場合には，旧来の生産技術・生産方法が「残存」する場合がある。このような旧来の生産技術・生産方法により生産される製品は，再認識・再評価による市場化を契機として，「製品差別化」や「新部門形成」を達成する可能性を見出した。これは，ある製品が別の製品によって代替される場合においても，同様に起こりうる。

　これら知見は技術進歩と生産力発展の理論を補完するものである。技術進歩は

中小企業の存立条件として第一義的な重要性を有しており,「新生産方法の率先的導入」,「製品差別化」,「新部門形成」に直結する。しかし,技術進歩に限定されない,多様な中小企業の存立を解明するための分析視角として,「残存部門の新部門への転化」は成立しうる。そして,中小企業が「残存」と「転化」を自ら生み出し,獲得していくという動態的な実態を事例分析から確認することができる。

資本主義経済下においては規模の経済が貫徹する。しかし,そのあり方は一様ではなく,そこに中小企業が存立する諸条件を見出すことができる。これは不完全競争であるために中小企業が存立する,というような静態的な実態ではなく,不完全競争を自ら生み出していく中小企業の動態的なあり方に関する理論である。

まとめ

本研究は資本主義経済下における中小企業の本質について,小企業の存立に関するサーベイに加え,事例分析から独自の理論の補完・構築を進めた。中小企業の存立は,当該産業部門の緩慢な発展に基づく,時間制限的なものである。また,恒常的に大企業,寡占・独占資本の圧迫に晒され,不安定な経営を余儀なくされている。このような基本的な不利性を前提としながら,中小企業が力強く存立・発展するための諸条件のひとつとして,「残存部門の新部門への転化」のメカニズムを確認した。これは,「不完全競争」論に基づく中小企業の存立条件のうち,「製品差別化」や「新部門形成」のあり方を理論化するためのアプローチである。

今後の研究課題としては,「残存部門の新部門への転化」について,旧来の製品や生産方法・生産技術の残存に関する具体的な事例の蓄積に加え,市場の発見・開拓のあり方に着目する必要がある。

〈注〉
1　日本において寡占・独占理論と産業組織論の見地から中小企業研究を進めたのは佐藤芳雄氏である。佐藤氏は同一産業内にある寡占企業と非寡占企業が競争するだけでなく,共存する場合もあることに注目し,それを寡占体制特有の事象として考察する際にスタインドルを参考とした。なお、競争論に基づく中小企業研究の総合的なサーベイは今後の研究課題となる。
2　スタインドルは大企業が価格指導力を発揮する地位を確立し,その支配的な影響力を利用するという意味において寡占と独占は同義であると論じた。本研究ではスタイ

ンドルの見解を踏襲し,「寡占・独占」と併記する。
3　米田清貴・加藤誠一訳（1956年）『小企業と大企業』pp.124〜125を筆者が要約する。
4　スタインドルはこのような特徴を有する産業部門を「小企業産業」と呼称し，具体的には小売業，サービス業，運輸業等を挙げた。
5　渋井康弘氏の「収奪される（発展を阻害される）中小企業の発展の可能性」という分析視角は，「規模の経済に基づく寡占・独占による基本的な不利を前提とした中小企業の存立・動態のあり方」とほぼ共通の問題意識・研究課題であるため，その理論的な整理を援用することが可能である。
6　事例分析は筆者による選定，企業訪問，インタビュー調査に基づく。なお，各企業の訪問日はA社2016年12月14日，B社2017年6月27日，C社2016年11月29日である。
7　天然醸造を謳う競合他社が存在するため，厳密に「残存部門」とすることは難しい。ただし，天然醸造の根幹でありながら，現在では製造する事業者がほぼなくなってしまった木製の大桶を自社で製作することから，戦略的に「残存」しようとしている。

〈参考文献〉
1　Marshall,A.（1890）*Principles of Economics*, Macmillan.　馬場啓之助訳（1965）『経済学原理』東洋経済新報社
2　Marshall,A.（1919）*Industry and Trade*, Macmillan.　永沢越郎訳（1986）『産業と商業』岩波ブックサービスセンター
3　Robinson,E.A.G.（1931）*The Structure of Competitive Industry*, The University Press.　黒松巌訳（1958）『産業構造の基礎理論』有斐閣
4　Robinson,E.A.G.（1934）"The Problem of Management and The Size of Firms", *The Economic Journal*, Vol.44, The Royal Economic Society
5　Robinson,J.（1933）*The Economics of Imperfect Competition*, Macmillan. 加藤泰男訳（1956）『不完全競争の経済学』文雅堂書店
6　Robinson,J.・Eatwell,J.（1973）*An Introduction to Modern Economics*, McGraw-Hill.　宇沢弘文訳（1976）『ロビンソン　現代経済学』岩波書店
7　Steindl,J.（1947）*Small and Big Business: Economic Problems of the Size of Firms*, Basil Blackwell.　米田清貴・加藤誠一訳（1956）『小企業と大企業―企業規模の経済的諸問題―』巌松堂
8　大前智文（2017）「中小企業の存立条件に関する一考察―競争論を基礎として―」『名城論叢』第17巻第3号
9　渋井康弘（2010）「競争論を基礎とする中小企業論序説」『日本の中小企業研究の到達点―下請性，社会的分業構造，産業集積，東アジア化―』同友館

（査読受理）

中小企業において順調な人材育成の実現を促す各種の要因と具体的な組織的取り組み

日本政策金融公庫 総合研究所　海上泰生（うなかみ）

1　研究のねらいと意義

　中小企業を巡る雇用情勢は、バブル景気時以来の厳しい状況となっており、深刻な採用難のなか、苦労して獲得した新入社員を大切にし、現有人材とともに、いかに効果的に育成して、生産性を向上させるかがますます重要になりつつある。効果的な人材育成策については、かねてより、多様な角度から考察がなされているが、具体的な組織的取り組みを題材に、計量経済モデルと事例研究をともに用いて実証的に探った論考はいまだ少ない。
　本稿では、そうした観点から、順調な人材育成を促す各種の要素について、事例調査を足掛かりに分析の方向性を決め、アンケート調査を用いた推計により検証することで、データに裏打ちされた人材育成のための具体的方策を探る。

2　問題意識とその背景

　中小企業を巡る雇用情勢は、少子高齢化に起因する中長期的な労働力人口の減少トレンドに加えて、景気回復に伴う雇用需要が上乗せされ、非常に厳しい状況となっている（図1）。
　さまざまな経営課題があるなかでも、人手不足のインパクトは大きく、中小企業における経営上の問題点の推移をみると、2009年以降、景気回復の進展とともに、売上不振や原材料高よりも求人難の割合が急速に大きくなっている（図2）。そのレベルは、1990年前後において、まれにみる売り手市場が社会現象化したバブル景気時以来の高水準となっており、今後もさらに深刻さが増す可能性がある。
　このような状況下では、仮に採用枠は満たせずとも、苦労して獲得した新入社

員を何とか定着させ，現有人材とともに効果的に育成し，量的な不足を人材の質の向上でカバーすることがいっそう重要になってくる。本稿では，そうした観点から，人材育成をより効果的に促す各種の要因を探った。

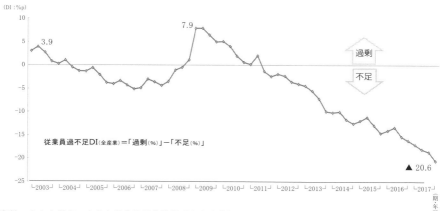

図1　中小企業の従業員過不足DIの推移

資料：中小企業庁・中小企業基盤整備機構「中小企業景況調査」

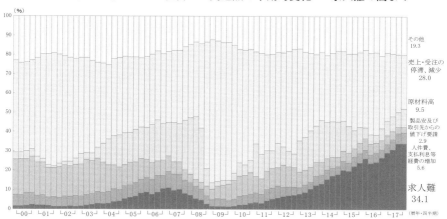

図2　中小企業における経営上の問題点の中期的変化 〜 求人難の高まり

資料：日本政策金融公庫総合研究所「全国中小企業動向調査（中小企業編）」

3 人材育成に関する先行研究のサーベイ

　人材育成を主題にした論考は多いが，研究対象を，ものづくり人材・建設技術者・SEの育成など，専門的職種の育成に絞った研究や，グローバル人材・イノベーション人材・女性管理職・後継経営者，またはベトナム・ミャンマーなど途上国の発展を担う人材の育成など，特定範疇に限った研究が多くみられる。具体的には，ものづくり技術系人材の成長段階での人材育成モデルを類型化し考察した早川（2003），繊維産業における技能承継と人材育成は経営者と労働者だけでなく地域の問題であると指摘した江頭（2013），グローバル人材に不可欠な能力として地球単位の発想力や多様性の理解力などを挙げ，その育成のための4つのプログラムを紹介した松本（2014），さらに，モンゴル企業および中・日・韓企業のコア人材育成策の導入状況を比較し，同国での育成の現状と問題点について論じた鈴木・黄（2015）などが例として挙げられる。的を絞って現場の直接的なニーズに応えた研究であり，特定分野ではいずれも実践的だが，広く人材育成全般に当てはめるには，当然のことながら限界がある。

　一方，本稿と対象を同じくする人材育成全般について論じたものには，井上（2009），小川（2011），鬼丸（2009），藤本（2012），中小企業庁（2015），労働政策研究・研修機構（2017），日本経済団体連合会（2010）などが挙げられる。これらをレビューすると，中小企業の人材育成における課題と克服策の模索が多様な角度からなされてきたことがわかる。

　例えば，鬼丸（2009）は，都市に立地する中小企業に注目し，計8社の事例を分析した。その総括として，大企業との競合のなかで，資質や能力面でばらつきのある採用になりがちな中小企業にとっては，人材の可能性を引き出すために「場当たり的でない，継続的な」育成の手立てを講じるべきと説いている。

　しかし，中小企業庁（2015）が自らのアンケート調査に基づき指摘するように，中小企業の約半数は，「従業員間の自主的な取り組み」による非体系的な人材育成にとどまっており，同様に，労働政策研究・研修機構（2017）によると，部下の育成・能力開発に対する支援がうまくできているとする上司は，全体の約3割に過ぎない。その理由として，同機構のアンケート調査に基づく藤本（2012）は，時間，費用，従業員のモチベーションの不足が，業種を問わず，問題だと指摘する。

井上（2012）も，こうした中小企業における人材育成の現状を示すとともに，中小企業5,000社を対象とした実態調査のデータを用い，コレスポンデンス分析により，売上高や利益が増加中の企業では，自己啓発型の育成を重視し，効果をあげている点を指摘した。併せて，同論考は，業績や人材育成方法を変数にした実証分析を行っており，この研究分野ではまだ少ない貴重な先例でもある。

計量経済モデルを用いた分析ではないが，小川（2011）も，福井ジョブカフェのパートナー企業に行ったアンケート結果から，売上高の動きと労務上の課題の関係に注目している。同分析では顕著な傾向はみられなかったが，他のデータから，社員自ら研鑽に努める環境づくりが重要と説いている。

別の分析アプローチの例では，日本経済団体連合会（2010）が，20社に上る事例調査を行い，社員に対し企業側が求める人材像をわかりやすく明示することが重要だという示唆を導き出している。

以上のように，多数の論考から有用な示唆を得ることができるが，いまだ残る課題もある。詳細な事例研究の蓄積により，人材育成を促す具体的なイメージは相当程度得られたが，一般化するには，やはり量的データの裏付けが欲しい。ただ，アンケート調査を実施した場合でも，クロス集計だけでは制御できない要因の影響もあり得る。そこで，本稿では，まず，事例調査で得た質的情報を足掛かりに分析の方向性を決め，次に，企業向けアンケートで得たデータを多変量回帰により分析することで，影響を及ぼす属性や諸要因を制御しつつ，人材育成への組織的な取り組みにどのような要素があれば効果的なのかを探ることとした。

4　研究の視点と研究方法 〜 二つのアプローチ

研究に当たっては，段階的なアプローチをとった。まず，順調に人材を育成している事例企業2社へのインタビュー（表1）を基に，育成を促進する要素を抽出し，それを足掛かりに後段の企業アンケート調査による実証分析の軸を決めた。

二つ目のアプローチとしては，企業アンケート「中小企業動向調査特別調査」（表2）のデータに基づき，上述の分析の方向性を踏まえながら，育成に影響を及ぼしていると思われる変数を設定し，順序ロジスティック回帰分析を行った。

5　順調に人材を育成している企業へのインタビュー調査

　順調な人材育成を実現している事例企業へのインタビューは、人材の採用・育成を主題にした日本公庫シンポジウム・パネルディスカッション（2014年11月）の檀上にて行った。同事例企業の抽出に際しては、これまでに日本政策金融公庫との取引歴やインタビュー歴のある企業群のなかから、人材育成に熱心なうえ、好業績の要因は何より社員の力であると考える企業を選定し、筆者が企画とコーディネーターを務める檀上議事のパネラー企業として招いた。

　質疑応答は、一問一答方式で行い、インタビュー録の作成においては、筆者側の解釈・批評・総括を極力排し、事例企業の生の声をそのまま反映するように努めた。また、事実関係に誤りがないように、完成したインタビュー録は、発言者の方々に記述内容を確認していただいた。

　本稿では、そのなかから、人材の育成に関する記述部分をピックアップし、表3のとおり、グラウンデッド・セオリー・アプローチ（以下、GTA）のオープン・コーディングの手法[注1]に従い、切片化し、プロパティ（特性）、ディメンション（次元）、ラベルおよびカテゴリーを抽出することにより、整理・分析した。

表1　インタビューを行った事例企業の概要

企業名	事 業 内 容	本社所在地	従業員数／資本金
M社	建設作業工具・配管機器製造、治具設計製造	三重県	192人／9,600万円
M社	日本で初めてボールトクリッパやパイプレンチの製造を開始し、以降、ミゼットカッターやエンビカッター等の、世界で広く使用される工具を開発した。専用設備の製作、金型の設計・製作、製品の試作、機械加工、熱処理、表面処理まですべて自社内で賄っている。販売も子会社で行っており、大企業が有するような機能を、小さいながらも概ね自社内に備えている。		
S社	プレス機械法令点検代行、機械移設に伴うエンジニアリング、プレス用ロボット開発・製造・販売、オーダーメイドプレス開発・製造・販売	千葉県	182人／9,000万円
S社	メンテナンス専門企業としては、約180人という異例の陣容を誇る。プレス機械を対象に、保守・点検にとどまらず、独自技術に基づく修理や改造、付随装置・周辺装置の開発など総合メンテナンスサービスを提供している。		

資料：日本政策金融公庫総合研究所（2015）
（注）1　両社とも社名開示を承諾しており、特段、秘匿を要するものではないが、本稿では、記述の便宜上、イニシャル表示とした。
　　　2　S社は、主にサービスを提供しているが、日本標準産業分類上は、製造設備を有する機械修理業に該当するため、サービス業ではなく、製造業に含まれる。

表2「人材に関するアンケート」(中小企業動向調査特別調査) の実施要領

調査対象	日本政策金融公庫中小企業事業取引先　13,750社
調査方式	調査票の郵送方式によるアンケート
調査時点	2014年6月中旬
有効回答数	5,625社 (回答率　40.9%)

(単位:社数、%)

資本金額	社数	構成比	従業員数	社数	構成比	業種名	社数	構成比
100万円未満	45	0.8	20人未満	1,701	30.2	製造業	2,392	42.5
100万～300万円未満	76	1.4	20～29人	798	14.2	建設業	540	9.6
300万～1,000万円未満	449	8.0	30～49人	1,161	20.6	運送業(除水運)	296	5.3
1,000万～5,000万円未満	3,774	67.1	50～99人	1,139	20.2	卸売業	830	14.8
5,000万～1億円未満	993	17.7	100～199人	578	10.3	小売業	430	7.6
1億～3億円未満	222	3.9	200～299人	137	2.4	サービス業	482	8.6
3億円以上	66	1.2	300人以上	111	2.0	その他	655	11.6
合計	5,625	100.0	合計	5,625	100.0	合計	5,625	100.0

注) 1　本件調査は,日本政策金融公庫総合研究所「全国中小企業動向調査(中小企業編)」(中小企業を対象として四半期ごとに業況や売上・利益などを尋ねる定期調査) の臨時付帯調査として本体の調査と同一要領により実施したもの。調査票の送付先は,日本政策金融公庫中小企業事業の取引先から無作為抽出したものであって,業種構成や従業員規模について意図的に割り付けたものではない。従って,回答者の分布は,取引先の分布に近似している。
　　2　資本金3億円以上の欄および従業員数300人以上の欄の企業も,中小企業基本法に定める要件を充足している。

6　企業事例から抽出した順調な育成に関わるキーワード

　事例企業2社のインタビュー内容を分析すると,人材育成を促進するいくつかの要素 (表3上の「カテゴリー」) が読み取れる。まず,M社では,「全社的取り組み」「体系的教育」「一人単位の育成」「キャリアパス」「スキルマップ」であり,ここから同社の取り組みの特徴が浮かび上がる。同社では,独自のスキルマップを考案・作成し,そこに各課・各職場の仕事内容を細かく網羅・整理して,一人ひとりがどの仕事をどの程度できる能力があるかを表示している。各社員が有する個々の能力について数段階にランク分けをし,年度計画で,誰が何と何をどのレベルまで修得していくというプランを立てる。それにより,将来へのキャリアパスが明示される。この方策は,新入社員以外の既存社員にも適用されて,各人の育成に効果をあげている。

表3　インタビュー内容のオープン・コーディング（M社およびS社）

【M社】

切片番号	データ	プロパティ	ディメンション	ラベル	カテゴリー
1	自己啓発とOJTが人材育成の基本と考えている。しかし、なかなか自己啓発を率先してやる人は多くない。そこで、勉強しようとする風土や雰囲気をつくる必要があると考え、組織的に人材教育に取り組んでいる。	○基本と考えていること ○現実には難しいこと ○必要なこと ○取り組むレベル	○自己啓発とOJT ○自己啓発を率先してやる ○勉強しようとする風土や雰囲気づくり ○組織的に	組織の動機	全社的取り組み
2	2010年くらいから、体系的な教育ができるようになった。やはり無垢で入ってきた新人に対する教育が最も効果的で、また、教えやすいので、まずそこからスタートした。	○軌道にのった時期 ○できるようになったこと ○着手した対象者 ○対象にした理由	○2010年 ○体系的な教育 ○新人 ○教えやすく効果が高い	新人から体系的な教育着手	体系的教育
3	大卒・高卒・高専卒や、男・女は一切関係なく、入社後3ヵ月間のカリキュラムを組んで力を入れて教育している。	○対象者の選定 ○期間	○学歴・男女区別なし ○入社から3ヵ月	全員入口教育	体系的教育
4	最初の1週間は、事業内容や人事制度、安全に関して基本的な教育を施し、2週目から6月下旬に正式配属するまでの間に、さわり程度ではあるが、全部門を経験させる。社内を一巡するローテーションを組み、それぞれの職場が指導する。	○最初に教えること ○教育の中心になること ○期間 ○経験のさせ方 ○指導する側	○事業内容・人事・安全 ○全部門を経験させる ○2週間から6月下旬まで ○一巡するローテーション ○各職場が指導する	全部門ローテーション	全社的取り組み
5	新人たちは毎日実習ノートを書き、そこの管理職にコメントをもらう。1週間に1度は、現場実習レポートを提出させし、指導中の課の課長にコメントを記入し、さらに、役員・社長にまで回して各自がコメントを記入して、それを本人に返すということを繰り返している。	○新人たちへの課題(1) ○課題(1)の頻度 ○新人たちの課題(2) ○課題(2)の頻度 ○関係者の範囲	○実習ノートを書く ○毎日 ○現場実習レポートを書く ○週に1回 ○指導課長から社長まで	各人を経営トップも認識	一人単位の育成
6	3ヵ月の新人研修終了後、配属を決める。研修中に回った各課の課長の意見を聞き、面談もして配属する。新人教育で全現場を回すのは、今後どこの配属になるかわからないから、新人全体を知らせるのが目的である。	○配属を決める時期 ○決める人 ○当人の関与の有無 ○全部署を回すこと	○3ヵ月の研修終了後 ○各課の課長の意見 ○改めて面談がある ○最初に全体を知らせる	全体を知っての配属	全社的取り組み
7	正式配属後は、階層別教育の体系図に基づいて、以後の数年間でどのような教育を受けさせるか計画したプログラムをつくる。	○配属後の教育方法 ○基づくもの ○対象期間 ○つくるもの	○階層別教育 ○教育の体系図 ○数年間単位 ○教育計画プログラム	数年間単位のプログラム	キャリアパス
8	「スキルマップ」をつくる。各職場にどんな仕事があるかを細かく網羅して、一人ひとりがどの仕事をどの程度できる能力があるかを表示している。	○つくるもの ○書いてある情報 ○対象者の単位 ○表示すること	○スキルマップ ○各職場の詳細な仕事内容 ○一人ひとり ○どの仕事をどの程度できるか	一人単位のスキルマップ	一人単位の育成×スキルマップ
9	指導はほとんどOJTが中心だが、マップの上で「補助指導」「チェックがいるがほとんどできる」「単独でできる」「指導できる」というようにランク分けをし、年度計画で、いつ時点までにこの社員に何をどのレベルまで修得してもらうか、先を見通したプランを立てている。	○指導方法の中心 ○マップ上に表示されていること ○計画の期間 ○計画すること ○対象者の範囲	○中心はOJT ○技術・能力のランク ○年度計画 ○1年間で修得すること ○一人ひとり	一人ひとりのキャリアプラン	一人単位の育成×スキルマップ

【S社】

切片番号	データ	プロパティ	ディメンション	ラベル	カテゴリー
1	強みは、徹底した標準化である。組織や作業手順だけでなく、例えば資格についても同様で、技術者育成の体系図に従い、皆が等しく技術を習得する。	○強みと考えていること ○標準化の適用対象 ○資格の標準化ツール ○資格の標準化の目的	○徹底した標準化 ○組織・作業手順・人材育成 ○技術者育成体系図 ○皆が等しく技術習得	体系図による標準化	標準化×育成体系図
2	入社1年目は何をする、3年目は何をする、5年目は何をするということをすべて決めてある。順に取得すべき資格は、あらかじめわかるようになっている。	○決めてあること ○資格の取得の仕方 ○決めてあることの効果	○入社何年目で何をするのか ○順番に取得していく ○各人がどの資格をいつとるかあらかじめわかる	計画的資格取得	キャリアパス
3	最終目標である1級技能士には、すでに10人以上が合格し、落ちた人はいない。それなら猛勉強したのかというと、そうでもなく、体系的に順序に従って努力していれば、自然と受かると考えている。	○資格の最終目標 ○合格実績 ○意外に思われること ○受かる理由	○1級技能士の取得 ○不合格者なし ○猛勉強はしていない ○体系的に順序に従った努力	体系図に従った効果	育成体系図
4	育成の体系図があるから、来年は何をするのかわかるので、心構えができ予習もする。後輩たちにも、自分の体験を伝えるものを、育成の育成している。	○体系図でわかること ○わかるからなること ○体験を伝える相手 ○伝える効果	○来年の育成内容 ○心構えと予習 ○後輩たち ○後進の育ちも促す	予習と伝承	一人ひとりの自覚を促すしくみ
5	教わった側は、必ず研修手帳に書く。「わかった」ではなく、「覚えた」。基本は、「半学半教」で、教える者が師であり、教わる者が弟子であり、先輩が教わることに感謝し、手帳に書いて覚える。	○教わった側がやること ○手帳に書く意味 ○教育の考え方 ○教わった者の態度	○必ず研修手帳に書く ○頭だけでなく手でも覚える ○半学半教 ○教えてもらったことに感謝	研修手帳	一人ひとりの自覚を促すしくみ
6	この手帳に一人に出すと、シールを貼ってくれる。多い者だと1年間に150枚ほどにもなる。多い少ないを評価するのではなく、皆で勉強しようという社内的な運動をかたちにしたものである。	○研修手帳のしくみ ○シールの数 ○シールの目的 ○手帳制度の表すもの	○人事から手帳にシールを貼ってくれる ○多い者で年間150枚 ○評価目的ではなく ○皆で学ぶ全社的運動	シール制度	一人ひとりの自覚を促すしくみ
7	指導はOJTが主体だが、必ず教科書（マニュアル）を使って教えることになっている。そのマニュアル自体を皆でつくろうという運動をしている。	○主な指導方法 ○指導時の決め事 ○マニュアルの作成者	○OJT ○必ずマニュアルを使用する ○全員	皆でつくるマニュアル	ボトムアップ×標準化
8	研修に関わらない日頃の組織運営でも、ありとあらゆるものを作業標準化する、マニュアル化する、として見える化する、といった取り組みをしている。	○組織運営の方向性 ○標準化後にやること ○標準化後にやること	○作業標準化・マニュアル化 ○ありとあらゆるもの ○見える化	マニュアル化と見える化	標準化
9	個人の技術が会社全体に認められて標準化され、皆が使ってくれる。こういうことを繰り返しやっていることで、「自分は認められている」「自分の存在意義があるんだ」という、自己肯定を繰り返していく。それが大事だ。	○会社全体に認められて標準化されるもの ○標準化後の扱い ○繰り返す効果	○個人の技術 ○皆が使ってくれる ○自身の存在意義を自己肯定	マニュアルを通した自己肯定	ボトムアップ×標準化

次に，S社からは，「育成体系図」「キャリアパス」「標準化」「一人ひとりの自覚を促すしくみ」「ボトムアップ」という要素が読み取れる。M社と名称こそ違うが，S社にも技術者育成の体系図があり，数年間にわたって何の技術をいつ習得するかキャリアパスが決めてある。最終的には1級技能士という高い目標を目指すが，皆が計画どおり達成できている。背景には，一人ひとりの自覚が高められていることがあり，自発的に訓練前の予習や後輩への伝承が行われている。

以上において，両社に共通しているのは，「マップ・体系図」「キャリアパス」「従業員一人ひとり」というキーワードである。これらが人材育成を促す要素を表象している可能性がある。

ただ，模範となる事例ではあるものの，ここから導出した示唆が，より小規模な企業にも当てはまるのか，あるいは，製造業以外には有効なのか，従業員規模や業種の違い，さらには，業況の好不調の違いなどを考慮に入れて一般化するには，まだ材料が足りない。そこで，次項では，こうした違いをコントロールするとともに，統計学的な裏付けを得るため，量的データを用いた実証分析を行う。

7 育成の順調度を被説明変数とする計量モデルによる実証分析

7.1 具体的な人材育成策を示す説明変数

企業向けアンケートのデータを用い，まず，どのような人材育成策が多くの中小企業に採用されているのかを集計すると，図3のような順位になる。最も多く採用されているのは，「技能承継のためベテランと後継者を組み合わせて配置」であり，いわゆるペア配置などと呼ばれ，5割を超える企業が採用している。これに「国家資格・免許などの計画的取得プログラム」「計画的なジョブローテーションの実施」が続く。大きな体制整備を要せず比較的手軽にできるペア配置が広く実施されているが，前項で成功事例から読み取ったキーワードは，こうした具体策においては，どのような形で表れるのだろうか。また，従業員規模，業種，業況，立地などの差異は，人材育成に影響を与えるのだろうか。

そこで，育成の順調度を被説明変数とする計量モデルによる推計を行うこととした。変数の定義および記述統計量は，表4・5のとおりである。まず，被説明変数には，「人材育成の順調度」を置いた。企業向けアンケート調査により，自社において人材育成が順調かどうかを尋ねた設問「5　順調　4　やや順調　3

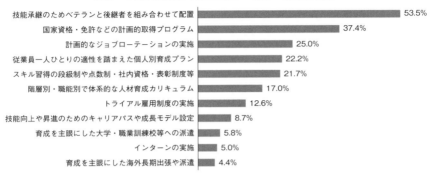

図3 人材育成策の採用割合の順位（複数回答）

資料：日本政策金融公庫総合研究所「中小企業動向調査特別調査」（図4について同じ）

どちらともいえない　2　やや不調　1　不調」という5段階の意識の強弱レベルとして示したものである。この5段階の回答は順序尺度ではあるものの間隔尺度とはいえないため，推計では，順序ロジットモデルを用いた。説明変数には，本稿の主題である具体的な人材育成策を示す各種のダミー変数を作成するとともに，業種や従業員規模などの違いを超えた効果を測るため，「業種」「立地」「業況」「従業員規模」をコントロール変数として組み込んだ。

7.2　推計結果

推計結果（表6）をみると，人材育成策・人事政策の群では「キャリアパス・成長モデル設定ダミー」が最も大きなプラスの係数で有意だった。次に係数が大きいのは，「計画的ジョブローテーション実施ダミー」「個人別育成プラン実施ダミー」であり，前掲図3のランキングでみて最も多く採用されている「ベテラン後継者組み合わせ配置ダミー」がこれに続いた。

一方で，「トライアル雇用実施ダミー」「育成主眼海外長期出張・派遣ダミー」は意外にもマイナスに有意であり，また，「インターン実施ダミー」は有意でない結果となった。「定期採用継続ダミー」についても，有意ではなかった。

コントロール目的で入れた変数なので詳しい考察は控えるが，「業種」については，すべて有意でなかったものの，「業況」は，いずれも有意で，業況の好不調が人材育成の成否に比較的大きな影響を与えることがわかった。「三大都市圏

表4　各変数の定義

変　数	定　義
人材育成の順調度	順調＝5、やや順調＝4、どちらともいえない＝3、やや不調＝2、不調＝1
（人材育成策・人事政策）	
計画的ジョブローテーション実施ダミー	計画的なジョブローテーションを実施している企業に該当＝1、非該当＝0
ベテラン後継者組み合わせ配置ダミー	技能承継のためベテランと後継者を組み合わせて配置している企業に該当＝1、非該当＝0
資格計画的取得プログラム実施ダミー	国家資格・免許などの計画的取得プログラムを実施している企業に該当＝1、非該当＝0
体系的人材育成カリキュラム実施ダミー	階層別・職能別で体系的な人材育成カリキュラムを実施している企業に該当＝1、非該当＝0
キャリアパス・成長モデル設定ダミー	技能向上や昇進の為のキャリアパスや成長モデルを設定している企業に該当＝1、非該当＝0
個人別育成プラン実施ダミー	従業員1人1人の適性を踏まえた個人別育成プランを実施している企業に該当＝1、非該当＝0
段級制・社内資格・表彰実施ダミー	スキル習得の段級制や点数制・社内資格・表彰制度等を実施している企業に該当＝1、非該当＝0
大学・職業訓練校派遣ダミー	育成を主眼にした大学・職業訓練校等への派遣を実施している企業に該当＝1、非該当＝0
育成主眼海外長期出張・派遣ダミー	育成を主眼にした海外長期出張や派遣を実施している企業に該当＝1、非該当＝0
インターン実施ダミー	インターンを実施している企業に該当＝1、非該当＝0
トライアル雇用実施ダミー	トライアル雇用を実施している企業に該当＝1、非該当＝0
（定期採用）	
定期採用継続ダミー	定期採用を継続している企業に該当＝1、非該当＝0
定期採用3～5年継続ダミー	定期採用をここ3～5年継続している企業に該当＝1、非該当＝0
定期採用非継続ダミー	定期採用を継続していない企業に該当＝1、非該当＝0
（業種）	
製造業ダミー	業種が製造業に該当＝1、非該当＝0
商業ダミー	業種が商業に該当＝1、非該当＝0
サービス業ダミー	業種がサービス業に該当＝1、非該当＝0
建設業ダミー	業種が建設業に該当＝1、非該当＝0
その他業種ダミー	業種がその他業種に該当＝1、非該当＝0
（立地）	
三大都市圏ダミー	立地場所が三大都市圏に該当＝1、非該当＝0
三大都市圏以外ダミー	立地場所が三大都市圏以外に該当＝1、非該当＝0
（業況）	
好調ダミー	過去3～5年間程度の業績が、好調に該当＝1、非該当＝0
横ばいダミー	過去3～5年間程度の業績が、横ばいに該当＝1、非該当＝0
不調ダミー	過去3～5年間程度の業績が、不調に該当＝1、非該当＝0
（従業員規模）	
20人未満ダミー	従業員数20人未満（グループ会社を除いた企業単体）に該当＝1、非該当＝0
20～49人ダミー	従業員数20～49人（同上）に該当＝1、非該当＝0
50～299人ダミー	従業員数50～299人（同上）に該当＝1、非該当＝0
300人以上ダミー	従業員数300人以上（同上）に該当＝1、非該当＝0

表5　記述統計量

変　数	平　均	標準偏差	最小値	最大値	有効なケース数
人材育成の順調度	3.076	0.887	1.000	5.000	5,377
計画的ジョブローテーション実施ダミー	0.250	0.433	0.000	1.000	4,751
ベテラン後継者組み合わせ配置ダミー	0.535	0.499	0.000	1.000	4,751
資格計画的取得プログラム実施ダミー	0.374	0.484	0.000	1.000	4,751
体系的人材育成カリキュラム実施ダミー	0.170	0.376	0.000	1.000	4,751
キャリアパス・成長モデル設定ダミー	0.087	0.282	0.000	1.000	4,751
個人別育成プラン実施ダミー	0.222	0.416	0.000	1.000	4,751
段級制・社内資格・表彰実施ダミー	0.217	0.412	0.000	1.000	4,751
大学・職業訓練校派遣ダミー	0.058	0.234	0.000	1.000	4,751
育成主眼海外長期出張・派遣ダミー	0.044	0.206	0.000	1.000	4,751
インターン実施ダミー	0.050	0.218	0.000	1.000	4,927
トライアル雇用実施ダミー	0.126	0.332	0.000	1.000	4,927
定期採用継続ダミー	0.247	0.431	0.000	1.000	5,594
定期採用3～5年継続ダミー	0.165	0.371	0.000	1.000	5,594
定期採用非継続ダミー	0.588	0.492	0.000	1.000	5,594
製造業ダミー	0.422	0.494	0.000	1.000	6,599
商業ダミー	0.223	0.416	0.000	1.000	6,599
サービス業ダミー	0.132	0.339	0.000	1.000	6,599
建設業ダミー	0.091	0.288	0.000	1.000	6,599
その他業種ダミー	0.132	0.339	0.000	1.000	6,599
三大都市圏ダミー	0.464	0.499	0.000	1.000	6,599
好調ダミー	0.466	0.499	0.000	1.000	5,408
横ばいダミー	0.349	0.477	0.000	1.000	5,408
不調ダミー	0.185	0.388	0.000	1.000	5,408
20人未満ダミー	0.312	0.463	0.000	1.000	6,599
20～49人ダミー	0.344	0.475	0.000	1.000	6,599
50～299人ダミー	0.324	0.468	0.000	1.000	6,599
300人以上ダミー	0.020	0.141	0.000	1.000	6,599

（注）業種および企業規模は、本体調査の質問項目。

表6　推計結果

人材育成の順調度

説明変数	Coefficient			Odds Ratio		
(人材育成策・人事政策)						
計画的ジョブローテーション実施ダミー	0.364	***	(0.069)	1.439	***	(0.099)
ベテラン後継者組み合わせ配置ダミー	0.296	***	(0.060)	1.345	***	(0.081)
資格計画的取得プログラム実施ダミー	0.111	*	(0.063)	1.117	*	(0.070)
体系的人材育成カリキュラム実施ダミー	0.264	***	(0.081)	1.302	***	(0.106)
キャリアパス・成長モデル設定ダミー	0.480	***	(0.107)	1.616	***	(0.173)
個人別育成プラン実施ダミー	0.300	***	(0.071)	1.350	***	(0.096)
段級制・社内資格・表彰実施ダミー	0.191	***	(0.073)	1.210	***	(0.089)
大学・職業訓練校派遣ダミー	0.044		(0.125)	1.045		(0.131)
育成主眼海外長期出張・派遣ダミー	-0.232	*	(0.139)	0.793	*	(0.110)
インターン実施ダミー	0.015		(0.129)	1.015		(0.131)
トライアル雇用実施ダミー	-0.209	**	(0.086)	0.811	**	(0.070)
(定期採用)						
定期採用継続ダミー	0.046		(0.076)	1.047		(0.079)
定期採用3～5年継続ダミー	-0.057		(0.080)	0.944		(0.076)
定期採用非継続ダミー	(参照変数)					
(業種)						
製造業ダミー	(参照変数)					
商業ダミー	0.068		(0.076)	1.070		(0.081)
サービス業ダミー	-0.034		(0.088)	0.967		(0.085)
建設業ダミー	0.025		(0.104)	1.026		(0.107)
その他業種ダミー	0.159		(0.100)	1.173		(0.118)
(立地)						
三大都市圏ダミー	0.135	**	(0.058)	1.145	**	(0.066)
三大都市圏以外ダミー	(参照変数)					
(業況)						
好調ダミー	0.553	***	(0.064)	1.739	***	(0.112)
横ばいダミー	(参照変数)					
不調ダミー	-0.617	***	(0.083)	0.540	***	(0.045)
(従業員規模)						
20人未満ダミー	(参照変数)					
20～49人ダミー	-0.217	***	(0.076)	0.805	***	(0.061)
50～299人ダミー	-0.590	***	(0.081)	0.554	***	(0.045)
300人以上ダミー	-1.007	***	(0.194)	0.365	***	(0.071)
閾値						
Cut Point = 1	-3.182		(0.123)			
Cut Point = 2	-0.781		(0.096)			
Cut Point = 3	1.110		(0.097)			
Cut Point = 4	4.176		(0.133)			
McFadden擬似決定係数	0.046					
χ^2値	515.030	***				
対数尤度	-5291.485					

(注) 説明変数およびχ^2値の ***、**、*印は、1％、5％、10％水準で有意であることを示す。( ) の数値は標準誤差。

ダミー」は，プラスの係数で有意だった。なお，「従業員規模」については，従業員規模が小さいほど大きな係数で有意という結果になった。

8　考察

　前項の推計により，効果が高い育成策とわかった「技能向上や昇進のためのキャリアパスや成長モデル設定」「計画的なジョブローテーションの実施」「従業員一人ひとりの適性を踏まえた個人別育成プラン」は，企業事例から読み取ったキーワード「キャリアパス」「マップ・体系図」「従業員一人ひとり」が当てはまる具体策である。特に，キャリアパスを指し示し，従業員本人に自らの将来像をイメージさせることは，他の方策より一段高い効果がある。推計上の係数の大きさがそれを裏付けており，しかも，従業員規模や業種をコントロールした結果なので，同育成策の効果は，規模の大小や業種のいかんにかかわらず高いことになる。

　しかしながら，同育成策は，前掲図3のランキングでは8番目で，採用している企業は8.7％に過ぎず，その効用を活かしきれていない。

　ここで，他の育成策を含めた実施割合を，図4のレーダーチャートでみると，従業員規模が小さくなるほど，キャリアパスや成長モデル設定，計画的なジョブローテーション，体系的な人材育成カリキュラムなどが，順調な育成に有意なのにもかかわらず，低い実施割合にとどまっていることがわかる。

　一方で，同じく効果の高い個人別育成プランに関しては，逆に従業員規模が小さくなるほど実施割合が高くなっており，従業員が少ないため一人ひとりにケアできる育成現場の実情が読み取れる。推計結果において，従業員規模の小さいほうが総じて育成が順調だという結果は，このためと考えられるが，他にまだまだ使われていない有効な方策があることも広く知ってもらうべきだろう。

　政策的な含意となるのは，有用なツールであることが明らかなスキルマップや人材育成体系図，キャリアパスの設計図などについて，実例に基づいた汎用ひな形が提供されれば，自ら構築するノウハウがない企業でも活用できるという点である。この試みは，東京都中小企業振興公社などで一部実施されているものの，まだ簡便な内容にとどまる。今後いっそうの普及を期待したい。

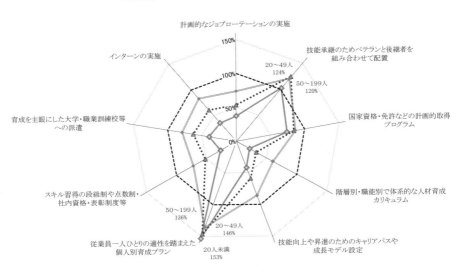

図4 従業員規模別にみた人材育成策の実施割合（200人以上企業＝100とした場合）

（注）推計において有意にマイナスを示した育成策を除く。

9 むすびに

　人を育てることは，もちろん簡単ではない。だが，効果的な方策を知り，一騎当千の強者を育て上げることができるなら，短期的な人手不足に対応するだけでなく，本質的な強みを備えられる。では，順調な人材育成を実現するには，何が必要か。本稿で明らかになったことは，「従業員一人ひとり」「キャリアパス」「マップ・体系図」というキーワードの存在だ。個々の働き手の能力や適性を勘案し，彼らに先を見通せる道筋を示しながら，計画的・段階的に育成していく方法が最も効果的だという結論が示された。逆にいえば，マスでその場限りのトレーニングに注力しても，高い効果は期待しにくいということになる。働き手の立場からすれば，成長の階段を着実に昇っていく手応えは，モチベーションとも深く関わる。従って，今後は，成長と働きがいの相互作用にも考察が必要だろう。そうした働き手の意識にも注目しながら，引き続き当分野を掘り下げていきたい。

〈注〉
1　GTAについては，数種類の手法が複数の研究者から提唱されているが，本稿では，創始者の一人であるAnselm Straussに師事した戈木による戈木（2013）が示す手法に従った。

〈参考文献〉
1　井上善海（2009）「中小企業の人材育成と業績に関する一考察」広島大学経済学会『広島大学経済論叢』第33巻第1号，pp.93-100
2　江頭説子（2013）「繊維産業における技能継承と人材育成をめぐる課題」法政大学大原社会問題研究所『大原社会問題研究所雑誌』652号，pp.31-45
3　小川雅人（2011）「中小企業経営における人的資源の活用と育成―福井県企業における若年従業員満足を推進する経営展開―」福井県立大学地域経済研究所『ふくい地域経済研究』第12号，pp.15-31
4　鬼丸朋子（2009）「都市に立地する中小企業における人材確保・人材育成に関する一考察」中小企業家同友会全国協議会企業環境研究センター『企業環境研究年報』No.14，pp.91-102
5　戈木クレイグヒル滋子（2013）『質的研究法ゼミナール―グラウンデッド・セオリー・アプローチを学ぶ（第2版）』医学書院
6　鈴木岩行・黄八洙（2015）「モンゴルにおけるコア人材育成：現地・日系・中国系・韓国系企業の比較」和光大学社会経済研究所『和光経済』第47巻第3号，pp.29-44
7　中小企業庁（2015）『中小企業白書（平成27年版）』日経印刷
8　日本経済団体連合会（2010）『中小企業を支える人材の確保・定着・育成に関する報告書』日本経済団体連合会
9　日本政策金融公庫総合研究所（2015）『働く場としての中小企業の魅力　〜中小企業就業者の特性を踏まえて採用難・就職難を乗り越える人材確保・育成策〜』日本公庫総研レポートNo.2014-6
10　早川周（2003）「ものづくりにおける人材育成，技術・技能の継承：知識創造の場と方法の視点から」愛知学泉大学経営研究所『経営研究』第17巻第1号，pp.129-142
11　藤本真（2012）「中小企業における人材育成・能力開発―取り組みの現状・課題とこれから求められるもの―」日本政策金融公庫『日本政策金融公庫調査月報』第49号，pp.4-15
12　松本芳男（2014）「日本企業におけるグローバル人材育成の課題 」東洋大学経営力創成研究センター年報編集委員会『経営力創成研究』10号，pp.81〜88
13　労働政策研究・研修機構（2017）『日本企業における人材育成・能力開発・キャリア管理』労働政策研究報告書No.196

（査読受理）

報告要旨

中国自動車産業の変容と
日系サプライヤーの取引構造の変化
―中国江蘇省蘇州市における日系サプライヤーを事例として―

〈報告要旨〉

大阪市立大学大学院　経営学研究科　的場竜一

1　はじめに

本研究の課題は，中国における日系自動車部品サプライヤーによる現地調達化（以下，現調化）の実態とメカニズム，その意義と課題を明らかにすることである。

2　中国自動車産業概観

中国自動車産業は，2016年の時点で3000万台近くまで成長しており，販売台数も2000万台を超えている。その内訳は，半数以上が外資系メーカーだが，ここ1～2年で中国系メーカーも台頭してきており，自動車部品サプライヤーの立場からすると多様な調達先と供給先が生まれつつある。

3　江蘇省蘇州市における自動車産業の発展

蘇州市は上海市から200キロメートル圏内にある産業集積地である。外資系やローカル企業ともに増大し続けており，日系企業も1100社以上が存在するといわれている。上海にはVWやGMの生産拠点があるが，日系自動車メーカーの生産拠点は周囲には存在しない。2000年代前半，日系サプライヤーが蘇州市に進出したのちに，安価な製品を製造し日本に輸出するか，あるいは天津市や広州市などの自動車生産拠点に輸送するという形態を取っていた。

しかし近年,人件費や物価,地価の高騰によって,従来の戦略では立ち行かなくなっている。

以下の表1のように,エンジンやトランスミッションといった重要保安部品は依然として外資製品のみとなっており,中国国内における中国製品はゼロとなっているが,エアバッグやターボチャージャーなどは中国製品が生産され始めている。どういった部品を現調化し,コストダウンをおこなうかという見極め,および経営判断が重要であることが読み取れる。

表1　中国国内で生産される部品における外資製と中国製の内訳（2013年）

	外資製品	中国製品
燃料噴射装置	100%	0%
エンジン制御システム	100%	0%
トランスミッション	99%	1%
油圧ABS	91%	9%
エアバッグ	69%	31%
ターボチャージャー	60%	40%

出所）『中国汽車零部件産業発展報告（2015～2016)』を参考に筆者作成。

4　江蘇省蘇州市における日系自動車部品サプライヤーの現地調達化

日系サプライヤーを事例に,現調化の実態とメカニズム,その意義と課題を検討する。

結論から述べれば,日系サプライヤーにとって,現調化はすでに前提となっており,とりわけブレーキなどのメカ部品はローカル企業からの調達が進行している。他方で,おなじ重要保安部品であるエンジン制御部品は,研究開発費用が高額であることや,企業間での共同開発が必要となるため,電子部品のローカル化は難しい状況にある。

しかし,中国自動車産業の発展によって,日系サプライヤーは現調化によるコストダウンをおこなうことで,欧米系メーカーや中国系メーカーといったこれまでにはなかった供給先を開拓しつつある。従来はメーカーや顧客からの要請というかたちでのコストダウンであったが,現在の中国では,新たな供給先を開拓す

るという意味での現調化によるコストダウンがおこなわれ始めている。

　ローカル企業から調達した部品の品質は，日系サプライヤーによる技術指導によって維持しており，5〜10年かけた長期継続的取引関係が日系サプライヤーとピュア・ローカル企業との間に形成されつつある。

　日系サプライヤーとローカル企業のあいだに新たに形成されつつある取引関係は，以下の図1のようにあらわせられる。

図1　現調化とコストダウン，潜在的市場の諸関係

出所）筆者作成。

5　おわりに

　本研究の意義は，現調化の実態を事例に基づいて明らかにしている点である。なぜ現調化をしなければならないのかという点を具体的に明らかにしており，中国自動車産業の実態と，日系サプライヤーの置かれている状況を描き出している。

〈参考文献〉
【日本語】
1　浅沼萬里・菊谷達弥（1997）『日本の企業組織 革新的適応のメカニズム：長期取引関係の構造と機能』東洋経済新報社
2　伊藤亜聖（2015）『現代中国の産業集積：「世界の工場」とボトムアップ型経済発展』名古屋大学出版会
3　駒形哲哉（2011）『中国の自転車産業：「改革・開放」と産業発展』慶應義塾大学出

版会
4　佐伯靖雄（2012）『自動車の電動化・電子化とサプライヤー・システム: 製品開発視点からの企業間関係分析』晃洋書房
5　佐伯靖雄（2017）「日系自動車部品企業の現調化基本戦略」『アジア経営研究』第23号，pp.45-57，アジア経営学会
6　新宅純二郎（2014）「日本企業の海外生産が日本経済に与える影響: 海外生産における付加価値分析」『国際ビジネス研究』第6巻第1号，pp.3-12，国際ビジネス研究学会
7　新宅純二郎・大木清弘（2012）「日本企業の海外生産を支える産業財輸出と深層の現地化」『一橋ビジネスレビュー』第60巻第3号，pp.22-38，東洋経済新聞社
8　清晌一郎（2013）「中国・インドの低価格購買に対応する「深層現調化」の実態: 自動車産業における中国・インド現地生産の実態調査を踏まえて」日本中小企業学会編『日本産業の再構築と中小企業』同友館，pp.16-28
9　清晌一郎編（2016）『日本自動車産業グローバル化の新段階と自動車部品・関連中小企業: 1次・2次・3次サプライヤー調査の結果と地域別部品関連産業の実態』社会評論社。
10　清晌一郎編（2017）『日本自動車産業の海外生産・深層現調化とグローバル調達体制の変化: リーマンショック後の新興諸国でのサプライヤーシステム調査結果分析』社会評論社
11　田口直樹（2011）『産業技術競争力と金型産業』ミネルヴァ書房
12　丹下英明（2016）『中小企業の国際経営: 市場開拓と撤退にみる海外事業の変革』同友館
13　野村俊郎（2015）『トヨタの新興国車IMV: そのイノベーション戦略と組織』文眞堂
14　藤川昇悟（2015）「日本の自動車部品貿易と企業のグローバル立地」『阪南論集　社会科学編』第51巻第1号，pp.107-125
15　丸川知雄（2007）『現代中国の産業』中公新書

【中国語】
1　蘇州市統計局（2012）『蘇州統計年鑑2012』中国統計
2　蘇州市統計局（2013）『蘇州統計年鑑2013』中国統計
3　蘇州市統計局（2014）『蘇州統計年鑑2014』中国統計
4　蘇州市統計局（2015）『蘇州統計年鑑2015』中国統計
5　蘇州市統計局（2016）『蘇州統計年鑑2016』中国統計
6　中国汽車工業協会中国汽車工程研究院股分有限公司（2016）『中国汽車零部件産業発展報告（2015- 2016）: 汽車工業藍皮書』社会科学文献

ミャンマーの中規模製造業における生産性向上の課題
―小ロット受注工場の事例から―

〈報告要旨〉

神戸大学大学院博士後期課程　中原 寛子

　ミャンマー連邦共和国はASEAN諸国の中でもっとも工業化の遅れた国のひとつである。5000万人強の人口を擁し，15歳～24歳の識字率は男女とも96％と高いが平均賃金はいまだASEANで最低水準である。

　ミャンマーの主要な輸出産業である縫製業は代表的な労働集約的産業であるが，2015年の最低賃金法発効により賃金は急騰し労働コストにおける国際競争力は低下した。縫製業は，ミャンマーにとって事実上唯一つの輸出指向型製造業であり，ミャンマーの経済発展に重要な役割を担う。日本企業の側から見ても，小ロット製品の発注先としてミャンマーの縫製企業の存在は重要になっている。新興国の縫製企業は大ロットで品質要求の比較的ゆるやかな欧米市場を，小ロットで品質要求の厳しい日本市場よりも好む傾向にあるが，ミャンマーは中国・バングラデシュに比べて中小規模の工場が多く大ロットの受注に不利なことなどから，日本からの小ロット受注の積極的な担い手となっている。

　ミャンマーの縫製業に関する研究には，MFA撤廃など外部環境の影響は工藤（2006）など，生産性については工藤・後藤（2014）のマクロ分析があり，製造企業へのアンケート調査をおこなったThomas Bernhardtら（2017）からは平均賃金や労働時間などの基本項目を概観できる。ミャンマー縫製業の生産現場に近接したものとしては水野敦子が拡大する「未熟練労働力使用的な生産システム」の特徴を報告し，熟練工の割合が低いミャンマーにおいて，品番の切り替えが頻繁で品質要求水準の高い日本市場向け縫製品の生産が可能となる理由の一部を説明している。工程を細分し効率を犠牲にした生産システムの採用が現在のミャンマーの小ロット生産対応の背景にあるとしても，その生産システムが生むデメリットや賃金上昇への対応の実態については十分に言及されていない。本研究で

は，ベトナムの7割程度に留まる生産性の問題を企業内で解決しようとした取組の実態を調査し，分析を試みた。研究方法は，ミャンマー縫製業協会（MGMA）およびミャンマー縫製企業への聞き取り調査（2017年3月実施）をベースに，最低賃金法発効を契機として成果給導入について異なる手法を採用したいくつかの企業事例を取り上げた。

事例①　現地系縫製企業

現地系縫製企業A社は1994年に設立され従業員数は449人である。2015年9月から，EUの援助を基盤としたSmart Myanmarプロジェクトに参加し，生産管理・賃金管理システムを試験的に取り入れた。同システムは，ドイツの縫製企業が新興国にある自社工場で利用するために製作し，プロジェクトの依頼に応じて提供したソフトウェアと，バーコードを用いた管理方法であり，品番毎に工程・標準作業時間などを入力したバーコードを用いて1日あたりの作業数を計測し管理することを基本とする。

導入の結果，A社は2016年8月にシステムの使用を中止し，従来の管理方法に戻した。三つに大別できる理由の一つめは，同システムは作業効率を弱めるものであると判断したためである。生産ラインで人為的ミスによるトラブルが多くなったこと，バーコード切り取りのたびに工具の手が止まり全体の作業時間が長くなったことがある。二つめは，システムが生産品に合わないことである。品番切り替えごとに工程や標準作業時間の入力を要するシステムは，小ロットでピースの量も一定ではない日本のバイヤーからの発注が増えた現在の生産現場には適さなかった。前年パイロットプログラムに参加した際にはヨーロッパからの1ロット7000ピースほどの大ロット生産もあったが，現在では日本企業からの600ピース程度の受注がほとんどを占めている。三つめは，ICT技術のある人材がおらず，ソフトウェアの不具合を修復できず援助側の代理人の助けを必要としたこと，自社の生産品に合うようにシステムを調整することができなかったことが挙げられた。

事例②　日系企業のミャンマー子会社

日系企業のミャンマー子会社B社は2002年に創業し，資本金3億1000万円の大企業を親会社に持つ。社員数1864人，ほとんどが地方出身者であり，農閑期の生

活費のための出稼ぎで，平均勤続年数は5年である。主な業務内容は紳士スーツのCMPである。B社は2015年に成果給を導入したが，わずか一ヶ月で現地人の気質に成果給が合わないと結論づけ，成果給導入を取りやめた。導入後は工員同士の協力体制が崩れ工程間での労働の補完がなくなり，作業難易度や評価の公平性について工員から強力な反発を受けた。工員間および労使間で揉め事が絶えず，ミャンマー人の気質には向かないと判断した。現在では，工場全体の生産数に対する一律のターゲットボーナスを工員への外部的動機づけとするに留め，勤労文化の育成については，規律の厳格化と日本人工場長による見回りの強化，福利厚生の充実によって改善を試みている。規律については，就業時のタナカ（日焼け止めや化粧を目的として顔に塗る白い植物性顔料）の禁止，就業中のコーン（噛みタバコ）や私語の禁止などを挙げる。

事例③　現地系縫製企業

ミャンマー系のC社は1994年に設立，従業員は約300名，近隣地区からの通勤者が多い。主要生産品は作業着であり，現在は100％を日本に輸出している。

全行員の作業時間計測と，その評価に基づく再訓練・異動を含む現在の管理方法を取り入れたのは，最低賃金法が実効化してから2ヶ月後の2015年11月である。同社が科学的評価方法と呼ぶこの制度は，大卒のミャンマー人工場長が考案したもので，JETROの研修で学んだ問題解決方法も取り入れている。査定のため作業効率を個人ごとに計測し，非効率な工員には異動させるか再訓練をほどこす。扱える縫製機械の台数によっても賃金が引き上げられる。

具体的な説明のためデータの計測・蓄積とグラフ化，工場内ホワイトボードへの貼り出しや従業員に対する資料公開など，社内に向けた情報開示および情報共有の取り組みを主体的におこなっている。小ロット受注で品番の切り替えは月に2〜3回あり，都度スーパーバイザーとラインリーダーは工員を指導する必要があることから，C社ではとくに中間管理職の指導育成を重要視している。朝夕にはミーティングを実施し，マネジャーの役割を教え，生産性の低い労働者への激励方法や指導方法など問題解決方法の共有を進める。

賃金高騰による利益圧迫を解決するためミャンマー各社で取り組まれる成果給導入であるが，中規模以下の工場においては成果計測作業やシステム導入費用が

負担となる。しかし，海外からの援助による導入費用の低いシステムは，とくに小ロット受注工場においてかえって作業効率を下げ，エラー対応も含めて実地で使用するためにはデータベースや表計算ソフトの素養を要求するものであったため，現在のミャンマーの生産現場に適さないものであることが明らかになった。

　A社の事例からは，援助の失敗で浮き彫りにされた小ロット生産工場での管理効率化の困難と，ICT人材の不足と獲得に関するミャンマーの産業人材の課題が観察された。

　B社では，ミャンマーの工場労働力の問題がわかる。職務中のコーンや私語を規律の厳格化により禁止せざるを得ない状況は，近代的工業労働力の質の問題であるといえる。Bernhardtら（2017）によれば縫製業における離職率は49%であり，ミャンマーにおいても低い定着率が課題となっていることがわかるが，B社への聞き取り調査では高い離職率の背景に，従業員は農村からヤンゴンに雇用された若い女性であり，数年働いたのちは農村に戻り結婚する文化慣習がみられる。ミャンマー縫製業の工員が所属する文化における，農村との紐帯の強さが見て取れる。

　C社は現在手に入る経営資源で，ミャンマー人の性質も把握しながら，標準時間計測によるスキル評価と成果的賃金制度の導入に成功したのみならず，中間管理職の育成という次のステップにも積極的に進んでいる。現状のミャンマー縫製業におけるベストプラクティスといえるだろう。

　ただし，A社の事例と同じく，ICT人材不足については同様であり今後生産管理の機械化に踏み出すにあたって抱える課題は共通である。ミャンマー縫製業で働く人材には大卒が少なくない（地場企業では6%，外資企業では20～40%）にも関わらず，聞き取り調査した13社のなかでミャンマー人従業員がパソコンを使いこなせている例は1社のみであった。A社の聞き取り調査で聞かれたように，ICT人材が縫製業への就職を避けている可能性がある。

　技術移転に必要な人材の不足を解決することはミャンマーの経済発展にとっても重要だが，他方，日系をはじめとする外資系企業が自国の管理システムを移転するためには，ミャンマー人従業員もシステムを使いこなせることが望ましい。一例として，MGMAから高等教育機関に働きかけ，縫製業の発展に必要なICT人材を獲得できるような雇用協定の締結，MGMAや各企業が大卒新人工員に対する情報教育を積極的に行うことが，これらの課題解決の糸口になると考える。

地域小規模事業者からみた
ソーシャル・イノベーションに関する一考察
〈報告要旨〉

神戸山手大学　山下紗矢佳

はじめに

　2013年頃より小規模事業者に関する研究が新たな段階に入った。これまで「地方創生」に係る法整備や各施策が講じられてきたが，「地方」とみなされる「地域」の実態，とりわけ地域の小規模事業者の役割については未開拓な研究部分が多い。和田（2010）の指摘にあるように，地域中小企業振興に関する研究では現場主義・事例主義という限界ゆえに中小企業政策を立案する根拠法の視点や歴史的潮流での位置付けが不足している，中小企業政策論に関する研究では政策展開に重きが置かれる一方で地域といった課題にそった研究が進展していない，と言及している。

　そこで本論では「地方」といわれる「地域」に焦点を当て，小規模事業者支援に重点が置かれるなかでの，地域小規模事業者によるイノベーション行動と，地域課題である地域振興に結び付く一連の行為に着目する。「地方創生」を果たすべく持続可能な循環型地域経済を目指す地域の小規模事業者による地域づくりをソーシャル・イノベーションと捉え，兵庫県多可郡多可町を事例に地域振興を導く方策について検討する。

1. 先行研究の整理と課題設定

　地域振興と中小企業政策に関する先行研究の整理と課題設定をおこなう。地域振興に関しては，吉田（2010）の定義を用いる。吉田は，自立型の地域経済・中小企業振興が持続可能な地域づくりを支えるとし，6つの視点を強調している。

中小企業政策に関しては，主に小規模企業振興基本法（以下，小規模基本法）制定以降の研究に着目し，中小企業政策が新たな段階に入ったことを踏まえ，小規模基本法制定の背景に地域振興における小規模企業振興の位置付けの高さが伺えることと，小規模事業者の振興が地域経済に対する期待のみならず，地域住民としての生活基盤の安定・向上を目的としていると理解している。

2．ソーシャル・イノベーションと地域経済循環の分析視座

小規模事業者の革新的行動が「地方創生」たる地域振興を果たす行動をソーシャル・イノベーションと捉えているため，ソーシャル・イノベーションの学説整理をおこなう。ソーシャル・イノベーション研究では谷本他（2013）による会的課題の解決に取組むビジネスを通して，新しい社会的価値を創出し，経済的・社会的成果をもたらす革新であるとの定義を中心に，野中（2014）による「ソーシャル」の捉えの重要性に着目し，「地域」そのものを「ソーシャル」と捉え地域内でカネの流れを創出する方策を考察するにあたり，地域経済循環に関する理論を援用する。

中村（2014）は基盤産業と非基盤産業の識別による域内の資金循環の改善・域内の所得増加の可能性について指摘している。基盤産業となりうる域外市場産業で域外からカネが域内に流入し，その流入したカネを域内で循環させる仕組である。このカネの循環において付加価値を生み出し，それに伴い雇用も増加する仕組の構築である。それは単独の産業によるものではなく，地域の基盤産業と非基盤産業を識別しそれらの主体が同時に活性化することの重要性を指摘している。

3．兵庫県多可郡多可町地域の概況

兵庫県多可郡多可町のケースを取上げる背景に，小規模企業振興基本法（以下，小規模支援法）に基づく商工会及び商工会議所が作成する経営発達支援計画の認定制度に関する研究を2015年より進めてきたことがある。

多可町は地形的には中山間地域であり平野部が少なく，全体面積の約8割を山林が占め，住宅と田畑は合わせて1割程度である。人口は2000年以降は減少率が大きくなっており2016年の純増減率は兵庫県下で49地域中45番目である。また兵

庫県下で高速道路と鉄道の通っていない2自治体のうちのひとつである。合併特例債の満額交付期間の10年を経過し，多可町は財政支援措置のない財政運営に直面している。多可町の主要産業は先染織物の播州織を中心とした第2次産業である。しかし第2次産業の就業者比重は減少し，製造業の事業所数を時系列で比較すると，1995年の254事業所から2007年の117事業所と5割以上減少しており，その大半を小規模事業所が占めている。特化係数（中分類・製造業・従業者数）をみると繊維工業が17.0と突出して高く，繊維工業は多可町地域の「稼ぐ力」「雇用力」となりえる基盤産業であることがわかる。

4．ケース・スタディ

　ケーススタディでは3社を取上げている。1社目の笹倉織布工場は家内工業で播州織に携わる。播州織縮小の流れを背景に播州織に携わる事業承継者グループ「Banshu-ori Next Japan」を結成した。播州織のブランド化と小規模事業者の脱賃加工を目的に「播州織」の再定義などを進めている。また同社は自社ブランドを立上げ販売を開始し，2017年度の売上は2016年度の2倍を見込んでいる。また同グループの奥様が「Next Mom」を結成し，播州織の端切れ市やイベントへの出店，コラボレーション商品の販売等を行う。

　2社目は㈱まちの駅・たかである。多可町の交流人口を増やすことを目的に観光に取組んでいる。域外の観光客向けの情報発信の拠点として総合観光物産館「まちの駅・たか」を始め，旧町ベースの観光協会をネットワーク化していった。また「chattanaの森」でカフェ，コテージ，BBQ施設，キャンプ施設を設けている。両施設内では「スローライフ」「スローフード」をテーマに地域の特産品の販売や，「食育」を通じた地域づくり，従業員の「里山案内人」としての育成などに取組む。

　3社目はゑびすや百貨店である。総合衣料を取扱うため地域需要への依存度が高く業績不振に陥っていたが，『トータル的に高齢者の健康ライフスタイルを応援するワンストップストア』の確立による業態革新に取組み，2016年に経営革新の認定を受けた。また従業員を「健康支援バトラー」として教育し，トータル的に高齢者のニーズを解決できるサービスの拡充を図った。顧客管理リストに健康情報欄を設け，「お客様健康管理台帳」を作成し，健康づくり提案や健康関連商

品の販売促進に活用している。

5．含意と結論

　多可町地域の抱える過疎，少子高齢化，人口流出は３社の共通認識の課題でありながら，これらの地域課題に対する３社の取組は経済循環の位置による異なる視点を持った企業行動であった。３社の事例を通じ地域でのソーシャル・イノベーションを検証するにあたり吉田６つの視点を用い分析している。地域小規模事業者がソーシャル・イノベーションを地域で果たすうえで，１社のみの経営行動によるものではなく，地域に存立する小規模事業者達がそれぞれの産業連関上の位置から革新的経営行動，すなわちイノベーションを果たすことで地域の課題解決に向けてソーシャル・イノベーションを実効することができる。地域小規模事業者が地域の課題解決の主体になり得る要因は地域小規模事業者＝地域住民であることにある。すなわち地域小規模事業者が事業を通じて地域振興に取組むことは，地域経済の担い手となるだけではなく，社会・文化の側面における地域でなんらかの主導的貢献を果たすことになり，自立型の地域経済と持続可能な地域づくりを支えるのである。

〈参考文献〉
1　中村良平（2014）『まちづくり構造改革―地域経済構造をデザインする』日本加除出版
2　野中郁次郎・広瀬文乃・平田透（2014）「実践ソーシャルイノベーション―知を価値に買えらコミュニティ・企業・NPO―」千倉書房
3　谷本寛治・大室悦賀・大平修司・土肥将敦・古村公久（2013）『ソーシャル・イノベーションの創出と普及』NTT出版
4　和田耕治（2010）「国の地域中小企業政策と地方自治体」吉田敬一・井内尚樹編著『地域振興と中小企業―持続可能な循環型地域づくり―』ミネルヴァ書房pp.29-57
5　吉田敬一（2010）「グローバル化時代の地域振興と中小企業」吉田敬一・井内尚樹編著『地域振興と中小企業―持続可能な循環型地域づくり―』ミネルヴァ書房pp.1-28
6　山下紗矢佳（2017）「地域中小企業の経営革新によるソーシャル・イノベーション」佐竹隆幸編著『現代中小企業のソーシャル・イノベーション』同友館，pp.259-283

中小企業の競争優位とリスクマネジメント
―2016年4月の熊本地震の事例から―

〈報告要旨〉

慶應義塾大学　経済学部　三嶋恒平

　大地震等の激甚災害とは，非ルーティン的対応が強制的に，同時多発的に，スポット的に求められるものである一方で，企業の激甚災害への対応は長期継続的な取り組みが求められる。そうした激甚災害に際した企業行動とは，スポットの側面と長期の側面があるだろう。そして，経営資源の差から企業規模で行動は異なる。大企業は経営資源が豊富であり，デュアルソースなどが一つの備えとされる。一方で中小企業は経営資源的に乏しいため，大企業的対応は一般には不可能である。さらには大企業のデュアルソースは中小企業の差別化戦略を否定しかねない。そこで本報告は，2016年4月に生じた熊本地震とそこでの企業行動を事例としながら，激甚災害への中小企業の対応について，組織能力と競争優位の観点から考察した。

　本報告は次の3点を目的とした。第1に，熊本地震に際しての中小企業の行動の実態を競争優位と関連させて解明することであり，第2に，復旧要因を企業行動とその環境から探ることであり，第3に，リスクマネジメントから検討した中小企業の競争優位のありようを明らかにすることであった。

　本報告の意義として，こうした目的に対応して3つを挙げた。第1に，熊本地震における企業行動は，企業のリスクマネジメントの実態あるいは東日本大震災以降のリスクマネジメントの進化の検討において重要な示唆を与えることであり，第2に，リスクマネジメントの検討を通じて企業の競争優位の源泉の解明になりうることであり，第3に，地震という日本では相対的に生じうる災害である熊本地震についての研究不備を補うことであった。

　本報告は2016年4月の震災後，5月，6月，7月，10月に延べ39の被災企業や関係機関を訪問させていただき調査させていただいた内容に基づいていた。あわせて，2017年1月，7月にも10社程度に対する追跡調査にも基づいていた。こう

した調査においては1社あたり30分から2時間ほどいただき，被災状況や復旧課題についてヒアリングするとともに主たる被災現場である工場を見学させていただいた。ヒアリング内容は概ね，地震前後の時系列的な行動，経営資源に対する被害状況，調達，生産，販売の実態，復旧・復興への計画と課題といった点で統一し，構造化を図った。一方で，業界，企業規模など多様な調査対象だったため，各調査対象の実態解明そのものにも重点を置いた。

　本報告は2016年4月の熊本地震に対して大部分の中小企業は2週間ほどで復旧を果たしたことを明らかにした。熊本地震に際して中小企業が早期に復旧を果たした要因として，本報告は実態調査を踏まえながら，次の4点を指摘した。

　第1に，ティア2サプライヤー群にみられた地震前から備えていた進化能力であった。実態調査から熊本の中小企業はティア2レベルでも高い組織能力を地震前までに構築済みであり，進化能力まで備えていたことが示された。こうした進化能力が，大地震という非ルーティンの事象が生じても対応することを可能にしたと本報告は主張した。

　第2に，激甚災害級の経済変動に対する経験からの学習であった。調査対象のいずれの企業も大企業の海外移転，業態転換を1990年代から継続して経験していた。さらに，2008年のリーマンショックの影響は甚大であり，そこからも変動への対応を学習していた。そのため，大地震という激甚災害は2016年4月に初めて経験したことであったものの，大きな経済変動については熊本の中小企業も何度も経験し，学習し，対応してきた。さらにそうした経験を組織に蓄積してきた。そうした経験とそこからの学習の成果を2016年4月の地震に際しても発揮することとなった。

　第3に，進化能力を備えた企業行動の垂直（バーティカル）かつ水平（ホリゾンタル）な伝播が牽引した企業群，産業群の復旧であった。どの企業も大企業の海外移転，業態転換を1990年代から継続して経験していた。さらに，2008年のリーマンショックの影響は甚大であり，熊本の中小企業はそこからも変動への対応を学習した。すなわち，大地震という激甚災害は初めての経験だったが，大きな経済変動については熊本の中小企業も何度も経験し，対応してきたし，そうした経験から学習し組織に蓄積してきた。

　第4に，進化能力を備えた企業を取り巻く環境の支援であった。熊本の中小企業が前向きに動いたときにそれを支援する環境が周囲にあり，それらは地方自治

体による政策であり，金融機関による資金面での支援であり，同業組合からの人的，物的支援であり，工作機械商社による設備復旧への支援であった。

　震災後，熊本においては，創造的復興が盛んにうたわれてきた。組織能力という点から創造的復興は動態的で非ルーチン的な進化能力があって初めて果たされるものであり，実態調査からもその妥当性が明らかになった。地震以降，BCP等激甚災害への各種取り組みが進められている。もちろん，BCPの役割は大きいものの，中小企業にとっての激甚災害対応とは組織能力の構築であることも本報告は明らかにした。中小企業は基本に立ち返り，今後と粛々と歩みを進めていく重要性を本報告は結論とした。

ものづくり都市における立地適正化と中小規模事業者の課題
〈報告要旨〉

大阪商業大学　経済学部　西嶋　淳

　今なお，ものづくり都市と呼ばれているものには，その発展過程において製造業が産業基盤として裾野を広げる中で，これと依存・補完関係にもある住宅，商業等の土地需要も高めたことにより様々な用途・規模の土地の混在が見られるようになっているものが少なくない。特に中小規模の製造業の多いものづくり都市では，ものづくりの場と居住の場との地理的混在が度々対立を引き起こしており，立地適正化の上での課題となっている。しかし，ものづくりの場は働く場でもあり，都市機能及び居住機能との連携は本来，重要である。また，近年は，諸技術の進歩により，「製造」，「ものづくり」の概念も変化しつつある。既存都市の立地適正化について検討する場合には複雑な利害関係の存在を前提とせざるを得ないというだけでなく，都市の創造性，競争力を高める観点からも，多様な土地利用の混在やものづくりの場と居住の場との位置関係の再評価が必要であろう。本研究は，このような認識の下，ものづくり都市の発展に資するため，立地適正化に向けて特別用途地区制度や地区計画制度等の都市計画手法が活用されることを念頭に，公共経済学の視点から主に中小製造業側の課題を緩和するための方策について検討するものである。事例には，近畿圏の中でも製造業の従業者及び売上額が多く，中小規模の製造業事業所と住宅との混在による課題も少なくないことから特別用途地区制度や地区計画制度等が活用されている点で主に東大阪市を取り上げている。

　まず，本研究ではJacobs流の動的な都市観やSmith流の社会経済観及びSen流の平等観を基盤とすることを明示した上で，都市計画分野の例を参考に歴史，産業構造，経済基盤，地理・土地利用の4つの視点から条件を付加してものづくり都市の概念を整理した。外部性に対処する方法等についての議論を踏まえ，西嶋（2016）で提示した住工混在地域における土地利用問題に関する先行研究の論点

や中小製造業者とこれを支援する専門職業家等との接点の問題を再整理した上で，外部性の抑制・調整手段としての都市計画手法の課題を検討した。

　次に，立地適正化のために都市計画手法が活用される場合，土地の効率的資源配分や当該手法の実効性を高める観点では不動産流通の円滑化を図ることが重要との認識の下，前提となる住宅市場の実態と製造業等従業者の居住地選択状況及びこれに影響を及ぼし得る要因の把握を試みた。住宅市場の実態については，プレ調査及び大阪府域の募集家賃データを用いたヘドニック分析により工業・事業所密度等が家賃水準に及ぼす影響等の検証を試み，家賃水準に負の影響を及ぼしているものの需要を弱めるには至っていない可能性が高いことを明らかにした。また，製造業等従業者の居住地選択状況及びこれに影響を及ぼし得る要因については，東大阪市域等の中小製造業経営者等を対象とするアンケート調査により把握を試みた。その結果，東大阪市域の若い就業者層は市域居住者の割合が他の世代より少ない可能性があること，影響を及ぼしうる要因として配偶者手当に比べて住宅手当を支給している事業者は少なく借り上げ社宅制度を導入している事業者はさらに限られることを明らかにした。他方，同時に尋ねた職・住の位置関係に関する考えについては，職・住が「近接」・「ある程度近接」する都市構造は好ましいとする回答が比較的多いこと，製造業では事業環境と居住環境の調和を図る仕組みが確立されていないことを問題視する回答も少なくないことを明らかにした。

　以上を踏まえ，当面は中小製造業者と不動産流通事業者の接点を増やすことが重要との認識の下，中小製造業者は立地適正化に協力的な賃貸マンションに限り借り上げ社宅制度を適用し，小規模不動産流通事業者は事業者団体の協力を得て社宅事務支援サービスを提供する枠組みを提示した。

イタリア中小企業の製品開発の動態把握における課題
―若干のヒアリングをもとに―

〈報告要旨〉

大阪成蹊大学　児山俊行

　本報告のベースとなる問題意識は，企業規模や保持する技術水準に比べて国際市場で大きな「存在感」を持つイタリア（産地発の）中小企業（安西／八重樫2017）が独自のイノベーションを生み出すダイナミズムの解明と，そこから日本の中小企業発展の示唆を探ることにある。例えば「存在感」を持つ企業として，地方都市に位置するアレッシィはハウスウェア等を製造する従業員400名程度のメーカーであるが，長年にわたり世界市場で独特のデザインの製品が比較的高額にもかかわらず愛されている。またルクソティカ社はベッルーナという地方都市からファッション化させた眼鏡を生み出すことで，今や数々の有名ブランドを傘下に収める大企業へと成長したが，世界の消費者のみならず，高度な技術を持つわが国の眼鏡産地・鯖江の企業家たちも憧れる企業でもある。彼らは必ずしも巨大資本や群を抜く高い技術を持ち合わせたわけでなく，またあえて低価格に設定することもなかった。そのような彼らの製品が，なぜ国際市場で長年にわたり人気を博するのだろうか。この要因の解明はイノベーションの新たな方向性を提示することにもつながり，ひいては日本の中小製造業の（特に消費財における）国際展開にも示唆多きものと思われる。

　さて，80年代以降，『第二の産業分水嶺』（Piore/Sable,1984）を契機とするThird Italyと称されるイタリア産地の中小企業にわが国でも注目・関心が集まっていたが（岡本1994; 間苧谷1995; 小川1998; 稲垣1999），グローバル化の進展やかの金融危機によって産地経済の構造変化に巻き込まれて多くの産地企業が苦境に陥り（Cainelli/Zoboli, 2004; 上野他2005; Bettiol, et al., 2009; 遠山2012），グローバル大企業や新興国企業へ関心がシフトしていった。しかし近年は，イタリア産地（企業）の活力回復（レジリエンス）に再び注目が集まりつつある（Belussi, 2015; Sedita, et al., 2015）。30年以上にもわたり議論され蓄積されてきたイタリア

産地企業に関する研究であるが，各論者の主張がイタリア産地企業の盛衰やダイナミズム解明へ向けて本格的に体系化・理論化されることはあまりなかった。ただ，今世紀に入りEU委員会が様々なアプローチからの既存研究の理論的総括を行い報告書としたものや（McDonald, et al., 2002），後に著名な研究者が分野ごとに研究経過をまとめたものも出たが（Becattini, et al., 2009）十分な体系化に至るものではなかった。確かに，多様な分野からのあらゆるアプローチを包含する先行研究を総合して体系化することは困難を極めるが，我々がイタリア産地企業から示唆を得たいとする問題意識からすれば，イタリア産地企業がいかなるイノベーションを生み出し国際市場で一定の競争力を保持しているか（あるいは失ってきたか）に焦点を絞る必要があるだろうし，理論研究上においては，その動態を捉える分析フレームワークの構築を進めていこうと考えた。

　実は，先の総括報告書やその他の研究（Paniccia, 2002）からも，構造変化の中で産業集積の外部経済性よりもむしろ産地（企業）のマネジメントのあり方，特に産地内外にわたる集団学習が盛衰の鍵となることが指摘されており，その直後から産地研究の重点がそちらへ移ったように思われる（例えばBathelt, et al., 2004等）。それらの成果を踏まえたアルベルティらの研究は産地企業の学習活動の動態を捉えるフレームワークを構築したものと評価できる（Alberti, et al., 2009）。ただ，彼らがケースとしてとりあげた産地発企業（アレッシィ，ルクソティッカ，イッリー，ジオックス）がいかに国際市場で「存在感」を示す製品を開発したかを学習活動からつなげて捉えるにはまだ不十分であった。そこで，彼らのフレームワークをもとに，経営者とデザイナー，職人の三者が「擦り合わせ」を通じたコラボレーションを行うことを製品開発の基本特性とする議論もふまえ（小林2007，奥山2006），（産地一般ではなく）イタリア産地特有の学習活動から製品開発への動態も捉えることのできる分析フレームワークへと発展させた（児山2016）。それにより，各産地企業の一定の類型化が可能となり多様性を示すことはできた。だが，そのフレームワークや類型化からわが国の中小企業への示唆は得られるのだろうか。それらは単に，イタリア産地企業が産業特性や学習活動等によっての存立形態が多様になる結果を示したにすぎない。より肝心なことは，イタリア産地企業のイノベーションを生み出す動態であり，本当に解明すべき課題はそこにある。そもそも先行研究は集積の経済性や集団学習が中心であるため，具体的なイノベーションや製品開発面の解明での制約があった。そのため

か近年の研究は，学習活動を踏まえつつイノベーションの実態調査・研究が増加してきている（Belussi/Staber, 2012; Parrilli, et al., 2016）。それでは，産地企業の「存在感」につながるイノベーション要因を探るためのポイントはどこにあるのだろうか。本報告では，Made in Italyに関する最近の議論や本年イタリア（ミラノ）で行った若干のヒアリングをもとに，産地に関する先行研究では見え難かったイノベーションや製品開発面での特徴を把握する分析ポイントをいくつか摘出した。

　また，今回のヒアリングを踏まえた製品開発に関連する示唆は，イタリア中小企業は，一定のモデル的なものではなく，様々な形態・次元で学習や製品開発を行っているということにあろう。以上のことより，次のような研究課題や方向性が考えられるのではなかろうか。まず，産業集積（企業）への注視の狭隘さである。集積の経済性が中小企業発展に不可欠ではなくなっている。むしろ産地に関係なく国際市場へ積極展開する中小企業へのフォーカスがより示唆が多いのではないか。その上で，周りの多様な人材，支援サービス組織など，企業の学習・製品開発を促すための（エコ・システムとも言われる）諸条件を整理する。さらに製品開発の動態をつかむ際，技術，デザイン，職人技そして「解釈」の角度から行うべきであろう。つまり，組織・コミュニティ内外で摂取された知識・スキルによる企業（家）の資源・能力の再構成を直ちに新たな企業家的機会の認知に結びつけるのではなく，その間に「解釈プロセス」を組み込むのである。そうすることで，デザインや技術志向の改善・革新だけでなく，「意味のイノベーション」に至るまで製品開発を視野に入れることができるものと思われる。

〈参考文献〉
1　Alberti,F./S.Salvatore/T.Carmine/V.Federico（2008）*Entrepreneurial Growth in Industrial Districts: Four Italian Cases*, Edward Elgar
2　安西洋之/八重樫文（2017）『デザインの次に来るもの～これからの商品は意味を考える』，クロスメディアパブリッシング
3　Bathelt,H./A.Malmberg/P.Maskell（2004）"Clusters and knowledge: local buzz, global pipelines and the process of knowledge creation", *Progress in Human Geography*, vol.28 no.1, pp.31-56
4　Becattini,G./M.Bellandi/ L.De Propis（eds.）（2009）*A Handbook of Industrial Districts*, Edward Elgar Publishing

5　Belussi,F./U.H.Staber（eds.）（2016）*Managing Networks of Creativity*, Taylor & Francis
6　Bettiol,M./S.Micelli（2014）"The hidden side of design. The relevance of artisanship", *Design Issue*, vol.30, no.1, pp.7-18.
7　稲垣亮輔（1999）「8章　産地と企業」，馬場康雄・岡沢憲芙編『イタリアの経済』，早稲田大学出版部
8　小林 元（2007）『イタリア式ブランドビジネスの育て方』，日経BP社
9　児山俊行（2016）「イタリア産業集積地の中小製造業の学習と革新」，『日本中小企業学会論集　第35巻―地域社会に果たす中小企業の役割：課題と展望』，日本中小企業学会編，同友館。
10　間苧谷 努（1995）「『第3のイタリア』の自立的経済発展と中小企業システム」，奈良産業大学『産業と経済』第9巻2・3号，奈良産業大学経済学会，pp.51-69
11　McDonald.,F/F.Belussi/S.Borras（eds.）（2002）"Industrial districts: State of the art review. Research report", *Project West–East ID: Industrial districts re-location processes: Identifying policies in the perspective of the European Union enlargement*, pp.1-152.
12　小川秀樹（1998）『イタリアの中小企業―独創と多様性のネットワーク』，日本貿易振興会
13　岡本義行（1994）『イタリアの中小企業戦略』，三田出版会
14　奥山清行（2006）『伝統の逆襲：日本の技が世界ブランドになる日』，祥伝社
15　Paniccia,A.（2002）*Industrial Districts:Evolution and Competitiveness in Italian Firms*, Edward Elger, Cheltenham
16　Parrilli,M.D./R.D.Fitjar/A.Rodriguez-Pose（eds.）（2016）*Innovation Drivers and Regional Innovation Strategies*, Routledge
17　Piore,M.J./Sable,C.F.（1984）*The Second Industrial Divide: Possibilities of Prosperity*, Basic Books Ins., NY（山之内靖他訳 『第二の産業分水嶺』，筑摩書房 1993年）
18　Sedita,S.R./I.Noni/L.Pilotti（2015）"How do related variety and differentiated knowledge bases influence the resilience of local production systems?", *Papers in Innovation Studies Paper* no. 2015/4, Centre for Innovation, Research and Competence in the Learning Economy（CIRCLE）Lund University, pp.1-30
19　遠山恭司（2012）「国際競争下におけるイタリアの産業地域の変容」，『日本政策金融公庫論集』14号，pp.65-88
20　上野和彦他（2005）「イタリア・コモにおけるシルク産業集積：揺れ動くサードイタリア」『東京学芸大学紀要 第3部門 社会科学』No.56, pp.15-28
21　Verganti,R.（2009）*Design-Driven Innovation: Changing the Rules of Competition by Radically Innovating What Things Mean*, Harvard Business School.（佐藤,岩谷,八重樫他訳『デザイン・ドリブン・イノベーション』，同友館，2012年）

製造業のデジタル化が中小企業に与える今日的課題
〈報告要旨〉

株式会社ぶぎん地域経済研究所　藤坂浩司

はじめに

技術のデジタル化が「生産」から「設計」の分野に広がっている。近年，注目される付加製造技術（AdditiveManufacturing, AM技術）は，技術のデジタル化を応用した新しい製造技術だが，これは設計のデジタル化の進化で実現する。技術のデジタル化は，生産当事者にとってプラス，マイナス両面があるが，中小企業ではどのような影響を及ぼすのだろうか。

設計から生産まで捉えた全体的なデジタル化の視点が必要

中小企業のデジタル化に関する研究は，情報化研究の一部として，主に下請企業に関する研究を中心に，中小企業の近代化の視点で行われてきた。中小企業を大企業に対する「弱者」と見たて，その解決の一手段として「経営の近代化」に着目，両者のギャップ解消が政策的課題とされてきた。解決策として，製造業の生産設備のデジタル化（マイクロエレクトロニクス化，ME化）に関する研究が多い。ME化は「生産の効率性」「歩留率の改善とコスト削減」「人手不足の解消」などメリットが指摘されてきた。ME化は工作機械を対象とする生産設備で，設計から生産まで全ての工程で進む現在のデジタル化の流れを捉えきれていない。また，近年の生産現場では，従来のME化とは異なるAM技術が生産現場で広がっているが，先行研究ではこれら新たな生産技術には言及されておらず，研究の時代的な限界を露呈している。

中小企業における3DCAD利用の実態

　中小企業では大手企業に比べて，コストや人材などの問題から3DCADの導入がなかなか進まなかったが，近年，導入が動き始めている。CADメーカーは新市場開拓から，中小企業が使い易い，価格を抑えた汎用製品や，クラウド型などを投入している。AM技術の普及に伴い，3DCADに対する注目度が高まっているAM技術を使う3Dプリンタは設計から直接，製造を可能にする生産方法で試作品，小ロット生産の需要が最も多いが，近い将来，量産加工の技術として普及が見込まれている。

　本研究では埼玉県内の医療機器産業を事例に，3Dプリンタで製品を作る中小企業の動向を検証した。埼玉県は全国でも有数の医療機器産業が盛んな地域として知られている。直近の2014年現在の県内医療機器の製造品出荷額の総額は765億4,700万円（前年比6.3％減）で，県内の製造品出荷額の総計で見るとわずか0.6％程度にすぎないが，個別の製造品出荷額では器具や装置に組み込まれる部品や付属品の生産が旺盛である。同県には機械加工や金属加工などを手掛ける中小企業が多数存在しているが，医療機器に組み込まれる部品の生産であれば薬事法の認可は必要なく，既存の設備をそのまま使えることから追い風となっている。それら部品および付属品加工は，隣接する都内の医療機器メーカーから試作品や部品生産の発注が県内事業者に流れていることが埼玉県産業技術総合センターへのヒヤリング調査（2017年2月）で明らかになった。中小企業が3Dプリンタを活用して試作品製造を手掛けるという動きは，これまで見られなかった。

　また2017年9月，中小企業を対象に行った3DCADの利用実態アンケート調査（回答企業21社）では，3DCADを導入した企業14社中8社が2010年以降に導入している。導入用途では「試作品の設計」が最も多く，本回答と合わせてAM技術の活用ニーズが旺盛なことが分かった。一概に判断はできないが，中小企業における3DCADの導入は，これからが本格期に入ると考えられる。3DCADを導入する企業は，導入理由として取引先企業との情報共有の一環とする一方，3社が「3Dプリンタを利用した事業への参入」と回答した。中小企業にもAM技術を活用して，新しいビジネスを展開する動きが活発化する兆しが読み取れる。3Dプリンタを利用したAM技術を推進するためには3DCADを利用する設計段階からのデジタル化が不可要素となり，この点からも従来の生産設備のME化に加えて，

設計から生産に至るものづくり全体の流れの中でデジタル化の動きを捉える必要がある。

まとめ

　技術のデジタル化が工業製品の開発から生産に至る一連のプロセスに広がる中で，中小企業にはどのような影響を及ぼすのだろうか。生産現場を対象とする従来のME化に関する先行研究では，生産効率性や大企業に対する技術的なキャッチアップの論点から肯定的なものが多く見られた。しかし，反面，デジタル化が進むことでマイナス効果として捉えられる側面もある。その1つが"技術の平準化"である。企業の持つ技術レベルが，時間の経過に比例して陳腐化されは汎用性を高める性質を指し示すもので，"技術のコモディティ化"現象と言えるものだ。デジタル化の影響を受ける事業分野では，差別化が可能な先端技術などを除けば，企業間競争の軸がコスト競争，スピード競争へと比重が移り，その結果，生産規模や投資規模が企業経営の優位性を大きく左右するようになる。大企業と比較し，経営資源の配分に限りのある中小企業では，プラス，マイナスに働く技術のデジタル化の特性と自社の持つ技術や経営特性をうまく組み合わせて，経営に臨む必要がある。

　AM技術が今後，さらに発展した時，製品の試作レスや大企業による試作品や小ロット品の内製化が進むことが考えられる。中小企業はそうした状況を想定して，自社技術に基づいた製品開発をさらに強化すると同時に，デジタル化が設計分野にまで広がる中で，例えば中小企業は設計のデジタル化を生かして，物を作るだけという観点から離れて，設計の受託ビジネスなど新たな分野で能力を発揮することも必要になる。

ファミリービジネスにおけるコーポレート・ガバナンスの試論的考察―事例研究をもとに―

〈報告要旨〉

福岡大学　飛田　努・立命館大学　松村勝弘
北海道大学　篠田朝也・滋慶医療科学大学院大学　田中　伸

1．はじめに

　近年の経営学研究では先達が示した日本的経営の特徴を有し，創業家の家訓や経営理念といった伝統的価値観に根ざした企業群，すなわちファミリービジネス企業が注目されている。ファミリービジネスは，当該企業の一定以上の株式が創業家一族によって所有されている，あるいは創業家が経営陣に含まれているという属性などに着目することで同定されている。ファミリービジネスの経営において検討する必要がある論点として「所有と経営の分離」を前提としたコーポレート・ガバナンスの議論がある。ファミリービジネスにおいては，創業家一族が株主でもあり経営者でもあるという「所有と経営の一致」が前提として認められるため，機関投資家や社外取締役などによる経営の規律付けに注目するコーポレート・ガバナンス研究とは異なる視点が求められている。本稿では企業規模が拡大していく中で組織的な対応を図りながら，コーポレート・ガバナンスの仕組みを確立してきた2社を事例にファミリービジネスにおけるコーポレート・ガバナンスの特徴を析出することを目的とする。

2．ファミリービジネスのコーポレート・ガバナンスを研究対象として取り上げる意義

　ファミリービジネスについての先行研究では，上場企業を対象としたものがあ

る。しかし，これを議論する際の前提とも言える「所有と経営の分離」，および，そこから派生するエージェンシー問題と，ファミリービジネスのコーポレート・ガバナンスを対象とした議論は一線を画しているようにみえる。すなわち，ファミリービジネスの1つの特徴として取り上げられる「所有と経営の一致」を前提とした，ファミリービジネスのコーポレート・ガバナンスをどのようなものとして捉えるのかという点は，中小・中堅企業のコーポレート・ガバナンスを検討するための重要な論点となろう。ファミリービジネスの先行研究をレビューした浅羽（2015）では「所有と経営の一致」をエージェンシー問題が緩和するという点では，プラスの影響要因として評価しているが，上場企業のコーポレート・ガバナンス研究の視点に基づけば外部からの規律づけが機能しないという点から必ずしもプラスに評価されるとは限らない。よって，所有と経営が一致するファミリービジネスにおいて，いかにしてコーポレート・ガバナンス上の諸課題をクリアしようとしているのかについて，実態的な把握が必要になるであろうということである。

3．ケース：ファミリービジネスのコーポレート・ガバナンスの特徴

本稿では非上場の中小企業の2社を取り上げて，ファミリービジネスにおけるコーポレート・ガバナンスの実態を検討することとする。

3．1．京都の老舗企業F社の事例

京都市山科区に本社を置くF社は，1700（元禄3）年に創業し，1935（昭和10）年に会社を設立した。各種の金属箔・金属粉の製造や加工，販売を行っている。元々は仏壇等に使われる金メッキの生産を行っていたが，これが転じて現在では産業用金属箔・金属粉を主に生産・販売している。F社は江戸時代の創業以来，代々創業家一族が当主に，会社設立後は社長に就任してきた。当主として8代，社長として2代まで創業家が会社の代表を務めていたが，1981（昭和56）年に創業家以外から初めて社長が生まれた。1993（平成5）年に再び創業家が社長に就任したが，その後2代の社長は創業家以外の人物が務めている。こうしたこともあり，現社長はインタビュー調査の中で「私自身ファミリー企業と思っていない。社長が変わっていますからね」（第1回インタビュー調査より）と述べている。

しかし，創業家であり，江戸時代の2代目当主によって定められた家訓は，今もなお固く守られている。現社長は「家訓とかを意識するときですか。意識するっていうとね，会社を大きくしようとするとどうしても無理して会社を潰してしまうので，会社を継続しようとするわけですよ。それが何からくるかってなると家訓です。」「だから社員がね，1,000人，10,000人を狙っているわけじゃないですから。今の人数でできた利益を山分けできるようにしようと。継続しようということを意識していますから，それがどこから来るかって家訓からくる」（第1回インタビュー調査より）と述べている。家訓が同社における経営理念であり，経営方針に一定の影響を与えていることが推察される。F社では，家訓が経営理念あるいは経営指針のような位置づけとして社内に浸透していること，創業家一族が大株主として存在していること，地縁・血縁による採用など，ファミリービジネスの特徴を有している。家訓が述べていることは「身の程を知れ」（第1回インタビュー調査より）ということを意味し，「今まで315年続いてて，自分の代で潰すわけにはいかんっていうのは，一番最初にそう思いました」（第1回インタビュー調査より）と社長が述べている点からも，創業家と代々伝えられてきた家訓を強く意識していることがにじみ出ている。

3.2. 鹿児島県奄美大島の観光業と酒造業を営むA社の事例

　鹿児島県奄美市（奄美大島）に本社を置くA社は，1954年に設立され，ホテル，レストラン，宴会場，遊技場等を展開し，事業を拡大してきた。また，1996年にはかねてからの取引先であった焼酎メーカーであるT酒造所（の経営権）を譲り受け，合資会社K酒造を設立した。翌年には酒造所を創業者の地元の村に移転させ，「リフレッシュビレッジ構想」の核として位置づけられるようになった。

　同社の基本方針は，「地域一番主義を目標とし　市場の変動に即対応，社員全員が一丸となり　明るく　自主的経営参加によって健全経営，長期安定成長を目指す」とされている。インタビュー調査では，創業者は生まれ育った地元への思いが強く，特に過疎化していく中でいかに経済の中核になるかを考えてきたが，2代目（現社長）は事業拡大の意志と経営管理システムの公式化を進めることが課題であったと述べている。創業家は会長，社長のほかに社長の弟にあたる専務が着任している。現在の取締役の中には社長の幼馴染であったり，古くから関わりがある人物が就任しているが，外部からの経営の規律付けのために顧問や社外

取締役を招聘するなど，コーポレート・ガバナンス改革に着手している。この点について社長は，「自分たちの役割としては今までのトップダウン・ワンマンから自分の代になってその取締役も含めて，社外チェックも含めて組織形態を変えていきたいっていうのがあって（仕組みを変えた：筆者注）」（インタビュー調査より）と述べている。焼酎造りについても，ISO取得を契機に生産管理の厳格化，生産管理システムの整備を進めてきている。また，販売戦略の強化では，1996年の会社譲受時には焼酎造りについて専門家が誰一人社内にいなかったため，取引先や顧問，中小企業基盤整備機構（中小機構）からの支援や，鹿児島県商工課による奄美大島の経済振興の一環として行われたさまざまな経営指導への傾聴により，経営の近代化，経営管理システムの公式が進められていくことになった。

4．おわりに

　本稿が調査対象とした2社の中小・非上場企業へのインタビュー調査によって明らかになったことは，①形式的にでも，非形式的にでも，創業家の存在を何らかの方法で常に意識していること，②大規模化，成長よりも，企業の存続と事業の継続が重要な論点となっていること，③「家業」という言葉から想像される小さな企業ではなく，一定程度の規模に達していることから，公式的な経営管理システムを導入していることは共通点として挙げられる。すなわち，浅羽（2015）が列挙しているようなファミリービジネスのプラス面であるエージェンシー問題が緩和される状況をうまく生かしながら，それに伴い生じるガバナンスに関するマイナス面への対応策として適切な仕組みを導入しているのだと言えそうである。

〈参考文献〉
1　浅羽 茂（2015年8月）「日本のファミリービジネス研究」『一橋ビジネスレビュー』
　　2015年8月号，pp.20-30

編 集 後 記

　本論集『新時代の中小企業経営―Globalization と Localizationのもとで―』（日本中小企業学会論集第37号）は、2017年10月8日（土）、9日（日）の2日間にわたって大阪商業大学（東大阪市）で開催された第37回日本中小企業学会全国大会の報告論集である。

　今大会では、統一論題3本、自由論題23本の報告があり、当論集には統一論題3本（すべての論文が査読希望の上受理）に加え、自由論題報告で査読を受理された論文15本と報告要旨8本（査読希望無し4本、不採択4本）が掲載されている。

　2次査読が終了した段階で、不採択に決まった論文が3本、2名の査読委員の間で「合」「否」の判断が分かれた論文が3本となった。判断が分かれた論文については、当学会「日本中小企業学会論集編集に関する内規」に基づき、論集編集委員会の議に付し、委員の過半数の議決で、採択の可否を決することとした。

　会長、副会長4名、編集委員長、編集担当理事の7名からなる編集委員会で慎重に審査した結果、過半数に達して採択された論文は3本中2本となった。

　論文審査は、「日本中小企業学会論集編集に関する内規」（1999年9月30日施行、2015年10月3日修正）および「審査基準の補足について」（2000年10月11日施行、2015年10月3日追加）に基づいて行われている。

　日本中小企業学会のホームページ（「会則・規定」ページ）にも掲載されているが、審査基準は、以下の6点である。①引用文献が正しく明記されていること、②既存の研究結果が踏まえられ、既存見解と独自見解との区分が示されていること、③記述された事実及び論理に誤りがないこと、④事実関係の評価や結論に至る論拠が示されていること、⑤論理一貫性があり、独自な主張点が明確に示されていること、⑥調査報告は事実の報告にとどまらず、理論的または政策的含意がみられること（各基準の詳細な説明は、「審査基準の補足について」を確認のこと）。

　今回、惜しくも採択に至らなかった論文については、上記基準を満たしていなかったことになる。今後、研究を進めるにあたって、参考にしていただきたい。

　なお、本論集の「はしがき」でも触れられていたとおり、この第37号から、統一論題論文及び査読を受け合格した自由論題論文は、「論集」のオンライン・ジャーナル版に掲載することが可能になった。オンライン・ジャーナル化に快く応じていただいた、株式会社同友館の皆様に、改めて、心より御礼申し上げたい。

2018年5月

日本中小企業学会論集編集委員長　髙橋美樹

2018年7月30日　発行

新時代の中小企業経営
—GlobalizationとLocalizationのもとで—

〈日本中小企業学会論集㊲〉

編　者 ©　日本中小企業学会
発行者　　脇　坂　康　弘

発行所　株式会社 同友館

〒113-0033　東京都文京区本郷3-38-1
TEL.03(3813)3966
FAX.03(3818)2774
https://www.doyukan.co.jp/

落丁・乱丁本はお取り替えいたします。　　印刷：一誠堂　製本：松村製本
ISBN 978-4-496-05362-7　　　　　　　　　Printed in Japan